國家社科基金青年項目"《思溪藏》與《磧砂藏》隨函音義比較研究"（15CYY030）；國家社科基金重大項目"歷代漢文佛典文字匯編、考釋及研究"（16ZDA171）

中华女子学院学术文库

《思溪藏》随函音义研究

谭 翠◎著

Research on the
Suihanyinyi（随函音义）
in *SiXi Zang*（思溪藏）

中国社会科学出版社

圖書在版編目(CIP)數據

《思溪藏》隨函音義研究/譚翠著. —北京：中國社會科學出版社，2021.5
(中華女子學院學術文庫)
ISBN 978 - 7 - 5203 - 8132 - 1

Ⅰ.①思…　Ⅱ.①譚…　Ⅲ.①大藏經—語音—研究　Ⅳ.①B941②H113

中國版本圖書館 CIP 數據核字(2021)第 053152 號

出 版 人　趙劍英
責任編輯　宋燕鵬
責任校對　沈　旭
責任印製　李寡寡

出　　　版　中國社會科學出版社
社　　　址　北京鼓樓西大街甲 158 號
郵　　　編　100720
網　　　址　http://www.csspw.cn
發 行 部　010 - 84083685
門 市 部　010 - 84029450
經　　　銷　新華書店及其他書店

印刷裝訂　三河弘翰印務有限公司
版　　　次　2021 年 5 月第 1 版
印　　　次　2021 年 5 月第 1 次印刷

開　　　本　710×1000　1/16
印　　　張　17.5
字　　　數　256 千字
定　　　價　98.00 元

總　序

　　歲月如歌，芳華凝香，由宋慶齡、何香凝、蔡暢、鄧穎超、康克清等革命前輩于 1949 年創設的"新中國婦女職業學校"發展而來的中華女子學院，已經建設成爲一所獨具特色的普通高等學校。學校積極承擔高等學校職能，秉承引領先進性別文化、推進男女平等、服務婦女發展、服務婦女國際交流與政府外交的重要使命，堅持走"學科立校、科研強校、特色興校"之路，正在爲建成一流女子大學和婦女教育研究中心、婦女理論研究中心、婦女幹部培訓中心、國際婦女教育交流中心而奮發努力着。

　　1995 年第四次世界婦女大會以來，性別研究和社會性別主流化在國內方興未艾，中華女子學院抓住機會，積極組織開展婦女/性別研究，努力在此領域打造優勢和特色，已取得積極成效。我校在大陸第一個設立女性學系、設立中國婦女發展研究中心、中國婦女人權研究中心，建設中國女性圖書館，率先招收女性學專業本科生和以婦女服務、婦女維權爲研究方向的社會工作專業碩士研究生；中華女子學院還首批入選全國婦聯與中國婦女研究會批准的婦女/性別研究與培訓基地，成爲中國婦女研究會婦女教育專業委員會、中國婚姻家庭法學研究會秘書處單位。

　　長期以來，中華女子學院教師承接了諸多國家級、省部級課題和國務院婦兒工委、全國婦聯等部門委託的研究任務，在婦女/性別基礎理論、婦女與法律、婦女與教育、婦女與參與決策和管理、婦女與經濟、婦女與社會保障、婦女與健康等多個領域作出了頗有建樹的研究，取得了豐碩的研究成果，爲推進實現男女平等基本國策的步伐、推動社會性別主流化、促進婦女兒童發展與權益保障作出了積極的努力。

作爲一所普通高等學校，中華女子學院也着力加強法學、管理學、教育學、經濟學、藝術學、文學等學科和專業建設，鼓勵教師將社會性別視角引入不同學科的研究，大力支持教師開展各自所在學科和專業的研究。特別是近年來，通過引進來、走出去等多種措施加強師資隊伍建設，中華女子學院教師的科研能力與學術水準有了較大的提升，在不同學科領域，不少教師都取得了可喜的科研成果，值得鼓勵和支持。

中華女子學院組織編撰的"婦女教育發展藍皮書"系列已由社會科學文獻出版社出版發行，並獲得了良好反響。爲展示和推廣我校教師在婦女/性別領域和其他學科領域的研究成果，學校特組織編撰《中華女子學院性別研究叢書》和《中華女子學院學術文庫》兩套系列叢書，並委託中國社會科學出版社統一出版發行。性別研究叢書將集中出版中華女子學院教師在婦女/性別理論、婦女發展的重大問題、跨學科、多學科研究婦女/性別問題等多個方面的著作；學術文庫將收錄中華女子學院教師在法學、管理學、教育學、經濟學、藝術學、文學等學科領域有代表性的論著。入選叢書的著作，都經過校內外專家評審，有的是教師承接國家級、省部級課題或者專項委託課題的研究成果，有的是作者在修改、完善博士論文基礎上而形成的成果，均具有一定的學術水準和品質。

上述叢書或文庫是中華女子學院學科與科研建設成效的展示，也是獻給中國婦女發展與高等教育事業的一份薄禮。"君子以文會友，以友輔仁。"我們期望，這兩套叢書的出版發行，能夠爲關注婦女/性別研究和婦女發展的各界朋友提供一個視窗，能夠爲中華女子學院與學界的交流與合作提供一個平臺。女子高等學校的建設與發展，爲中國高等教育事業和婦女教育事業的發展增添了亮色，我們願意繼續努力，爲這一事業不斷添磚加瓦，也誠請社會各界繼續對中華女子學院給予指導、關心、支持和鞭策。

　　是爲序。

中華女子學院原黨委書記、原院長張李璽

2013 年 12 月 30 日

凡　例

一、本書所引《安吉州思溪法宝資福禪寺大藏經》，爲國圖善本部膠卷03129號，共計239個胶卷，428函，4647冊，這也是我們研究使用的版本，在徵引隨函音義和佛經經文時，一律簡稱爲《思溪藏》。由於該善本膠卷暫未影印出版，故在本書中我們暫對其經文引文不標注頁碼，以"《思溪藏》本《某某經》卷幾隨函音義"標示其隨函音義出處。

二、本書所引《影印磧砂藏經》是二十世紀三十年代上海影印宋版藏經會以陝西本《磧砂藏》爲底本影印而成的。該藏經雖以陝西本爲底本，但其中補配了其他藏經，在徵引隨函音義和佛經經文時，一律簡稱爲《磧砂藏》，不標明實際底本名稱。《磧砂藏》隨函音義和經文引文標注方式如下：出處中斜綫前的數字表示《影印磧砂藏》的冊數，斜綫後的數字代表頁數，小寫字母"a、b"分別代表上半頁和下半頁。如"（188/55a）"，指引文出自《影印磧砂藏經》的第188冊第55頁上半頁。

三、《大正新修大藏經》，簡稱《大正藏》。本書所引《大正藏》經文標注方式如下：出處中大寫字母"T"後面的數字代表《大正藏》的卷數，小寫字母"p"後面的數字代表頁碼，小寫字母"a、b、c"分別代表上、中、下三欄。如"（T54，p0818b）"，指引文出自《大正藏》的第54卷第818頁中欄。《大正藏》校勘使用的別本主要有：南宋思溪藏（宋）、元大普宁寺藏（元）、明嘉興藏（明）、宮内省圖書寮本（宮）、正倉院聖語藏本（聖）、正倉院聖語藏本別寫（聖乙）

等，本文引用《大正藏》校勘記時所説的宋、元、明、宫等即上揭相應版本的簡稱。

四、可洪《新集藏經音義隨函録》，簡稱《可洪音義》。本書所引《可洪音義》爲《中華大藏經》（第 59、60 册）影印高麗藏本，其引文均用頁下注的方式標注具體頁碼。

五、玄應《一切經音義》，簡稱《玄應音義》。本書所引《玄應音義》如無説明均爲韓國東國大學校譯經院影印高麗藏本，即《影印高麗大藏經》第 32 册，現收入 2016 版 CBETA 電子光盘中，本書所引《玄應音義》的出處均爲此電子版，其中“c”後指的是册數，“p”後面的是頁碼，“a、b、c”分别代表上、中、下三欄。

六、慧琳《一切經音義》，簡稱《慧琳音義》。本書所引《慧琳音義》如無説明均爲《大正藏》（第 54 册）本。

七、《思溪藏》《磧砂藏》《大正藏》《可洪音義》《玄應音義》《慧琳音義》引文的具體標注方式已如上。引用敦煌文獻標明卷號。引用其他文獻資料，用頁下注的方式標注具體頁碼。

八、本書所引文獻如存在訛衍脱的情況，處理方式如下：訛字在原文後用“（）”標出正字；脱字據上下文或文意補出時外加“〔〕”；缺字用“□”表示。

九、爲方便叙述和避免理解上的歧義，本書行文一律使用規範的繁體字。所引文獻中無關主旨的文字變體和訛字，一般改爲相應的規範字。

目　　録

第一章　緒論

漢文佛典浩如煙海，爲了更好地幫助人們閱讀和理解佛典，古代僧徒很早就開始對佛典中的疑難字詞進行注音、釋義、辨形、校勘等，佛經音義由此而生。佛經音義大致可分爲兩類，一類爲佛經音義專書，如《玄應音義》《慧琳音義》《龍龕手鏡》等。近年來，學界對這些佛經音義著作多有研究，成果頗豐。另一類則是附載於佛經卷末或函末的隨函音義。此類音義是附著於佛經卷末或函末，對該卷（函）佛經中的字詞進行注音、辨字、校勘、釋義以方便佛經閱讀和理解的一類傳注體例。無論是早期漢文佛經寫卷，還是作爲佛教文獻彙總的歷代漢文刻本大藏經，都存有大量隨函音義，特別是宋元年間江南私刻大藏經如《崇寧藏》《毗盧藏》《思溪藏》《資福藏》《磧砂藏》等附載隨函音義的現象十分普遍。其中《思溪藏》因刊版於南宋兩浙道湖州歸安縣松亭鄉思溪而得名，是湖州王永從家族在南宋初年舍資刊刻的一部私刻大藏經，這部大藏經卷末普遍附有此類傳注體例，且分佈廣泛、數量極爲龐大，這些隨函音義或注音，或釋義，或辨形，或引書，在漢語史和佛經文獻方面都有重要的研究價值。

第一節　《思溪藏》隨函音義簡介

據有關學者考證，生活在兩宋之交的王永從在北宋年間原爲低級武官，家境富裕，徽宗時曾參與營運花石綱，與蔡京長子蔡攸關係密切。欽宗即位後，展開對蔡京父子的清算，王永從因受花石綱事件的波及，被勒令致仕，返回湖州故里，寄情於佛教，興建思溪圓覺禪院，組織刊刻宋代的第四部大藏經《思溪藏》①。該部大藏經最初因刊版於圓覺禪院得名爲《圓覺藏》，其後圓覺禪院升格爲資福禪寺，又對《圓覺藏》的殘損經板進行補刻并繼續印刷流通而獲名《資福藏》，故《圓覺藏》和《資福藏》又分別稱爲《前思溪藏》《後思溪藏》或統稱爲《思溪藏》《湖州藏》《浙本大藏經》②。

對於《圓覺藏》與《資福藏》是兩副還是一副刻版以及二者的關係，學界歷來有各種觀點和看法。如吕澂曾對此有如下論述："此種版本大藏經現存有《湖州思溪圓覺禪院新雕大藏經律論等目録》和《安吉州思溪法寶資福禪寺大藏經目録》（安吉州是宋寶慶元年即公元一二二五年以後湖州的改稱）兩種目録，印本上也蓋有'圓覺藏司'或者'法寶大藏'兩種印記，但一般收藏的整部大藏經卻都是兩寺印刷的混合本，因此此版究竟是一副還是兩副，成爲向來難解的問題。現在依據已有的資料看，仍以只有一副刻版而先後改變名稱爲合於事實。"③ 再如李富華和何梅在通過對現存《圓覺藏》和《資福藏》的版式以及刻工全面深入的考察以及實物資料進行分析的基礎上，斷定《圓覺藏》和《資福藏》的兩種刻本，實際上屬於同一副刻板，不存在資福禪寺於南宋淳熙或嘉熙年間重刻《資福藏》一事④。對此，我們贊同這一觀點。故在文中我們統稱該藏經爲《思溪藏》。

另據丁延峰統計，《思溪藏》刻工還曾參與刊雕了《崇寧藏》《毗盧藏》的工作，其中《思溪藏》與《崇寧藏》刻工同者 14 人，與《毗盧藏》同者 19 人，與此同時，這些《思溪藏》刻工還刊雕了北宋末年至南宋初年一些大部頭的浙江刻本⑤。

又據吕澂調查，《思溪藏》的印本，從宋景定以後陸續流入日本，

---

① 華喆：《〈思溪藏〉刊行者王永從事迹略考》，《中國典籍與文化》2013 年第 3 期。
② 李富華、何梅：《漢文佛教大藏經研究》，宗教文化出版社 2003 年版，第 223 頁。
③ 吕澂：《磧砂版藏經》，《吕澂佛學論著選集》卷三，齊魯書社 1991 年版，第 1455 頁。
④ 李富華、何梅：《漢文佛教大藏經研究》，第 240 頁。
⑤ 丁延峰：《〈思溪藏〉刻工考述》，《文津學志》第 12 輯，國家圖書館出版社 2019 年版。

現存的還有八九部，都是圓覺、資福兩處印刷的混合本[①]。國內收藏比較完整的一部，即清末由楊守敬從日本購得，爲日本元禄年間天安寺的抄寫補配本，這些抄補頁乃依日本管山寺本《思溪藏》照録重修，保存了《思溪藏》的原貌[②]，現藏於國家圖書館，全稱《安吉州思溪法寶資福禪寺大藏經》（以下簡稱《思溪藏》），在國圖善本部膠卷03129號，共計239個胶卷，428函，4647冊。這個版本也是現今我們研究使用的版本[③]。

就版式而言，《思溪藏》屬於宋代江南私刻大藏經，大體沿襲了江南諸藏自《崇寧藏》以來的基本版式，"也係摺本，版式仿照福州本，每版三十行，每行十七字，上下有界綫。版心高二十四公分餘，寬五十四公分，五摺，每摺寬約十一公分。每卷題前有時也空白數行，大概原有題記未經印出。題縫（即是刻函號、經題、卷數、版號和刻工姓名的一行）的刻法很不一律，有些刻在每版六、七行之間，即當第一摺口處（或者在第十二、三行間當第二摺口處），文字較略，這是摺本式的原樣；但也有很多的刻在版末，文字較詳，仿佛卷子式。這兩式的不同，表面似乎由於刻版的各異，實際在同一卷版片裏也每每雜著兩式，可見只是刻版的隨便采用而已"[④]。《思溪藏》的這種每版三十行，每行17字的標準版式又爲南宋、元、明時代諸部佛教大藏經所繼承[⑤]。又單就隨函音義來說，《思溪藏》中僅有少量幾部佛經如《大佛頂首楞嚴經》、《月燈三昧經》等像《崇寧藏》和《毗盧藏》一樣在每函末附載整函的隨函音義，一般情況下《思溪藏》均在每卷佛經末附有隨函音義，有少量經卷后沒有隨函音義，則標明"無經音"或"無音"字樣。

---

① 吕澂：《磧砂版藏經》，《吕澂佛學論著選集》卷三，第1457頁。

② 參見楊守敬《日本訪書志》卷一五，轉引自李際寧《佛經版本》，江蘇古籍出版社2002年版，第83頁。

③ 該藏《大般若波羅蜜多經》配以宋平江府磧砂延聖院刻本大藏本，該版本爲現今國內僅存的一部較完整的版本，又爲善本部膠卷，暫未影印出版，故在本書中我們暫以"《思溪藏》本《某某經》卷幾隨函音義"標示其隨函音義出處。

④ 吕澂：《磧砂版藏經》，《吕澂佛學論著選集》卷三，第1460頁。

⑤ 李富華、何梅：《漢文佛教大藏經研究》，第240頁。

這種隨函音義的附載形式也爲之後的宋元和明清刻本大藏經所承襲。

又從外部形態來看，由於自宋《崇寧藏》而後，隨函音義就已經成爲刻本大藏經不可或缺的一部分，《思溪藏》所附載隨函音義也如其他江南私刻大藏經隨函音義一樣，徵引較少，解釋簡略，而且數量非常龐大，除去重複的條目，數量也達數萬條之巨，遠遠超過現存玄應和希麟等音義專書的規模。

以上就是我們對這部藏經隨函音義外部形態的簡要概括，這些爲數衆多的隨函音義就是本書的研究對象。

第二節　佛經隨函音義研究概況

近年來隨著佛經文獻語言研究的方興未艾，學界對隨函音義的研究也取得了不少的成績。首先從國内的研究情況來看，在漢文佛經寫卷的隨函音義方面，二十世紀九十年代初期，張金泉、許建平整理了當時可見的敦煌音義寫卷，著有《敦煌音義匯考》一書，在敦煌文獻音義研究方面具有導夫先路之功。由於該書采取“有音注必録”的標準，“所取既有音義書，也有注音寫卷”①，因此書中既有佛經音義專書殘卷的校勘整理，也包括了少量佛經隨函音義的整理考釋。稍後，二十世紀九十年代末，随着國内外各家收藏单位將其藏有的敦煌文獻陸續出版，張涌泉開始對現已公布的所有敦煌佛經音義寫卷進行全面的整理和研究，其中就包括大量的隨函音義寫卷，其成果收録在《敦煌經部文獻合集·小學類佛經音義之屬》中②，這是迄今爲止首次對隨函音義開展的大規模整理研究工作，對佛經隨函音義的全面整理研究具有重要的意義和指導價值。

其次，在漢文大藏經隨函音義方面，李富華和何梅《漢文佛教大藏經研究》一書對江南諸藏進行梳理的同時也關注到了這些藏經所附音

---

① 張金泉、許建平：《敦煌音義匯考》，杭州大學出版社1996年版，第2頁。
② 張涌泉：《敦煌經部文獻合集·小學類佛經音義之屬》，中華書局2008年版。

釋，對這些音釋進行了介紹。爲了考察《崇寧藏》的音釋對後世大藏經的影響，他們還將山西省博物館藏《崇寧藏》本經字函《法苑珠林》卷七四所附音義與宋《磧砂藏》、元《普寧藏》、明《永樂北藏》、清《龍藏》對應經卷所附音義作了比較，發現宋、元這兩部私版大藏經的音義源於《崇寧藏》，僅稍有改動；而明清兩部官版大藏經的音義基本保持一致，但相對於《崇寧藏》來說，二者有了較大的改動。他們認爲通過比較各種版本大藏經音釋的異同，可以清楚地看到諸部大藏經之間的聯繫以及各自的校勘成果①。

再次，就单部漢文大藏經隨函音義來看，《思溪藏》隨函音義除單篇期刊論文偶有涉及外，還没有專門論著对其进行整理研究。但是，與《思溪藏》關係密切的《磧砂藏》隨函音義由於相對易見，有少數學者撰寫專著、碩士論文或單篇論文進行整理和研究，如《〈磧砂藏〉隨函音義研究》一書對《磧砂藏》隨函音義所引《可洪音義》和《內典隨函音疏》等的情況進行了考察，還對《磧砂藏》隨函音義進行了全面的整理與研究，挖掘其在文字學、音韻學、訓詁學和佛經校勘等方面的價值②。

也有一些碩士論文就《磧砂藏》隨函音義的某個方面展開探討，如邵睿《影印宋版〈磧砂藏〉隨函音義聲類研究》通過對《磧砂藏》隨函音義反切上字的研究，考訂其聲母系統，並將其與可洪音義、《集韻》的聲母系統進行比較從而推測其所屬時代③。韓海振《宋版〈法苑珠林〉隨函音義字形研究》則對影印宋版《磧砂藏》中《法苑珠林》隨函音義出現的俗寫字進行了分類考察及分析④。趙文思《〈磧砂藏〉隨函音義俗字研究》又以《磧砂藏》隨函音義的俗字爲對象，試圖釐清隨函音義中的術語，分清正俗、古今、訛誤字的關係，同時還從結構上對這些俗

---

① 李富華、何梅：《漢文佛教大藏經研究》，第190—191頁。

② 參見譚翠《〈磧砂藏〉隨函音義研究》，中國社會科學出版社2013年版。

③ 邵睿：《影印宋版〈磧砂藏〉隨函音義聲類研究》，碩士學位論文，南京師範大學，2017年。

④ 韓海振：《宋版〈法苑珠林〉隨函音義字形研究》，碩士學位論文，河北大學，2014年。

字的類型進行分析①。胡佳慧《基於〈磧砂藏〉隨函音義中魏晉南北朝譯經詞彙新詞新義專題研究》則以《磧砂藏》隨函音義所收南北朝譯經詞彙爲對象，探討新詞產生的原因及新義演變的途徑②。

除此之外，還有少量單篇論文也對《磧砂藏》隨函音義的單個方面進行了討論，如香港學者黄耀堃《磧砂藏隨函音義初探》一文從《高麗藏》的例子推測《開寶藏》可能也有隨函音義，並從《磧砂藏》隨函音義中找出了《可洪音義》曾經傳入宋代的證據，並對《磧砂藏》隨函音義的年代斷限進行了初步的考訂③。又如李廣寬《〈磧砂藏〉隨函音義所見宋代福建方音考》通過《磧砂藏》隨函音義音切的全面統計和分析，認爲某些音切反映的音變應該是宋代福建方音④。還有李蓓蓓、都興宙《〈磧砂藏〉隨函音義韻部研究》則主要是對《磧砂藏》隨函音義的韻部進行了總結和描寫，並重點分析韻部系統的特點⑤。

與此同時，國外的研究者主要集中在日本，日本學者高田時雄《可洪〈隨函録〉與行瑫〈隨函音疏〉》一文在探討敦煌吐魯番文獻和《高麗藏》所存佛經音義時，對江南各種私刻大藏經的隨函音義也進行了介紹，並將行瑫、可洪、《廣韻》、《磧砂藏》隨函音義及玄應的《摩訶僧祇律》前十卷的反切進行比較，較早對《磧砂藏》隨函音義的音韻學價值予以關注⑥。其另一篇文章《藏經音義の敦煌吐魯番本と高麗藏》在探討敦煌吐魯番文獻和《高麗藏》所存佛經音義時，對江南各種私刻大藏經的隨函音義也進行一些簡要的介紹⑦。而日本學者山田健

① 趙文思：《〈磧砂藏〉隨函音義俗字研究》，碩士學位論文，廣西大學，2017 年。

② 胡佳慧：《基於〈磧砂藏〉隨函音義中魏晉南北朝譯經詞彙新詞新義專題研究》，碩士學位論文，廣西大學，2017 年。

③ 黄耀堃：《磧砂藏隨函音義初探》，中國音韵學研究會、石家莊師範專科學校編《音韵論叢》，齊魯書社 2004 年版，第 255—257 頁。

④ 李廣寬：《〈磧砂藏〉隨函音義所見宋代福建方音考》，《長江學術》2016 年第 1 期。

⑤ 李蓓蓓、都興宙：《〈磧砂藏〉隨函音義韻部研究》，《現代語文》2016 年第 1 期。

⑥ ［日］高田時雄：《可洪〈隨函録〉與行瑫〈隨函音疏〉》，載氏著《敦煌·民族·語言》，鍾翀等譯，中華書局 2005 年版，第 425—446 頁。

⑦ ［日］高田時雄：《藏經音義の敦煌吐魯番本と高丽藏》，《敦煌寫本研究年報》2010 年第 4 號。

三《福州版一切經附載音釋の形成過程》則對日本書陵部藏宋版江南大藏經後的隨函音義的形式、形成過程等進行了簡單的分析，對其整體的數量進行了調查，並以"玄奘"和"苾蒭"爲例，對這兩個詞在《大般若經》中的重出情況進行了展示①。

以上我們對隨函音義的研究作了一番簡要的梳理，從中可以看出之前的研究偏重於對隨函音義基本情況的介紹，也對隨函音義的引書情況有所涉及，還注意到隨函音義在漢語史和佛經文獻各方面的研究價值，雖然相關研究成績頗爲喜人，但不足之處也顯而易見，主要體現在：

首先，《思溪藏》隨函音義的校勘整理及研究工作非常薄弱。由於這類隨函音義廣泛地分佈於經律論三藏中，又多未彙集成冊，且某些詞條一再重複出現，故整理研究殊爲不易。由於較易見，之前的一些校勘整理和研究工作也主要集中在《磧砂藏》隨函音義，而與之關係密切的《思溪藏》隨函音義長期以來卻乏人問津，學界對其瞭解不多，其校勘整理和研究工作亟需開展。

其次，隨函音義無論是早期佛經寫卷，還是歷代刻本大藏經，都有普遍附載。尤其是宋元時代在江南刻印的私版大藏經，自《崇寧藏》以來版式大致相同，函末或卷末一般都附有這種音釋材料。這些隨函音義在文獻來源、內容、傳抄等方面具有相似性，可以相互補充，互爲印證，應將其視爲一個整體來進行研究。《思溪藏》作爲年代較早的江南私刻藏經，其隨函音義具有重要的研究价值。但是迄今尚未對《思溪藏》進行系統的整理與研究，這一系列大藏經隨函音義的比較研究也尚未開展。

再次，隨函音義爲方便普通信衆閱讀而作，其主要内容是對佛經中的疑難字詞進行解釋，對佛經異文進行辨析，不僅保存有衆多的時音、時義和俗字，爲漢語史研究提供了一批真實而鮮活的材料，還對校勘現行漢文佛典大有裨益，值得學界注意並引起重視。但之前的研究多集中

①　[日]山田健三：《福州版一切經附載音釋の形成過程》，文化コミュニケーション学科編《人文科學論集》43，2009年，第1—12頁。

在版本、刊刻源流以及江南大藏經的關係等方面，對漢語史和佛經校勘等内容涉及不多，其漢語史和佛經校勘研究有待深入。

　　事實上，現今常見又量多的大藏經隨函音義是非常重要的研究資料，但現在仍處於起步階段。關於《思溪藏》隨函音義的整理和研究工作也没有系統進行，迫切需要我們進行詳細的考察，探求其在漢語史和佛經文獻上的寶貴價值。爲此，我們選擇“《思溪藏》隨函音義研究”作爲研究對象，並期待本書的研究，能夠抛磚引玉，引出更多更好的佛經隨函音義研究成果。

第二章 《思溪藏》隨函音義引論

《思溪藏》隨函音義是現今保存較早且相對完整的大藏經隨函音義，規模龐大。之前學界的研究雖對其來源、體例和特徵偶有涉及，但多是简单的介紹，缺乏深入的研究，特別是關於研究方法的研究仍然十分少見。在本章中，我們嘗試著對上述問題展開討論，希望能一窺這部隨函音義的來源、體例、特徵和研究方法。

第一節 《思溪藏》隨函音義的來源

前輩學者曾關注過江南私刻大藏經的來源，如李富華和何梅《漢文佛教大藏經研究》一書曾懷疑福州版《崇宁藏》《毗盧藏》所附音義很有可能是以當時當地頗有影響的某部音釋著作爲藍本，故保存了一部現已失傳的宋代音釋著作①，其間他們還將山西省博物館藏《崇寧藏》本經字函《法苑珠林》卷七四所附音義與宋《磧砂藏》、元《普寧藏》、明《永樂北藏》、清《龍藏》對應經卷所附音義作比較時，也發現宋、元這兩部私版大藏經的音義源於《崇寧藏》，僅稍有改動②。又如日本學者高田時雄也曾指出"自福州東禪寺版以來的江南諸藏，在函末或卷末附有音釋……江南各藏經的音釋，雖然偶有若干異同，但基本上看是一致的。該音釋到底是如何由來的，目前全然無從得知。有可能是以

---

① 李富華、何梅：《漢文佛教大藏經研究》，第219頁。
② 李富華、何梅：《漢文佛教大藏經研究》，第190—191、219頁。

唐末五代時期在江南流傳的藏經後面所附音釋者爲祖本的，一如《隨函錄》引用'某某經音'之類"①。那麼，《思溪藏》如此數量龐大的隨函音義到底源自何處呢？對此，我們進行了全面的調查，請進而討論如下。

遍檢《思溪藏》隨函音義，我們發現現存這部大藏經隨函音義大體分爲三種情形：一種爲沿襲早期敦煌寫經中隨函音義的體例，一般只注音切，簡單釋義，間或關涉字形，這種隨函音義在數量上占絕大多數，是其典型代表。如上所言，這類隨函音義李富華和何梅認爲宋《磧砂藏》隨函音義源於《崇寧藏》，僅稍有改動，高田時雄也指出"江南各藏經的音釋"有可能以"唐末五代時期在江南流傳的藏經後面所附音釋者爲祖本的，一如《隨函錄》引用'某某經音'之類"。經過我們的調查和比對，這些説法大體正確，但也應該更加細緻而區別的對待。如在《思溪藏》隨函音義的刊刻過程中，雖然有些卷子的隨函音義是對《崇寧藏》或《毗盧藏》的全面承襲，但是在某些條目中還是經常會出現"舊音""今作""今合作"等字樣，既有對"舊音"的摘抄，也有對"舊音"的評價以及隨函音義作者自己的見解和看法。如：

（1）《思溪藏》本《大智度論》卷一一隨函音義："逞，舊音經，正古定反。"

按：《思溪藏》本《大智度論》卷一一對應經文原文有"是婆羅門逞至鼓邊，打論議鼓"等句，即此條隨函音義所出。《思溪藏》本隨函音義中云"舊音經"蓋指比《思溪藏》更早的江南私刻大藏經中"逞"音"經"爲平聲，而隨函音義認爲應"正古定反"，即正作去聲。

（2）《思溪藏》本《成唯識寶生論》卷三隨函音義："佌㣙，舊音云作矬穢，上咋和反，～，陋也。"

按：《思溪藏》本《成唯識寶生論》卷三對應經文原文有"設使此類軀貌矬穢，由其稟性是猛利故"等句，即此條隨函音義所出。隨函音義雖出"佌㣙"條，但在説解中還是指出刊刻時看到的更早時期的

---

① ［日］高田時雄：《可洪〈隨函錄〉與行瑫〈隨函音疏〉》，第446頁。

大藏經隨函音義云此處作"矬穢"。

（3）《思溪藏》本《般若燈論》卷五隨函音義："攏，力東反，今疑合作郎孔反。"

按：《思溪藏》本《般若燈論》卷五對應經文原文有"次拍令平，次轉如蓋，後攏如篙，此諸位別，非彼瓶家有爲體相"等句，即隨函音義"攏"字所出。隨函音義云"今疑合作郎孔反"蓋其所見前代大藏經隨函音義將"攏"注爲"力東反"，爲平聲，而《思溪藏》隨函音義的作者則懷疑其或作"郎孔反"，爲上聲。

以上列舉的數條隨函音義對原有藏經隨函音義有明顯的徵引，且均用"舊音"或"今"等字樣標明。除此之外，還有大量隨函音義雖然是直接承襲或校勘了前代大藏經隨函音義，卻沒有任何術語標明，屬於暗引。例如我們將《思溪藏》本《中阿含經》卷一、卷二隨函音義與日本宮內廳圖書寮本《崇寧藏》和《毗盧藏》混合本的《中阿含經》卷一、卷二進行了逐條比對，發現二者驚人地相似，條目完全相同，說解也一致，故我們推測《思溪藏》隨函音義大量承襲了前代刻本大藏經的隨函音義，只是在承襲時在有些卷子或條目中對前代藏經中的相應部分進行了校勘和判定。這種對前代大藏經隨函音義承襲的現象在其他大藏經的隨函音義中也曾見到過，如《大毗盧遮那成佛神變加持經》卷七隨函音義，《房山石經》本[1]、《趙城金藏》本[2]、《高麗藏》本[3]無論是條目還是說解，甚至連"呿"的俗寫形式都完全相同。現將其迻錄如次：

嘌，毗庚反。弊，毗也反。呿，丁以反。哩，你入聲。曬，他以反，凡真言中平聲字皆稍上聲呼之；若諸與下字相連，亦可逐便以入聲呼之；如婆伽梵呼爲薄伽梵之類，是也。

---

[1] 中國佛教協會、中國佛教圖書文物館編：《房山石經》，華夏出版社2000年版，第13冊，第305頁。

[2] 中華大藏經編輯局編：《中華大藏經》，中華書局1993年版，第23冊，第647頁。

[3] 《影印高麗大藏經》，韓國東國大學校譯經院1994年版，第13冊，第926頁。

　　從説解來看，上述音義主要講的是真言咒語中字的讀音，竊疑係出自譯師之手，有可能在佛經寫本中就已附載，與漢文佛經同時産生，遂歷代刻本大藏經因仍之。

　　另一種隨函音義是附載佛經音義專書的相應部分，如之前在《磧砂藏》隨函音義中發現有附載《可洪音義》和行瑫《內典隨函音疏》的相應卷子作隨函音義的例子①。在《思溪藏》隨函音義中我們也發現有附載《可洪音義》作爲隨函音義的現象②。這種將佛經音義專書作爲隨函音義的例子在其他刻本大藏經中也有之，例如據高田時雄介紹，日本大谷大學、增上寺和建仁寺所藏《高麗大藏經》初雕本中亦有附載《內典隨函音疏》作爲隨函音義的現象③。

　　還有一種則爲專人爲某一經或某一函而作的隨函音義，此類隨函音義與佛經音義專書一樣，其內容和體例特徵往往因作者而異。如《思溪藏》本《妙法蓮華經》卷一至卷七隨函音義，在該經卷一末尾即《妙法蓮華經》序品隨函音義前有"法華隨經音切"六個大字，其下雙行小字云"凡爲字平去二聲□□④，別有章門，今於二聲，人多云□者音知，其間易解，并去聲者，此□□□"，後有"沙門仁岳録"的字樣，而且從該卷至卷七隨函音義的整體情況來看，條目下一般僅有讀音，不對字形和經文原文進行分析，而且反切注音均用"某某切"，又因這七卷隨函音義的體例與其他經卷隨函音義體例有很大差異，加之《磧砂藏》本《妙法蓮華經》七卷均未附載有隨函音義，又《思溪藏》本該經卷二隨函音義"出内"條下，注解云："上尺瑞切，下而瑞切，此依江南古師讀之，應師出字同上，内字如常。"從該條説解可以看出，該作者在創作此七卷隨函音義時也大體參照了"江南古師"和"應師"的讀音，即《思溪藏》之前的江南私刻大藏經隨函音義和玄應

---

① 譚翠：《〈磧砂藏〉隨函音義研究》，第68—76頁。
② 具體考證參看本書文獻學章節。
③ ［日］高田時雄：《可洪〈隨函録〉與行瑫〈隨函音疏〉》，第412頁。
④ 由於此二字字形殘缺失真，姑且録文作此。

《一切經音義》對應條目的讀音，故我們推測這七卷隨函音義是作者參
考了二者之後，專門爲《思溪藏》本《妙法蓮華經》所作的隨函音義。
這種專人爲某部藏經中的某一部或某一函作隨函音義的現象在別的大藏
經中也曾發現過，如應縣木塔發現的《遼藏》第 5、13、16、18、19、
20 等號的《妙法蓮花經》經卷卷末亦均附有隨函音
義的體例和説解來看，與其他版本的《妙法蓮華經》隨函音義不同，
應爲專人爲其所作。又如《高麗藏》本華嚴部即東晉佛陀跋陀羅譯
《大方廣佛華嚴經》六十卷、唐實叉難陀譯《大方廣佛華嚴經》八十卷
和唐般若譯《大方廣佛華嚴經》四十卷，這些經卷每卷卷末均附有隨
函音義，且與其他版大藏經華嚴部相應經卷的隨函音義不同，應是專人
爲《高麗藏》本而作。

　　綜上所述，從整體上來説，我們不能將《思溪藏》隨函音義僅僅
歸納爲承襲前代大藏經隨函音義而來，也不應將其視作一部現已失傳的
宋代音釋著作，而是應該更加具體而微地考察和探尋。對單部佛經來説
也是如此，因爲有時候同一部大藏經中同一部佛經不同卷次的隨函音義
甚至也分爲不同類型，如《大寶積經》總一百二十卷，除少數卷子未
附載有隨函音義外，《思溪藏》本《大寶積經》和《磧砂藏》本《大
寶積經》中均有數卷將《可洪音義》作爲隨函音義附載的情況①，剩下
一種類型則是承襲前代隨函音義而來。當然，《大寶積經》相對來説算
得上是卷帙較多的佛經，其隨函音義存在三兩類型容易讓人理解，可有
些卷次較少的佛經，其隨函音義也分爲兩到三種類型，如《磧砂藏》
本《摩訶般若波羅蜜經》總三十卷，卷末有隨函音義的僅僅七卷，除
《摩訶般若波羅蜜經》卷三〇隨函音義也就是千字文“鹹十”屬於永樂
藏配補頁，與其他隨函音義體例不同外，其中海字函、鹹字函《摩訶
般若波羅蜜經》中“海五”“海十”“鹹三”“鹹四”和“鹹五”五卷
隨函音義附載的是行瑫《內典隨函音疏》的相應卷次②，而“海七”隨

———————————

① 具體考證情況參見本書文獻學章節。
② 譚翠：《〈磧砂藏〉隨函音義研究》，第 68—76 頁。

函音義與上述五卷《内典隨函音疏》作爲隨函音義者體例也不同，又該卷隨函末尾附有一則題爲咸淳二年（1266）姑蘇周二娘的發願文，且從發願文可知，該卷爲單獨刊刻，且其與《磧砂藏》本相應經卷的隨函音義從條目到説解也完全不同，因此該卷屬於該經隨函音義的另外一類。

第二節 《思溪藏》隨函音義的基本體例

如上所述，從現今的分布情況和數量來看，第一種隨函音義承襲前代大藏經隨函音義而來，它們體例一致，分佈廣泛，在數量上占了絕大多數，内容和説解相對簡單，而且許多詞條往往一再重複出現，又都普遍附於佛經函末或卷末，代表了這部大藏經隨函音義的基本體例，而第二種和第三種隨函音義因是專人所作，故體例因作者而異，因此下面我們將集中討論占絕大多數的第一類隨函音義的基本體例。

總體而言，這類隨函音義的體例與其他大藏經隨函音義略同，即一般均有音切，間或簡單釋義並關涉字形或其他，據其内容又大體可分爲注音、辨形、釋義、校勘等，現分别説明如下。

一 注音

《思溪藏》隨函音義一般均有注音，方式大體分爲直音和反切兩種，如：

（1）《思溪藏》本《方廣大莊嚴經》卷五隨函音義："夭喪，上於小反，下蘇浪反。"

（2）《思溪藏》本《法華經》卷第四隨函音義："弦歌，上音賢，正作絃。"

有時直音和反切兩種注音方式同時並存，如：

（3）《思溪藏》本《廣弘明集》卷六隨函音義："皁隸，上皁字，下零帝反，～～，僕使也。"

有時還有少量隨函音義標明音切的來源，如：

（4）《思溪藏》本《瑜伽師地論》卷二三隨函音義："攢矛，上子亂反，舊音龜鷲反。"

（5）《思溪藏》本《大智度論》卷一一隨函音義："迳，舊音經，正古定反。"

（6）《思溪藏》本《漸備一切智德經》卷一隨函音義："蓋微，上元音土敢反，正作蓋。"

（7）《思溪藏》本《妙法蓮華經》卷二隨函音義："推排，上昌惟切，應師兩音一同上，二土回反。"

例（4）（5）中"舊音"和例（6）"元音"蓋指前代大藏經隨函音義所注音切或是隨函音義作者所見佛經經文中自帶的反切。另外，例（7）還標明有音切出自《玄應音義》。這類標明了音切來源的隨函音義在數量上僅占極少數。

偶爾還會對所見音切進行判斷和改正，如：

（8）《思溪藏》本《中阿含經》卷二一隨函音義："闇，音暗，經義疑作烏含反，正作諳。"

對一些音切的讀音持比較謹慎的態度，行文中常見"疑合作""未詳"等字樣，如：

（9）《思溪藏》本《生經》卷二隨函音義："醯，未詳，或作呼兮反。"

（10）《思溪藏》本《般若燈論》卷五隨函音義："攏，力東反，今疑合作郎孔反。"

二 釋義

作爲解釋佛經疑難字詞的一種音義體，隨函音義十分重視條目的釋義，大部分條目下均有簡單的釋義，而且就整體而言，這些釋義除了少量標明出處來源，大部分均未標注出具體的出處，但基本上可以確定《思溪藏》隨函音義的釋義絕大部分是沿用了當時可見的字韻書以及其他佛經音義專書或前代大藏經隨函音義的解釋。就其體例來說，有時只對條目中一個字進行解釋，如：

（1）《思溪藏》本《漸備一切智德經》卷二隨函音義："愚憃，下丑用反，癡也。"

（2）《思溪藏》本《普曜經》卷二隨函音義："金胰，下音夷，正作膱，瘠也，傷也。"

有時對條目中的字分別都進行解釋，如：

（3）《思溪藏》本《方廣大莊嚴經》卷九隨函音義："激矢，上音擊，疾也；下識旨反，箭也。"

（4）《思溪藏》本《佛說方等般泥洹經》卷上九隨函音義："寢處，上七錦反，臥也；下昌呂反，居～也。"

有時將條目作爲一个整體來進行解釋，如：

（5）《思溪藏》本《法句譬喻經》卷二隨函音義："邂逅，上何懈反，下音候，～～，不期之意。"

（6）《思溪藏》本《釋迦譜一卷》隨函音義："繽紛，上疋冰反，下方文反，～～，飛落之兒也。"

（7）《思溪藏》本《雜譬喻經》卷下隨函音義："氍氀，上音衢，下力朱反，細毛褥也。"

極少數還徵引其他典籍的釋義，如：

（8）《思溪藏》本《大悲經》卷四隨函音義："漫捍，上莫官反，下音汗，《方言》'漫捍，不順從也'。"

對一些不確定的釋義，隨函音義往往采取謹慎的態度，用"未見經意""未詳所出""讀更請詳之"等字樣標明，如：

（9）《思溪藏》本《大莊嚴經論》卷四隨函音義："青蓮鬚，下疑作鬚，音須，花～也，讀更請詳之。"

（10）《思溪藏》本《廣弘明集》卷二九隨函音義："驫驫，二字舊音蔘沙，未詳所出，不知何義。"

（11）《思溪藏》本《諸經要集》卷一三隨函音義："忮忟，上支義反，下武粉反，並未見經意。"

三 辨形

《思溪藏》隨函音義有時還对佛經文字形體進行辨析，其中包括列異體、辨正俗、勘正誤等，爲近代漢字研究與大型字典編纂提供了豐富而翔實的資料。例如：

（一）列異體

（1）《思溪藏》本《中阿含經》卷二五隨函音義："齣齣，二同，音剛，山～。"

（2）《思溪藏》本《中阿含經》卷三一隨函音義："嘿默，二同，音墨，寂也。"

（3）《思溪藏》本《根本說一切有部苾蒭尼毗奈耶》卷一一隨函音義："袆旅，音呂，二同。"

（二）辨正俗

（1）《思溪藏》本《弘明集》卷六隨函音義："操，俗作撡字。"

（2）《思溪藏》本《根本說一切有部毗奈耶》卷三一隨函音義："揔惚，二同，上正。"

（3）《思溪藏》本《瑜伽师地論》卷三六："御御，二同，上正。"

（三）勘正誤

（1）《思溪藏》本《大智度論》卷一一隨函音義："揔揔，二同，俗作惚字，揔，書誤。"

（2）《思溪藏》本《般若燈論》卷一二隨函音義："麦麥，麦字，上非。"

（3）《思溪藏》本《大智度論》卷二一隨函音義："宜，直字，書誤。"

（4）《思溪藏》本《大乘阿毗達磨雜事論》卷七隨函音義："遺匱，求位反，～，乏也，上非。"

（5）《思溪藏》本《思溪藏》本《妙法聖念處經》卷七隨函音義："馨，下恐是暫字，寫誤也。"

四 校勘

《思溪藏》隨函音義有時還對漢文佛典中的經文進行校勘，列舉異文、刊定是非、保存推測等，這對漢文佛典的校勘整理具有積極的意義。例如：

（一）舉異文

（1）《思溪藏》本《廣弘明集》卷一二隨函音義："袁矜，下居陵反，二字有誤作表旀。"

（2）《思溪藏》本《大莊嚴經論》卷八隨函音義："瘳降，上音抽，疾愈也；論誤作療字。"

（二）刊是非

（1）《思溪藏》本《正法念處經》卷一二隨函音義："劈裂，上普覓反，二字作礕烈，非。"

（2）《思溪藏》本《中阿含經》卷二八隨函音義："鞠養，上音菊，～，育也，經作掬，非。"

（3）《思溪藏》本《十住毗婆沙論》卷一五隨函音義："如珂，苦何反，螺寶白色；作軻，非。"

（三）存推測

（1）《思溪藏》本《集神州三寶感通錄》卷下隨函音義："唱蔡，下未詳，恐作卌，音薩，聲變也。"

（2）《思溪藏》本《正法念處經》卷一一隨函音義："縢脹，上俗作脒，下恐是腸字。"

（3）《思溪藏》本《大般若波羅蜜多經論釋》卷中隨函音義："愵當，上愚叶反，愚也，未理；恐作恉，恉，并夾反，當，丁浪反。"

總而言之，《思溪藏》隨函音義往往成於衆人之手，也不是一時一地之産物，故其中的體例等相當複雜，在開始對其進行研究之際，我們非常有必要從整體上全面瞭解其體例，爲進一步深入研究作準備。

第三節　《思溪藏》隨函音義的特徵

如前所述，第二種和第三種隨函音義因是專人所作故其特徵因作者而異，下面我們也將集中討論占絶大多數的第一類隨函音義的特徵。《〈磧砂藏〉隨函音義研究》一書曾對第一類隨函音義的内容特徵總結

爲體例上的承襲性、詞條上的重複性和內容上的層累性①，同樣這三點
特徵也適用於《思溪藏》隨函音義，除此之外，我們覺得《思溪藏》
這類隨函音義還有以下特點：

一 説解上的簡省性

從外部形態而言，這部大藏經的隨函音義和之前附載在佛經寫卷和
刻本大藏經的隨函音義一樣，即一般注音和釋義都相對簡單，偶爾關涉
字形，説解上相對於佛經音義專書或專人所作隨函音義來説，要簡省很
多，兹列舉數例如下：

（1）《思溪藏》本《中阿含經》卷六〇隨函音義："鷄鶹，音義云
正作鷄，毟音靈，鷄羽也；鷄，疋小反，鳥名也，今用亦通。鶹，
非也。"

按：該條目均亦出現在《玄應音義》和《可洪音義》對應經卷中，
今查《玄應音義》卷一一《中阿含經》第六十卷音義："鷄毟，力經
反，謂毟羽也，經文作鷄鶹，力吉反，下力周反，謂黃鳥也，又作鶹，
此並應誤也。"（C056，p0982c）②又查《可洪音義》卷一二《中阿
經》對應經卷："鷄鶹，上力日反，下力由反，正作鷄鶹，《經音義》
作鷄鶹，《爾雅》云'鳥少美，長醜爲鶹鷄也'，應和尚以鷄翎替之，
非也，經意但是鳥名，不唯鷄毟也；下又郭氏音陵，書無此字；上又音
漂，鳥飛兒也，非義也；……別本作鷠也。"③可見從該條來看，隨函
音義徵引了《玄應音義》的説解並進行了判定；《玄應音義》不僅釋義
還對經文原文進行分析，並加以判斷；《可洪音義》則不僅對《經音
義》《玄應音義》進行徵引和判斷，還引用了《爾雅》的用例，以及徵
引了郭氏音的注音和別本的異文，非常詳盡，故幾者相比，隨函音義説

---

① 譚翠：《〈磧砂藏〉隨函音義研究》，第14—19頁。
② 《高麗藏》本《玄應音義》收錄在《高麗大藏經》第32冊，現收入2016版CBETA
電子光盤中，本書所引《玄應音義》的出處均爲此電子版，其中"c"後指的是冊數，"p"
後面的是頁碼，"a、b、c"分別代表上、中、下三欄。
③ （五代）釋可洪撰：《新集藏經音義隨函錄》，《中華大藏經》第59冊，第999頁上欄。

解最爲簡省。

（2）《思溪藏》本《經律異相》卷三一隨函音義："摑眥，上俱獲反，摑，打也，恐非此用，宜作矐，紆縛反，下在計反；矐眥，謂裂目而視也。"

按：該條目亦出現於《慧琳音義》卷七九《經律異相》第三十一卷音義，其下云："上音崖，下音紫，案經義瞠睞，張口露齒瞋怒作嚚人之勢也，經中從爪、從國作䎟，從目、從此作眦，並傳寫錯謬，甚無義理，今故改之，並從目，形聲字也。"（T54，p0818b）又此《經律異相》注明隨函音義條目所出故事出自《大方便佛報恩經》第一卷，故該條目亦見於《玄應音義》和《可洪音義》對應經卷中，如《玄應音義》卷四《大方便佛報恩經》第一卷音義則出"搣眥"條，下云："呼麥反，搣，裂也，下靜計反，目頭曰眥，《淮南子》云'瞋目裂眥'，是也。經文從首作馘，古獲反，生獲斷耳曰馘，馘非此義。"（C056，p0879a）《可洪音義》卷八《大方便佛報恩經》第一卷音義："衝髭，上戶嚴反，下即斯反；《經音義》作馘眥，又見別本作䶩贅；應和尚以搣眥替之，上呼麦反，裂也，馘、䶩二同，古麦反，截耳也；眥，自詣反，瞋目皃也。"① 據此可知，雖是同一條目，但各家的說解詳略不同。隨函音義分辨正誤，並給出了自己的解釋；《慧琳音義》說解詳細，還分析經文原文的字形；《玄應音義》則不僅分析經文字形，還徵引了《淮南子》的用例；《可洪音義》則對《經音義》和《玄應音義》進行了徵引，還有自己的釋義，故幾者相比，隨函音義的說解最爲簡單。

以上兩條隨函音義在整個《思溪藏》隨函音義中還算是說解非常詳細的，其他的隨函音義則相對來說更爲簡潔，如：

《思溪藏》本《佛說無明羅刹經》隨函音義："喴喴，上呼鑑反，下呼戒反；喴喴，怒聲也。"

按：該條目亦見於《慧琳音義》和《可洪音義》的對應經卷，《慧琳音義》卷七六《無明羅刹集》音義："誠講，呀監反，亦作喴；下呀

---

① （五代）釋可洪撰：《新集藏經音義隨函錄》，《中華大藏經》第59册，第850頁中欄。

介反，或作喊，大呼大怒也。"（T54，p0802c）《可洪音義》卷二二《無明羅刹集》音義對應條目則出"鹹齡"條，並曰："上呼鑒反，下呼介反，恚怒聲也，正作諴講也；又《經音義》作喊喊，上呼減反，下呼戒反，上又夾、恰二音；郭氏作如咸反，下又胡戒反，並非用。"[1] 可見，該條目在隨函音義、《慧琳音義》和《可洪音義》三者中，以隨函音義最爲簡略，《慧琳音義》次之，《可洪音義》最爲詳細。

此外，還有一些詞條不管是在隨函音義還是在專人所作音義中均常見，通過幾者對同一個詞條的説解也可以看出詳略。如"悵悢"條：

（1）《思溪藏》本《佛説大般泥洹經》隨函音義："悵悢，上音暢，下音亮，悲恨失志兒。"

按："悵悢"條在《玄應音義》《慧琳音義》和《可洪音義》中均出現過，《玄應音義》卷二《大般若經》第一卷音義："悵悢，勑亮反，下力尚反，《説文》'悵，望恨也'，《廣雅》'悢，悲也'，謂恨悢悢然，愁悲也。"（C056，p0831c）《慧琳音義》卷二五《大般涅槃經》上卷音義下亦有："悵悢，上勑亮反，《玉篇》云：'望也，恨也。'下力尚反，《廣雅》云：'悢，悲也。'"（T54，p0464b）《可洪音義》卷一一《大乘阿毗達磨雜集論》第十四卷音義亦云："悵悢，上丑向反，失志也；下力向反，恨也。"[2] 三者或徵引辭書，或自行注釋，都分別對"悵"和"悢"進行了詳細説解，都比隨函音義説解詳細。

又如"駏驉"條：

（1）《思溪藏》本《辯正論》卷二隨函音義："駏驉，巨虛二音，驉父牛母所生。"

（2）《思溪藏》本《經律異相》卷二一隨函音義："駏驉，二字音巨虛，牛驉所生之駒也。"

按："駏驉"條在《思溪藏》隨函音義中經見，《慧琳音義》卷八五《辯正論》第二卷音義釋云："上音巨，下音虛，畜獸名，曹憲注

---

① （五代）釋可洪撰：《新集藏經音義隨函錄》，《中華大藏經》第60冊，第250頁中欄。
② （五代）釋可洪撰：《新集藏經音義隨函錄》，《中華大藏經》第59冊，第949頁中欄。

《廣雅》云、孔安國注《尚書》云：'駏驉，孤竹國東北夷驢騾之屬也。'"（T54，p0857a）《玄應音義》卷一二《別譯阿含經》第一卷音義亦出"駏驉"條，並云："渠語反，下許居反，謂似騾而小、牛父馬子是也。"（C056，p0991a）同書卷一三《梵志頗羅延問種尊經》音義："駏驉，渠語反，下許居反，謂似騾而小、牛父馬子者也。"（C056，p01014b）又《可洪音義》卷一二《雜阿含經》第三十八卷音義亦有："駏驉，上音巨，下音虛，上云馬父驢母爲駏驉，驢父馬母爲騾也。應和尚云'牛父馬母爲駏驉也'。"① 三者或徵引他人說解，或自己下定義，均比隨函音義詳細。

通過以上例子可以看出，《思溪藏》第一種類型隨函音義的說解與專人所作音義相比是相對簡省的，而且這種說解上的簡省也爲後來元明刻本大藏經隨函音義所繼承，甚至比《思溪藏》的說解更爲簡單，我們可以看到至明代《嘉興藏》隨函音義，其說解一般來說僅剩下音切，對字形和詞義等不再關涉。

二 術語上的多樣性

《思溪藏》隨函音義數量衆多，作者不詳，雖然一般情況下看起來體例一致，但這些隨函音義具體到說解術語上就呈現出多樣性的特點。又隨函音義的說解或辨形、或釋義、或存異文、或辨經文等，下面我們先從分辨文字正俗以窺其術語的多樣性，如：

（1）《思溪藏》本《般若燈論》卷一二隨函音義："麦麥，麦字，上非。"

（2）《思溪藏》本《大智度論》卷二一隨函音義："宜，直字，書誤。"

（3）《思溪藏》本《大智度論》卷一一隨函音義"搊揔，二同，俗作惣字，揔，書誤。"

（4）《思溪藏》本《大乘阿毗達磨雜事論》卷七隨函音義："遣匱，

_____

① （五代）釋可洪撰：《新集藏經音義隨函録》，《中華大藏經》第59册，第1011頁上欄。

求位反，~，乏也，上非。”

(5)《思溪藏》本《大方廣寶篋經》卷下隨函音義：“明鑿，下疑是醫字，書誤也。”

(6)《思溪藏》本《摩訶僧祇律》卷一六隨函音義：“𤚩𤚩，户江反，上正下非。”

(7)《思溪藏》本《摩訶僧祇律》卷三隨函音義：“漯濕，二同，下正。”

(8)《思溪藏》本《根本説一切有部毗柰耶》卷三一隨函音義：“揔惣，二同，上正。”

(9)《思溪藏》本《弘明集》卷六隨函音義：“操，俗作摻字。”

從上述例子可以看出，同樣是分辨文字正俗，有的隨函音義列出俗字用“書誤”或“俗作”來標示，有的隨函音義則將正俗體均列出然後用“二同”標明，然後指出“上正”或“下正”，而有的則直接用“上正下非”指明，也有的隨函音義則列出正字，在説解中用“俗作某”來標示出俗體來。總之，在《思溪藏》中没有統一標準化的術語來説明文字正俗。

另外，同樣是辨明經文原文即對經文原文進行校勘，有的隨函音義用“經（論）作某，（恐）非”、“作某，非”者，如：

(1)《思溪藏》本《中阿含經》卷二八隨函音義：“鞠養，上音菊，~，育也，經作掬，非。”

(2)《思溪藏》本《中阿含經》卷八隨函音義：“抖擻，上音斗，下音叟，經作捒，非也；~~，動舉物也。”

(3)《思溪藏》本《中阿含經》卷二九隨函音義：“擯棄，上必刃反，逐也；作殯，非也，下弃字。”

(4)《思溪藏》本《大莊嚴經論》卷三隨函音義：“枚板，上音梅，箇也；論作牧板，恐非也。”

(5)《思溪藏》本《十住毗婆沙論》卷一五隨函音義：“如珂，苦何反，螺寶白色；作軻，非。”

有的隨函音義用“二字（字）作某，非”或“二字（論）有

（誤）作某"者，如：

（1）《思溪藏》本《廣弘明集》卷一二隨函音義："袁矜，下居陵反，二字有誤作表扵。"

（2）《思溪藏》本《大莊嚴經論》卷八隨函音義："瘳降，上音抽，疾愈也；論誤作療字。"

（3）《思溪藏》本《正法念處經》卷一二隨函音義："劈裂，上普覓反，二字作礔烈非。"

還有的隨函音義用"傳寫誤""疑是某"或"恐作某"等，如：

（1）《思溪藏》本《普曜經》卷六隨函音義："仵晴，上正作挵，音弄，傳寫誤也。"

（2）《思溪藏》本《持心梵天所問經》卷四隨函音義："所了聖遠，下疑是道字，讀請詳經意。"

（3）《思溪藏》本《摩訶僧祇律》卷一八隨函音義："臂牌，下恐作髆，音博。"

（4）《思溪藏》本《集神州三寶感通録》卷下隨函音義："唱蕯，下未詳，恐作卌，音薩，聲變也。

以上我們對辨析文字和辨別經文原文兩個方面的術語進行了舉例。從中我們可以看到《思溪藏》和《磧砂藏》隨函音義的説解術語繁多，我們認爲這些音義非一時一人之作，大概成於衆手，累積而成，其間未有專人總其成，以使之如出一人之手，故説解術語的多樣性既是隨函音義的一個重要特徵，也是隨函音義有別於專人所作佛經音義專書的一個主要區別。

三 徵引上的單一性

另外，如果單從徵引上來看，《思溪藏》隨函音義僅有極少數條目有徵引其他佛經音義專書或世俗字韻書的現象，而且這種徵引都非常單一，不同於專人所作音義專書。例如：

（1）《思溪藏》本《太子本起瑞應經》卷上隨函音義："蹉傷，上音義云烏臥反，正作踒。"

按：查《玄應音義》卷一三《太子本起瑞應經》對應經卷："踡
傷，烏臥反，《通俗文》：'足跌傷曰踡。'《蒼頡篇》：'挫足爲踡。'
《史記》：'踡人不妄起是也。'經文作瘀，非體也。"（C056，p1011b）
《玄應音義》解釋該條時徵引了《通俗文》《倉頡篇》和《史記》作書
證和例證，而隨函音義僅徵引音義的反切。

（2）《思溪藏》本《中阿含經》卷四四隨函音義："哊，護，非也；
音義云：'堅貪守護，音因，中也。'"

按：《可洪音義》卷一二《中阿含經》對應經卷："從哊，徒兮反，
作啼、唬、㖒、詆四形；郭氏作哖，音啼；經云'從哖至大'，言此外
道前世名都提也；《經音義》以嶧字替之，戶高反，非也；《玉篇》音
袛，丁礼反；郭氏又作丁兮、丁地二反，後四呼並非也。"[1]《可洪音
義》解釋該條時，援引了郭氏音、《經音義》和《玉篇》的説解并作了
評判，而隨函音義僅徵引了音義中的説解。

（3）《思溪藏》本《妙法蓮華經》卷二隨函音義："苦難處，舊音
二字皆去聲，今依應師，上平聲，下上聲。"

按：查《玄應音義》卷六《妙法蓮華經》第二卷音義："難處，乃
安、充與反，《詩》云'莫我皇處'，傳曰'處，居也'，《禮記》'何
以處我'，鄭玄曰'處，安也'。"（C056，p0910c）《玄應音義》在解
釋該條時以《詩經》和《禮記》中的用例和解釋作爲書證和例證，而
隨函音義僅列出《玄應音義》的讀音。

（4）《思溪藏》本《陀羅尼雜集》卷二隨函音義："军接，上音勞，
應師云'正作撈'，～，取也。"

按：今查《玄應音義》卷二〇《陀羅尼雜集》第二卷音義下有：
"撈接，鹿高反，《方言》'撈，取也'，郭璞曰'謂鈎撈也'，《通俗
文》'沉取曰撈'，經文作堅牢之牢，非體也。"（C057，p0051c）《玄
應音義》用《方言》及郭璞注和《通俗文》來解釋該條目，而隨函音
義僅簡單徵引了《玄應音義》的説解。

---

① （五代）釋可洪撰：《新集藏經音義隨函錄》，《中華大藏經》第59冊，第996頁下欄。

從以上舉例可以看出，在徵引範圍上，專人所作音義書不僅徵引同類佛經音義如郭氏音、《經音義》等，還徵引了世俗字書、韻書如《説文》《倉頡篇》等以及世俗典籍如《詩經》《禮記》《方言》等，而《思溪藏》隨函音義僅僅限定在佛經音義專書如《江西音》《玄應音義》和音義上，這在徵引範圍上遠遠不及專人所作佛經音義專書。又從徵引的具體內容上來看，《思溪藏》隨函音義大多數情況下也是簡單地徵引了一下注音和釋義，不作太多的判定，而相比之下，專人所作佛經音義專書的徵引則要具體許多，而且常常作出判定和評價。因此，徵引上的單一性這一點也是隨函音義區別於專人所作佛經音義專書的重要特徵。

因此，我們對《思溪藏》隨函音義進行研究時，其説解上的簡省性、術語上的多樣性以及徵引上的單一性是我們將其作為研究對象時面對的實際問題，也是將其與專人所作音義進行區分的幾個重要特徵。這樣的區分工作雖然非常複雜和煩瑣，但卻非常有必要，將直接關係到這批研究資料的正確使用。

第四節　《思溪藏》隨函音義的研究方法

好的方法是順利進行研究的必要條件之一，在研究隨函音義時也是如此，必須掌握正確的研究方法。學界在傳統語言學研究上曾采用考辨字形、審核文例、因聲求義、考察異文、方言佐證等方法，在對漢文佛典進行研究時還曾總結出梵漢對勘、同經異譯對比、漢藏對比等方法，這些方法均可用在佛經音義的研究上，而且有的方法也已經取得了良好的效果。但是總體來説，雖然近年來佛經音義的研究取得了令人矚目的成績，但就筆者所見，總結研究經驗、探討研究方法的論文和論著還是非常缺乏的，而且作為有著自身特點的隨函音義，其研究方法除了上述我們提到的這些用於佛經音義上的方法外，還應該符合其自身的特點，是其所獨有的。又《〈磧砂藏〉隨函音義研究》一書中曾總結出四條研究《磧砂藏》隨函音義的方法：一是審定詞條，二是考察背景，三是比勘異文，四是印證外典①。這四種方法也仍然適用於研究《思溪藏》隨函音義，也是我們在研究中一直采用的方法，除此之外，我們還運用了以下幾種方法，現分別舉例説明如次：

一　相應卷次比較

如前所述，《思溪藏》隨函音義的來源和構成比較複雜，有些承襲於前代大藏經的隨函音義，有些徵引自其他佛經音義專書，有些則係專門爲其創造的隨函音義，即與該藏經經文原文一同刊刻。但是不管是哪種情況，這些隨函音義的條目與前代大藏經隨函音義或佛經音義專書一樣，均來源於該卷佛經經文，因此，我們在對某一卷隨函音義進行研究時，可以將其與其他大藏經隨函音義或佛經音義專書的相應卷次進行比較。通過比勘不同大藏經隨函音義或音義專書的相同卷次，我們能發現和解決《思溪藏》隨函音義涉及的相關問題。如：

1. 《續高僧傳》卷一四隨函音義

《思溪藏》本該經卷末均附載有多條隨函音義，且均未附載刊經題記等，《思溪藏》本隨函音義其下有如下音義：

（1）孤𡧛，下具殞反，急迫也。

按：今查《思溪藏》本《續高僧傳》卷一四對應經文原文有“釋慧瑜，姓岑氏，少孤𡧛，三歲二親俱喪”等句，即此條所出。《大正藏》本對應經文原文作“孤𡧛”（T50，p0537b）。今查《磧砂藏》本《續高僧傳》相應卷次隨函音義未見該條目，又查《可洪音義》卷二七《續高僧傳》相應卷次下亦有“孤𡧛”條，其寫法與《大正藏》經文原文同，並注音云“巨殞反”②。因“君”字在俗書中常寫作“*君*”，“*𡧛*”當爲“窘”之俗字，。

（2）顒，於倫反。

按：今查《思溪藏》本對應經文原文有“唐京師崇義寺釋慧顒傳

---

① 譚翠：《〈磧砂藏〉隨函音義研究》，第19—35頁。

② （五代）釋可洪撰：《新集藏經音義隨函録》，《中華大藏經》第60册，第477頁上欄。

四"，即此字所出。今《大正藏》本對應經文原文則作"穎"（T50，p0531b）。又《思溪藏》本上揭經文下同頁亦有"唐蘇州通玄寺釋慧顠傳七"，爲相同的俗寫形體。今查《磧砂藏》本《續高僧傳》對應卷次出"顠"字條，下有："於倫反。"（469/81b）而《磧砂藏》本對應經文原文此兩處均作"穎"（469/72b）。顯然，《磧砂藏》隨函音義中的"顠"係抄録《思溪藏》隨函音義所出"顠"的進一步訛變。又查《可洪音義》卷二七《續高僧傳》相應卷次下亦有"慧穎"條，其下曰："於筠、俱筠二反。"①據此，《思溪藏》隨函音義所出"顠"爲"穎"之俗字無疑，亦爲"君"俗寫作"启"所致，《磧砂藏》所出之"顠"則爲"顠"之進一步訛寫。

2.《廣弘明集》卷一一隨函音義

《思溪藏》本該經卷末亦附載有多條隨函音義，且俱未附載刊經題記等，有如下音義：

（1）沿革，上音緣。

按：今查《思溪藏》本對應經文原文亦作"沿革"，《大正藏》本對應經文原文則作"沿革"（T52，p0160a）。據此可知，《思溪藏》隨函音義所出"革"字乃"革"字之俗，上揭隨函音義條目字"沿"爲"沿"字之俗。又查《磧砂藏》對應卷次隨函音義亦出該條，寫作"沿韋"，令人生疑，形似"韋"字，可查《磧砂藏》對應經文原文作"沿革"，原文如下："雖可聖有先後道德不別，君有沿革治術尚同。"（477/1a）故"韋"爲"革"字之誤。那麼，"革"爲什麼寫作"韋"呢？由《思溪藏》隨函音義可知，《磧砂藏》隨函音義條目字"韋"蓋承襲《思溪藏》隨函音義所出"革"字之誤。

（2）桑梓，下音子，木名也，今云故里曰～～。

按：今查《思溪藏》隨函音義條目字和對應經文原文均作"桑梓"。又查《磧砂藏》本條目字和對應經文文字作"桑梓"，原文如下："凡是沙門放歸桑梓。"（477/1b）又《可洪音義》卷三〇《廣弘明集》

---

① （五代）釋可洪撰：《新集藏經音義隨函録》，《中華大藏經》第60册，第476頁中欄。

對應卷次亦出該條，寫作“桒梓”，下有：“音子。”① 故通過相同卷次的比較，我們可以考察出《思溪藏》隨函音義中“桒”爲“桑”之俗字。

二 同卷條目類比

雖然同一部佛經不同經卷的隨函音義有可能會類型和來源不同，但同一卷隨函音義中，各個條目的來源和類型還是一致的，故我們在進行研究時也應當充分注意同一卷次不同條目在文字字形、辨析以及釋音等方面表現出來的一致性，這種一致性導致我們可以在同一卷次的不同條目中進行橫向比較，發現其一致性，揭示該卷隨函意義在文字學和音韻學上的價值和特點。

例如，上揭《續高僧傳》卷一四和《廣弘明集》卷一一隨函音義中《思溪藏》的條目字與對應經文原文一致，如隨函音義條目字“窘”寫作“𡨛”，其對應經文原文亦作“𡨛”，因“君”字在俗書中常寫作“𠱓”所致，而且我們也大體可推測此卷《思溪藏》隨函音義與經文屬於一同刊刻，其他條目的字形大體有可能也與對應經文原文一致。又同卷下還有“顛”字條，隨函音義條目字即寫作“頗”，其對應經文原文亦作“頗”。

又如上揭《廣弘明集》卷一一隨函音義，從《思溪藏》隨函音義所出“㳂草”字與對應經文原文一致來看，《思溪藏》此卷隨函音義蓋與經文同時刊刻，其他條目的字形大體也與經文原文一致。又同卷下還有“桒梓”條亦是如此，對應經文原文亦作“桒梓”。

以上列舉的是同卷隨函音義條目中文字字形一致性的例證，這種隨函音義條目字字形與經文原文一致的現象在《思溪藏》隨函音義中經見，我們推測這些卷次的隨函音義有可能與佛經一同刊刻，蓋屬於“同時材料”，如《思溪藏》本《佛説大方等大集菩薩念佛三昧經》卷一至卷一〇隨函音義、《思溪藏》本《四分律》卷四一至四九隨函音義，等

---

① （五代）釋可洪撰：《新集藏經音義隨函録》，《中華大藏經》第60册，第556頁中欄。

等，我們在考察這些隨函音義時，要充分注意同卷條目字形的一致性。

除此之外，這種一致性有時還可以體現在隨函音義同卷次的注音上，如《思溪藏》本《大佛頂首楞嚴經》隨函音義，我們可以看出該卷隨函音義的一些音切中反映了宋代語音的某些變化，這些變化實實在在地存在於漢語語音發展史中，並在同一卷隨函音義的條目中集中體現，這也證明了同一卷次隨函音義的條目在語音上往往也保持了一致性，我們在對其進行音韻學研究時也可對相同卷子的不同條目進行類比①。

以上我們舉例說明了研究隨函音義所使用的兩種方法，這兩種方法不僅適用於《思溪藏》隨函音義，同樣也適用於其他隨函音義的研究，而且在具體的研究過程中，我們需要從不同角度、運用不同的方法綜合地進行分析和考察，只有這樣才能全面而正確地瞭解隨函音義各方面的情況，挖掘隨函音義蘊涵的豐富價值。

三　相同隨函音義詞條比較

《思溪藏》隨函音義條目衆多，但是某些詞條往往在大藏經隨函音義中重複出現，重複率非常高，雖然大多數重複條目的說解大同小異，但是一些相同隨函音義詞條的說解也有或多或少的差異。通過對這些相同隨函音義詞條的比較，我們考察這些差異，往往也能發現和解決一些音韻、校勘等問題。我們就試舉例說明如下。

（一）"喱喋"條

"喱喋"條在《思溪藏》隨函音義中有數例，如：

（1）《思溪藏》本《諸經要集》卷一五隨函音義："喱喋，上吾街反，下床階反。~~，露齒齘齒之兒。"

（2）《思溪藏》本《優婆塞戒經》卷四隨函音義："喱喋，上吾佳反，下音柴。"

（3）《思溪藏》本《讚觀音菩薩頌》隨函音義："喱喋，上吾皆

---

① 該卷相關音韻情況見本書音韻學章節。

反，下助皆反。獸鬪露齒之皃。”

通過比較這三條“喳𪘜”隨函音義，我們發現其中例（1）（3）條隨函音義的音切與例（2）條隨函音義不同，今查“喳”字《集韻》音“宜佳切”，屬於疑母佳韻；“𪘜”字《集韻》音“鉏佳切”，屬於崇母佳韻，而例（1）條隨函音義詞條下字“𪘜”注音爲“床階反”則屬於崇母皆韻，例（3）條隨函音義中“喳”注爲“吾皆反”，“𪘜”注爲“助皆反”，均爲皆韻，以上均屬於佳皆相混的例子。

（二）“隘”條

“隘”字條在《思溪藏》隨函音義中經見，如：

（1）《思溪藏》本《大智度論》卷一四隨函音義：“隘，於賣反。”

（2）《思溪藏》本《中觀論》卷一隨函音義：“隘，於界反。”

（3）《思溪藏》本《妙法蓮華經》卷六隨函音義：“隘，於賣反，～塞。”

（4）《思溪藏》本《大莊嚴論經》卷二隨函音義：“隘，於賣反，塞也。”

（5）《思溪藏》本《廣弘明集》卷九隨函音義：“隘，於賣反，窄～也。”

“隘”字《廣韻》音“烏懈切”，屬於影母卦韻，然而通過比較以上五條隨函音義，我們可以發現這其中有一個條目的音切與《廣韻》讀音不同，也與其他“隘”詞條的讀音不同，或反映了當時的一些語音變化，即例（2）“隘，於界反”條的注音，它爲影母怪韻，反映了當時語音中卦怪相混的情形。

又上述隨函音義卷末均未附有刊經題記標明具體刊刻時間，故上述隨函音義至遲反映《思溪藏》刊刻時代即宋代的語音變化。

第五節 《思溪藏》隨函音義存在的問題示例

如前所述，《思溪藏》爲私刻大藏經，負責進行刊刻和傳抄的大底爲民間普通僧俗，知識文化水平有限，故這些隨函音義其間出現錯訛也在所難免。在《〈磧砂藏〉隨函音義研究》一書中我們曾列舉了《磧砂藏》隨函音義存在不明文字關係而誤釋、不明字形相近而誤刻、不明上下文而衍誤和不明經文原義而誤釋等問題①。與此同時，《思溪藏》隨函音義在文字辨析、釋義、校勘等方面也同樣存在一些問題，下面就列舉數例進行說明：

（1）《思溪藏》本《正法念處經》卷五四隨函音義："鈍，徒因反。"

按："鈍"字《廣韻》音"徒困切"，隨函音義此處"因"當爲"困"之訛也，推其致誤之由，蓋"因"與"困"形體相似而致。

（2）《思溪藏》本《求欲經》隨函音義："搏食，上徙官反。"

按："搏"字《廣韻》音"度官切"，又在隨函音義中常注音爲與"度官切"讀音相同的"徒官反"，如《磧砂藏》隨函音義中有"搏如，徒官反，手~"（157/23a）和"搏若，上徒官反，手~"（186/81a）。故隨函音義中"徙"當爲"徒"之誤也，推其致誤之由，蓋"徒"與"徙"形體相近而混。

（3）《思溪藏》本《大莊嚴經論》卷五隨函音義："峻，弘閏反。"

按：今查《思溪藏》本對應經文原文有"復見一寶山四面高峻，爲火所燒崩摧在地"，即此條隨函音義所出，故隨函音義條目字"峻"應爲"峻"之換旁俗字。又查"峻"字《廣韻》音"私閏切"，則此處"弘"當爲"私"之訛也，二者蓋因形近而互混。

（4）《思溪藏》本《大智度論》卷九四隨函音義："𢧁，音伐。"

按：今查《思溪藏》本對應經文文字作"栰"，原文如下："以空空三昧等捨離道諦，如說栰喻，滅諦亦無定法。"而且由隨函音義所出條目字"𢧁"注爲"音伐"，也可推出其應爲"栰"之誤也。溯其致誤之由，蓋因"我"與"伐"形近而致。

以上我們列舉的都是《思溪藏》隨函音義中因字形相近而誤爲他字的校勘問題。其實這樣的誤刻在《思溪藏》隨函音義中還有很多，

---

① 譚翠：《〈磧砂藏〉隨函音義研究》，第51—57頁。

如"土"與"工","工"與"上","苦"與"若","田"與"由","責"與"貢"等等,常因字形相近而誤刻,我們僅舉上述數例進行說明,不一一進行展開。

與此同時,《思溪藏》隨函音義在對文字進行辨析時,囿於作者學識等原因,也存在說解不足的情況,如:

(5)峪,谷字。

按:此條出自《思溪藏》本《根本說一切有部毗奈耶雜事》卷四〇隨函音義,今《思溪藏》本對應經文原文作"峪",原文如下:"尊者跏趺壓九峪口,龍曰:'尊者可有幾許門徒?'"《大正藏》本對應經文原文亦同,校勘記曰:"峪,宮本作珞。"(T24,p0411a)據此,"峪"字即"峪"字的換旁俗字,蓋因"山"和"止"旁由於形體相近,在俗書中相混而成,《思溪藏》隨函音義直音云"谷字"有誤。

此外,《思溪藏》隨函音義還存在列舉條目時,將分屬不同詞語的語素生造爲一個詞條來加以注釋的情況,如:

(6)《思溪藏》本《續高僧傳》卷三一隨函音義:"關意,上或誤作開。"

按:今查《思溪藏》本對應經文作"開意",原文如下:"義業通廢,專習子史,今古集傳有開意抱,輒條踈之。"今《大正藏》本對應經文原文則作"關意",校勘記稱"關"字宋、元、明、宮本均作"開"(T50,p0705a)。從上下文來看,"有關"修飾"意抱",而隨函音義在列舉詞條時將分屬不同詞語的語素"關"和"意"生造爲一個詞條,導致"關意"這樣的生造詞產生,不妥。但隨函音義認爲"或誤作開",可從。"開"蓋因與"關"之形近而在此發生混同。

以上我們對《思溪藏》隨函音義存在的闕失進行了簡單介紹。這就要求我們在對待這類音義材料時應更加謹慎和仔細地進行辨析,從大量材料中剝離和分辨出真實而有價值的資料,這無疑需要大量的工作才能完成。

第三章 《思溪藏》與《磧砂藏》
隨函音義比較研究

在前面的兩個章節中，我們簡要探討了《思溪藏》隨函音義的一些基本情況，大體了解了其體例、特徵、研究方法及其闕失等，這爲我們進一步研究打下了基礎。

衆所周知，附載於佛經卷末或函末的隨函音義遍佈於大藏經經律論三藏中，尤其是自《崇寧藏》以來，特別是宋元年間江南私刻大藏經如《崇寧藏》《毗盧藏》《思溪藏》《資福藏》《磧砂藏》等附載隨函音義的現象十分普遍，分佈廣泛、數量龐大。

前人曾關注過這些大藏經隨函音義的關係，如李富華和何梅《漢文佛教大藏經研究》一書對江南諸藏進行梳理的同時也關注到了這些藏經所附音釋。爲了考察《崇寧藏》的音釋對後世大藏經的影響，他們將山西省博物館藏《崇寧藏》本經字函《法苑珠林》卷七四所附音義與宋《磧砂藏》、元《普寧藏》、明《永樂北藏》、清《龍藏》對應經卷所附音義作了比較，發現宋、元兩部私版大藏經的音義源於《崇寧藏》，僅稍有改動；而明清兩部官版大藏經的音義基本保持一致，但相對於《崇寧藏》來說，二者有了較大的改動。他們還懷疑福州版《崇寧藏》《毗盧藏》所附音義很有可能是以當時當地頗有影響的某部音釋著作爲藍本，故保存了一部現已失傳的宋代音釋著作[①]。又如香港學者黃耀堃《磧砂藏隨函音義初探》亦曾對《磧砂藏》隨函音義進行過簡

---

① 李富華、何梅：《漢文佛教大藏經研究》，第219頁。

要介紹和初步考訂①。

日本學者高田時雄《可洪〈隨函録〉與行瑫〈隨函音疏〉》也曾關注江南諸藏隨函音義的音韻學價值，指出"自福州東禪寺版以來的江南諸藏，在函末或卷末附有音釋……江南各藏經的音釋，雖然偶有若干異同，但基本上看是一致的。該音釋到底是如何由來的，目前全然無從得知。有可能是以唐末五代時期在江南流傳的藏經後面所附音釋者爲祖本的，一如《隨函録》引用'某某經音'之類"②。其另一篇文章《藏經音義の敦煌吐魯番本と高麗藏》在探討敦煌吐魯番文獻和《高麗藏》所存佛經音義時，對江南各種私刻大藏經的隨函音義也進行一些簡要的介紹③。日本學者山田健三《福州版一切經附載音釋の形成過程》則對日本書陵部藏宋版江南大藏經後的隨函音義的形式、形成過程等進行了簡單的分析，對其整體的數量進行了調查，並以"玄奘"和"苾蒭"爲例，對這兩個詞在《大般若經》中的重出情況進行了展示④。

由此可見，前人的研究偏重於對隨函音義基本情況的介紹，針對各大藏經隨函音義之間的具體比較研究則較爲欠缺，也不夠深入。宋元江南刻印的私版大藏經，自《崇寧藏》以來，函末或卷末一般都附有隨函音義，學界普遍認爲，這種音釋材料在文獻來源、内容、傳抄等方面具有一脈相承性。我們並不否認，宋元江南私刻藏經具有很強的沿襲性，隨函音義似乎也大同小異，但是，毋庸諱言，這種觀點容易抹殺各部私刻大藏經之間的差異。作爲目前國内可見的年代接近、關係密切的江南私刻藏經《思溪藏》與《磧砂藏》，二者的隨函音義有什麼關係和特色呢？鑒於以往的研究缺乏對各部大藏經隨函音義做系統而具體的調查和比較研究，下面我們就對這兩部隨函音義進行全面梳理和對比，通過具體呈現兩者的異同，回應以往的研究結論，進而窺探隨函音義的沿

---

① 黃耀堃：《磧砂藏隨函音義初探》，《音韻學論叢》，第 255—257 頁。

② ［日］高田時雄：《可洪〈隨函録〉與行瑫〈隨函音疏〉》，第 446 頁。

③ ［日］高田時雄：《藏經音義の敦煌吐魯番本と高丽藏》，《敦煌寫本研究年報》2010年第 4 號。

④ 山田健三《福州版一切經附載音釋の形成過程》，文化コミュニケーション学科編《人文科學論集》43，2009 年，第 1—12 頁。

襲與新製，以凸顯這兩部大藏經隨函音義的特色。

第一節　"方"字函、"能"字函
經卷隨函音義比較

如前所述，從現今的分布情況和數量來看，第一種隨函音義占了絕大多數，它們體例一致，內容和説解大體相同，而且許多詞條往往一再重複出現，又都普遍附於佛經函末或卷末，代表了這兩部大藏經隨函音義的基本體例。下面先對第一種體例的隨函音義進行比較，據此來展示《思溪藏》本和《磧砂藏》本隨函音義的異同。衆所周知，《磧砂藏》分爲宋刻本和元刻本①，下面我們先以《思溪藏》與《磧砂藏》本"方"字函經卷爲例，該函包括有《持人菩薩所問經》四卷、《持世經》四卷、《佛説濟諸方等學經》一卷和《大乘方廣總持經》一卷。通過對"方"字函十卷隨函音義逐卷進行比較，二者的異同情況如表一所示：

表一　　　《思溪藏》《磧砂藏》"方"字函經卷條目數量與異同比較

千字文號	經卷名稱	《思溪藏》條目數量	《磧砂藏》條目數量	內容異同情況	異同情況具體説明
方一	《持人菩薩所問經》卷一	26	26	同	完全相同
方二	《持人菩薩所問經》卷二	24	21	異	《磧砂藏》本缺"欄楯""姝好""稍"三條；"帳幔""恭恪""靦顏"條詞頭和説解不同；"猷"條説解不同；"瀆"條次序不同
方三	《持人菩薩所問經》卷三	16	13	異	《磧砂藏》本缺"不肖""澡浴""崖底"三條；"戴"條説解略有不同；"便廁"條詞頭和説解略有不同

① 參見李富華、何梅《漢文佛教大藏經研究》，第 263—277 頁。

续表

千字文號	經卷名稱	《思溪藏》條目數量	《磧砂藏》條目數量	内容異同情況	異同情況具體説明
方四	《持人菩薩所問經》卷四	9	9	同	完全相同
方五	《持世經》卷一	6	6	略同	"癊"字條説解略有不同
方六	《持世經》卷二	7	7	異	條目字頭和説解相同，但次序完全不同
方七	《持世經》卷三	12	7	異	《磧砂藏》本缺"蟲"、"拳"、"虹"、"戲調"、"闇鈍"五條，其他條目次序、字頭和説解均相同
方八	《持世經》卷四	0	0	同	完全相同
方九	《佛説濟諸方等學經》一卷	33	11	異	條目數量、詞頭和説解等均不相同
方十	《大乘方廣總持經》一卷	6	4	異	條目數量、詞頭和説解等均不相同

從以上的比較情況來看，雖然二者的基本體例保持一致，但是内容上存在不小的差異：十卷隨函音義中《持世經》卷四（方八）後無隨函音義，剩下的九卷中除《持人菩薩所問經》卷一（方一）、《持人菩薩所問經》卷四（方四）這兩卷隨函音義二者完全相同外，其他的七卷隨函音義均有較大差異。又《磧砂藏》本《持世經》卷一（方五）後有南宋淳祐元年（1241年）十一月"方必先"的刊經題記：

> 大宋國嘉興府華亭縣白沙鄉十五保居住奉佛弟子方必先同妻朱氏五四娘家眷等謹發誠心，施淨財壹阡捌伯貫文，恭入磧砂延聖院大藏經坊，刊造方字函《持世經》壹拾卷，流通佛教，所集功德，專用追薦先考六十一府幹方公，尊靈承此良因，超昇佛界，仍祝在堂母親夏氏乙亥星君，伏乞保扶福壽增崇，門庭光顯，吉祥如意者。淳祐元年十一月日奉佛弟子方必先謹題。

又在該函其他卷後則均附有"華亭縣界奉佛信士方必先一力刊方字函《持世經》,情旨刊於第一卷"的題記,故該"方"字函所有經卷應均屬於《磧砂藏》宋刻本,離《思溪藏》的刊刻時代並不遠①,但無論從條目數量還是說解內容,《磧砂藏》本都較《思溪藏》本簡省,內容上也有較大的出入。

我們又以《思溪藏》與《磧砂藏》本"能"字函經卷爲例,對二者的隨函音義進行逐卷比較。該函包括有《十住斷結經》卷一至卷九,在《磧砂藏》本《十住斷結經》卷七(能七)後有元大德六年(1302年)二月的刊經題記:

> 中奉大夫江浙等處行中書省參知政事張文虎發心施財,恭入平江路磧砂延聖寺,雕刊大藏經板永遠流通,所集殊因,祝延聖壽萬安。歲次壬寅大德六年二月日提調刊經僧曇瑞謹題。

故該函爲《磧砂藏》的元刻本,二者的異同情況如表二所示:

表二　　《思溪藏》《磧砂藏》"能"字函經卷條目數量與異同比較

千字文號	經卷名稱	《思溪藏》條目數量	《磧砂藏》條目數量	內容異同情況	異同情況具體說明
能一	《十住斷結經》卷一	82	50	異	條目數量、詞頭和說解等均不相同
能二	《十住斷結經》卷二	25	21	異	條目數量、詞頭和說解等均不相同
能三	《十住斷結經》卷三	11	11	略同	"澹泊"條字頭和說解不同;"號"條字頭不同;"曩"字條次序不同
能四	《十住斷結經》卷四	36	13	異	條目數量、詞頭和說解等均不相同

① 《思溪藏》的刻版年代始於南宋靖康元年(1126),訖於紹興二年(1132),參見李富華、何梅《漢文佛教大藏經研究》,第227—229頁。

千字文號	經卷名稱	《思溪藏》條目數量	《磧砂藏》條目數量	内容異同情況	異同情況具體説明
能五	《十住斷結經》卷五	8	7	略同	《磧砂藏》缺"淵"字條，"望礙"條詞頭和説解不同
能六	《十住斷結經》卷六	9	9	略同	除"訊""戢"字頭寫法不同外，其他條目的詞頭和説解均相同
能七	《十住斷結經》卷七	10	7	異	《磧砂藏》缺"桼""澀""悁捐""翳瞖"四條，"蠕動""山崖"條字頭不同；"雜廁"條詞頭和注音不同
能八	《十住斷結經》卷八	16	14	異	《磧砂藏》缺"竿""霍然"條，"肘""鍬""糖煨"條説解不同，"刺身""暗暝""齎"條字頭寫法不同；"瘖痾"條詞頭不同
能九	《十住斷結經》卷九	14	13	異	《磧砂藏》缺"架上""城塌"條，多"緒"字條；"溉灌""崙""垣墙"條説解不同；"婆槎"條詞頭和説解不同；"振"條詞頭不同

從以上比較可以看出，《思溪藏》本和《磧砂藏》本"能"字函九卷隨函音義儘管體例保持一致，但内容上除了《十住斷結經》卷三（能三）、卷五（能五）和卷六（能六）隨函音義略同外，其餘六卷二者均有較大差異。又《磧砂藏》本"能"字函經卷屬於《磧砂藏》元代大德年間的元刻本，距離《思溪藏》刊刻的年代將近兩百年的時間，總體而言这些隨函音義在條目數量較《思溪藏》本少，説解内容上也較之簡單，體現出了較大的差異。

總之，通過對《思溪藏》本與《磧砂藏》宋刻本"方"字函和元刻本"能"字函的比較，我們看到了二者雖然在體例上具有較強的一致性，但二者在數量和内容上存在較大的差異。

第二節 "戎"字函、"鞠"字函、"染"字函經卷隨函音義比較

　　如前所述，隨函音義以第一種體例相對較多，整體而言它們在版式和體例上具有較強的傳承性。但除此之外，在第一種隨函音義的體例中，還有一些經卷雖然它們的體例一致，但它們的附載形式不同，下面我們就以"戎"字函和"染"函爲例，以此來展示《思溪藏》本和《磧砂藏》本中這種附載形式特殊的隨函音義的異同情況。

　　我們先以"戎"字函佛經爲例，該函包括有《大方廣普賢所説經》《莊嚴菩提心經》《大方廣菩薩十地經》《佛説兜沙經》《佛説菩薩本業經》《諸菩薩求佛本業經》《菩薩十住行道品經》《佛説菩薩十住經》《漸備一切智德經》卷一至卷五。首先，從附載形制上來看，《思溪藏》本是一種非常特殊的形式，即以"九經一十三卷共一袟"的形式集中附在《漸備一切智德經》卷五（戎十）末尾，而《磧砂藏》本則分別附載在《佛説菩薩本業經》《佛説菩薩十住經》末尾以及《漸備一切智德經》五卷經文的末尾。其次，二者在内容上表現出了很大的不同，其異同情況如表三所示：

表三　　《思溪藏》《磧砂藏》"戎"字函經卷條目數量與異同比較

經卷名稱	《思溪藏》條目數量	《磧砂藏》條目數量	内容異同情況	異同情況具體説明
《大方廣普賢所説經》	6	0	異	《磧砂藏》本未出條目
《莊嚴菩提心經》	13	0	異	《磧砂藏》本未出條目
《大方廣菩薩十地經》	3	0	異	《磧砂藏》本未出條目
《佛説兜沙經》	22	0	異	《磧砂藏》本未出條目
《佛説菩薩本業經》	52	9	異	條目數量、詞頭和説解等均不相同

续表

經卷名稱	《思溪藏》條目數量	《磧砂藏》條目數量	内容異同情況	異同情況具體説明
《諸菩薩求佛本業經》	14	10	異	條目數量、詞頭和説解等均不相同
《菩薩十住行道品經》	5	14	異	條目數量、詞頭和説解等均不相同
《佛説菩薩十住經》	3	0	異	《磧砂藏》本未出條目
《漸備一切智德經》卷一	40	24	異	條目數量、詞頭和説解等均不相同
《漸備一切智德經》卷二	30	20	異	條目數量、詞頭和説解等均不相同
《漸備一切智德經》卷三	30	8	異	條目數量、詞頭和説解等均不相同
《漸備一切智德經》卷四	13	10	異	條目數量、詞頭和説解等均不相同
《漸備一切智德經》卷五	15	10	異	條目數量、詞頭和説解等均不相同

通過比較，我們可以看出，首先從該函出隨函音義的經卷數量來看，《思溪藏》本每部經均有隨函音義，共十三部，而《磧砂藏》本僅有七部經卷出，少了六部，將近總數的二分之一。其次，從隨函音義的數量上來看，除開《菩薩十住行道品經》這一部經，《思溪藏》本該函中其他各部經的數量要遠遠超過《磧砂藏》本。再次，《思溪藏》本的條目詞頭、次序等和《磧砂藏》本迥然有別，而且説解内容要詳盡許多。

我們又以"鞠"字函隨函音義爲例，該函凡十一卷，分別爲《月燈三昧經》卷一至卷一一。首先，從附載形式來看，《思溪藏》本"鞠"字函隨函音義如上文"戎"字函隨函音義一樣，將整函的隨函音義集中附載在該函最後一卷經文，即卷一一末尾，在隨函音義卷首標明"鞠字函音"，其下有雙行小字"月燈三昧經一袟一十一卷"，接著是卷一至卷一一的卷數和條目。而《磧砂藏》本"鞠"字函隨函音義則如大多數第一種隨函音義體例一樣，即將隨函音義附載在《月燈三昧經》每卷卷末。下面我們就對二者的内容進行比較，其異同情況如下表所示：

表四　　《思溪藏》《磧砂藏》"鞠"字函經卷條目數量與異同比較

經卷名稱	《思溪藏》條目數量	《磧砂藏》條目數量	内容異同情况	異同情况具體説明
《月燈三昧經》卷一	30	0	異	《磧砂藏》本未出條目
《月燈三昧經》卷二	62	24	異	除"觀""恒""掉戲""奸偽""䫉""點慧""瘄"條相同外，其他條目數量、詞頭和説解等均不相同
《月燈三昧經》卷三	64	37	異	《思溪藏》本無《磧砂藏》本所出"險地"條，《磧砂藏》本所存條目中除數十個與《思溪藏》條目完全相同外，其他條目詞頭和説解等均不相同
《月燈三昧經》卷四	6	7	異	條目數量、詞頭和説解等均不相同
《月燈三昧經》卷五	9	11	異	"狹""窟""尠少""激""迅""犀牛"條相同，其他條目字頭和説解不同
《月燈三昧經》卷六	15	15	異	"完""詼諧"説解不同，"權""夏騰""簡"條字頭和説解不同
《月燈三昧經》卷七	26	19	異	《磧砂藏》本少"匣""閉""鎧""恬静""蜂""盍吡""鐃吹"條，"憒切""鶻鳥""狡猾"説解不同，"揀""霆"條條目字不同
《月燈三昧經》卷八	22	22	異	"捷"字頭寫法不同，《思溪藏》本缺"𫜹"條，《磧砂藏》本缺"華䗴"條，"賮淚"條詞頭和説解均不同
《月燈三昧經》卷九	49	42	異	詞頭大體相同，但《磧砂藏》條目要少，且説解簡單很多
《月燈三昧經》卷一〇	18	18	略同	"忽速"條字頭寫法不同，"毁蔑"字頭和説解不同，"如礪"條説解不同，其他條目的次序和説解大致相同

续表

經卷名稱	《思溪藏》條目數量	《磧砂藏》條目數量	内容異同情況	異同情況具體説明
《月燈三昧經》卷一一	16	18	異	《思溪藏》缺"舟栿"條説解以及"捍""猗悦"條,"象"、"捷利"條字頭寫法不同,其他條目的次序和説解大致相同

從以上比較可以看出,整體而言,《思溪藏》本的條目數量上要多於《磧砂藏》本。從内容來看,"鞠"字函十一卷中僅有一卷二者略同,其他十卷二者均存在着或多或少的差異,特別是在這種差異中,很多條目的不同體現了《磧砂藏》隨函音義作者對《思溪藏》本的簡化和修訂,有時候《磧砂藏》本會吸收《思溪藏》的觀點對《思溪藏》本進行簡化,例如卷六"夏臈"條,《思溪藏》本注曰"下郎塔反,～～,受戒年數也",《磧砂藏》本則出"夏臘"條,下有"下或作臈,郎塔反,～～,受戒年數也"。同樣的做法如卷八"霣淚"條,《思溪藏》本注云"上正作隕,于敏反,落也",《磧砂藏》則直接出"隕淚",並有"于敏反,落也"。又卷一〇"毁蔑"條,《思溪藏》本云"正作懱,輕也",《磧砂藏》本則詞條字頭徑直作"毁懱"。又如卷九中亦有多條體現了《磧砂藏》本的此種做法,如"嚬顣"條,《思溪藏》本云"正作顰蹙",《磧砂藏》本詞頭則寫作"顰蹙",對其的説解與《思溪藏》本完全相同。該卷"礔礰"條,《思溪藏》本云"正作霹靂",《磧砂藏》本則出字頭爲"霹靂",注音與《思溪藏》本完全相同。又該卷下"煞戮"條,《思溪藏》本云"下音六,上正作殺",《磧砂藏》本直接出"殺戮"條,並有"下音六"。還有該卷"擗地"條,《思溪藏》本云"正作躃",《磧砂藏》本則單出"躃"字,省去釋義,僅承襲《思溪藏》本音注。又如該卷"媅著"條,《思溪藏》本有"上正作躭,丁含反",《磧砂藏》本則直接出"躭"字,並曰"下(丁之誤也)含"。

除此之外,有時候有些條目的不同也體現了二者不同的看法,如卷七"憿切"條,《思溪藏》云"上正作激",今查《思溪藏》本對應經文原文作"憿慢",而《大正藏》本對應原文則作"激切",校勘記稱"激"字宋、元、明本均作"憿慢",聖本作"憿切"(T15,p0586c)。據此,《思溪藏》本認爲此處作"激切"爲宜。而《磧砂藏》本則出"憿"字,並注爲"吾告反",蓋《磧砂藏》隨函音義的作者認爲此處作"憿"爲長,故注音爲"吾告反"。又如卷六"簡"條,《思溪藏》云"古眼反,今作揀",認爲"揀"是現行寫法,而《磧砂藏》則出"揀簡"條,下有"二同,古眼反,上正",認爲"揀"爲正。又如卷一〇"如礪"條,《思溪藏》本下有"音例,倉石也",《磧砂藏》本蓋認爲"倉"爲衍文,則將其刪除,注爲"音例,石也"。

結合以上的考察,我們可以發現"鞠"字函隨函音義,《思溪藏》本和《磧砂藏》本無論在附載形式還是數量以及内容説解上均存在着较大差异。

我們又以"染"字函隨函音義爲例,該函凡十卷,分別是《大佛頂如來密因修證了義諸菩薩萬行首楞嚴經》卷一至卷十。首先從形制上來看,二者均將十卷隨函音義集中附載在《大佛頂如來密因修證了義諸菩薩萬行首楞嚴經》卷十(染十)之後,但不同的是,《思溪藏》本隨函音義卷首標明"大佛頂首楞嚴經音",在其後"第一并序"下有雙行小字"凡有上去入字者,以四聲紐之"表明該音的注音方式,而在《磧砂藏》本中,隨函音義卷首並未標明其爲某音,在其後"第一卷"下有一行小字"音釋中凡一字乃直言,二字乃切音",並且在隨函音義卷十後還附有"平江府茶塢山超隱庵比丘宗秀同"的刊經題記,從該題記可以推知,此卷隨函音義屬於《磧砂藏》的元刻本。其次,就内容上來説,二者在説解上均只注音,不涉及辨形和釋義。爲了展示二者的差異,下面我們以卷五和卷六爲例,將這兩卷的所有條目一一録文比較如表五所示:

表五　　《大佛頂首楞嚴經》卷五、卷六《思溪藏》本與《磧砂藏》本比較

經卷名稱	《思溪藏》本	《磧砂藏》本
《大佛頂首楞嚴經》卷五	稽啓糅女又滌迪攬覽緝侵入祇只掔昌浙棘京入鵠紅入訶詩芻楚愚隘烏邁闠還闍迴去推他回稚持去礫歷眄面捷潛入啾即由闍奴校	瘴虐糅女救滌迪縮烏板緝茸績則歷鋒丰掔尺列棘訖力鵠胡沃繁娟營絛叔訶詩蹉倉何芻窓俞隘烏懈闠還闍潰礫歷激擊啾即留
《大佛頂首楞嚴經》卷六	忿分上恚娟季唄敗垣袁熾蚩去帥所類溼深入毳昌衛詼涓上捶佳上罥離去尼支噬誓	枷加忿撫吻瞋嗔恚於避朗盧黨垣袁唄敗靴許茄毳充芮詼眹禅卑藝儒劣捶主蘂洩泄噬誓

通過以上列舉，我們可以看出《思溪藏》本和《磧砂藏》本所出條目不盡相同，而且即使是有些條目字頭相同，注音方式或反切上下字也不同，如"芻"字，《思溪藏》本注音爲"楚愚"切，而《磧砂藏》本則注音爲"窓俞"切；又如"闠"字，《思溪藏》本注爲"迴去"，《磧砂藏》本則直音爲"潰"；又如"忿"字，《思溪藏》本注爲"分上"，《磧砂藏》本則注音爲"撫吻"切。又如上表所示，卷五中二者均有二十一個詞條，其中字頭和注音相同者僅四條，字頭相同但注音不同的有十條，其他七條則字頭和注音均不相同；卷六中，《思溪藏》本共有十三個條目，《磧砂藏》本有十五個條目，其中字頭和注音相同者有三條，但其中兩條在二者中次序顛倒，字頭相同但注音不同者共有五條，其餘條目字頭和注音均不同。又從整體數量上來看，《思溪藏》本共有條目282條，而《磧砂藏》本擁有條目229條，要少於《思溪藏》本。另外，從二者所反映的音韻特徵來看，《思溪藏》本的某些條目反映了宋代語音和作者方音中的某些特點[1]，體現了一定的時音性，而《磧砂藏》本則與《廣韻》音系一致，未有體現所刊刻時代元代語音特征的條目。綜上所述，通過對上述兩函附載方式特殊的隨函音義的比較，我們可以發現《磧砂藏》本和《思溪藏》本在這種第一類隨函音

---

[1]　參見本書音韻章節《〈思溪藏〉本〈大佛頂首楞嚴經經音〉所見宋代語音》部分。

義上存在着顯著的不同，二者區別明顯，體現了很大的差異性。

第三節　《入楞伽經》《大方等大集賢護經》《拔陂菩薩經》隨函音義比較

下面我們又分別以單獨的一部佛經——《入楞伽經》《大方等大集賢護經》《拔陂菩薩經》爲例進行比較。首先，《入楞伽經》凡十卷，《思溪藏》和《磧砂藏》每卷卷後均附載有隨函音義，兹將二者的異同情況臚列如下：

表六　《入楞伽經》在《思溪藏》《磧砂藏》的條目數量與異同比較

卷號	《思溪藏》條目數量	《磧砂藏》條目數量	內容異同情況	異同情況具體說明
卷一	31	13	異	條目數量、次序和説解等均不相同
卷二	12	12	略同	"塹"和"陶家"條字頭和説解略有不同
卷三	17	15	略同	《磧砂藏》少"轆轤"和"益"條，"橦"條的字頭和説解均不同
卷四	11	11	略同	其中有八個條目字頭、順序和説解相同，另外三個字頭、順序和説解均不同
卷五	4	4	同	完全相同
卷六	9	7	略同	《磧砂藏》少"輻"和"鈍"條，"浮彌"和"舂"條字頭略有不同
卷七	7	7	略同	"勝鬘"條字頭略有不同
卷八	48	45	略同	《磧砂藏》缺《思溪藏》最後"遏"、"犀"和"襦"三條，其他條目字頭，順序和説解均相同
卷九	12	12	略同	"蒛葐"與"須倩"條説解略有不同，其他其他條目字頭，順序和説解均相同
卷十	16	16	同	完全相同

通過以上逐卷比勘，我們可以看出：

《思溪藏》本與《磧砂藏》本《入楞伽經》隨函音義在十卷中僅有

卷五和卷十兩卷完全相同，其他八卷中，除卷一條目數量、次序和說解等完全不同外，另外的七卷則無論在字頭、內容說解和順序上均略同，顯示了較強的一致性。

然而，儘管《磧砂藏》本隨函音義對《思溪藏》本有較多的承襲，但《磧砂藏》本並不是機械地摘抄《思溪藏》本隨函音義，其中很多地方還體現了隨函音義作者自己的想法。例如卷二"陶家"條，出自卷二原文"譬如陶家造作諸器"句，《思溪藏》本注云"上音棑"，而《磧砂藏》本注云"上音桃"，故依《磧砂藏》本，《思溪藏》本"上音棑"當爲"上音桃"之誤，"棑"爲"桃"之形近而訛也。又如卷六《思溪藏》本"舂，書容反"條，令人費解，今查卷六原文有"不舂不炊不可得食"句，蓋此條所出，疑"春"爲"舂"之誤也，今查《磧砂藏》本作"舂，書容反"，故《思溪藏》本當改"春"爲"舂"。不僅如此，有時二者還可以互爲校本。例如卷六《磧砂藏》本"浮弥，下正作弥"可疑，今查《思溪藏》本對應條目作"浮孙，下正作孙"，又今《思溪藏》本對應經文作"彌"，原文如下："譬如釋提桓因、帝釋……地、浮彌、虛空、無礙，如是等種種名號，名異義一。"《大正藏》本亦同。故"孙"乃"彌"之俗字。竊疑蓋因"彌"常俗寫作"弥"，在《思溪藏》隨函音義刊刻過程中進一步訛變作從"子"旁的"孙"，而《磧砂藏》隨函音義作者在摘抄的過程中則徑直將字頭的"孙"改爲"弥"，從而令人疑惑。又如卷七《磧砂藏》本"勝髮，下莫班反"讓人生疑，而《思溪藏》本對應條目作"勝鬘，下莫班反"，又查《磧砂藏》本對應經文原文有"我依此義依勝鬘夫人"句，《大正藏》本與之同，故《磧砂藏》隨函音義中"髮"爲"鬘"之形誤，當改"髮"爲"鬘"。

《大方等大集賢護經》（罪五至罪十）凡五卷，《思溪藏》和《磧砂藏》本每卷後均附有隨函音義，又在《磧砂藏》本《大方等大集賢護經》卷三（罪七）後亦附有元大德六年（1302）二月的刊經題記，與上文中《十住斷結經》卷七（能七）完全相同，故該經爲《磧砂藏》的元刻本，下面就將二者的異同情況條例如表七：

表七　　　　　《大方等大集賢護經》在《思溪藏》《磧砂藏》
條目數量與異同比較

卷號	《思溪藏》條目數量	《磧砂藏》條目數量	內容異同情況	異同情況具體說明
《大方等大集賢護經》卷一	14	3	異	除"笈多""門闍""猫狗"三個條目相同外，《磧砂藏》均未見其餘十一個條目
《大方等大集賢護經》卷二	17	14	異	其中有十一個條目字頭、順序和說解相同，但其餘六個字頭和說解均不同
《大方等大集賢護經》卷三	9	9	略同	"岌多"條字頭"多"字寫法不同
《大方等大集賢護經》卷四	18	18	略同	二者"㗂赫""乞凶"條的字頭寫法不同外，其餘條目均相同
《大方等大集賢護經》卷五	5	5	略同	"駿""股""匣"三個條目的說解略有不同，其餘兩條完全相同

　　從以上比較可以看出，《思溪藏》本與《磧砂藏》本《大方等大集賢護經》隨函音義在五卷中除卷一條目數量、次序和說解等不同外，另外的四卷中卷四和卷五兩卷略同，卷二中也有三分之二的條目完全相同，顯示了較強的一致性。

　　然而，我們發現在內容方面《磧砂藏》本隨函音義雖較之《思溪藏》本所出條目數量、說解均有所簡省，但其在刊刻過程中應當對《思溪藏》隨函音義的內容進行了訂正。例如，《思溪藏》本《大方等大集賢護經》卷五"股"字條，《思溪藏》本下有"音古，俗云髈是也，傍，疋朗反"。今查《廣韻》"髈"音"匹朗切"，屬於滂母蕩韻，而《廣韻》"傍"音"步光切"和"蒲浪切"二音，分屬於並母唐韻和並母宕韻，與"髈"的《廣韻》讀音不合，反映了《思溪藏》隨函音義作者方音中有可能出現了濁音清化，而《磧砂藏》隨函音義在刊刻時則校改爲"音古，俗云髈是也，又疋朗反"，將"疋朗反"作爲"髈"的注音，從而與《廣韻》讀音吻合，體現了《磧砂藏》隨函音義作者自己的語音觀。與此同時，《思溪藏》和《磧砂藏》本在該卷中還可以互爲校本。例如"駿"條，《思溪藏》本其下曰"子閏反，也"，在釋義"也"字前留下了空白，很明顯有脫文，今查《磧砂藏》隨函音義，此處作"子閏反，快也"，故《思溪藏》本當脫"快"字。又該卷下"匣"條，《磧砂藏》本下有"胡反，匣甲也"，令人不解，竊疑該條出現在頁面最底端，在此發生了倒文，今查《思溪藏》本作"胡甲反，匣~也"，則疑惑焕然冰釋，《磧砂藏》本當據改之。

　　又《拔陂菩薩經》凡一卷（罪四），在《思溪藏》本和《磧砂藏》本後均附有隨函音義，下面我們就將其異同情況展示如下（歧異條目以粗體字標示）：

表八　《拔陂菩薩經》隨函音義在《思溪藏》《磧砂藏》內容異同比較

《思溪藏》隨函音義	《磧砂藏》隨函音義	內容異同情況
拔陂下音卑	拔陂下音卑	同
迦簍下呂口反，菩薩名，別師云羅鄰那竭	迦簍下呂口反，菩薩名，別師云羅鄰那竭	略同
湏溑下正作深，菩薩名		異
拘遑下息廉反，國名也，別下云俱睒彌	拘遑下息廉反，國名也，別下云俱睒彌	同
誋論元音二字正作謾倫，上莫官反，下力春反，別亦云和倫調		異
栝元房悲反，一，狸也，今檢無猂字，元作狉，音丕。賢護經云"何當得如猫狗獸等，心業成就"，故跋陀經云"心奊如鵠毛，無有麁"	栝元房悲反，一，狸也，今檢無猂字，元作狉，音丕	異
溥奊上正作溡，而朱反，下軟字	溥奊上滂古反，下而兗反	異
宥元音作爲鬼反，非也，正作尤，干救反，動也。《舟般經》云"如門闃，正住堅心"，是也	宥干救反	異
蜚鳥上古飛字		異
麋鹿上音眉，小鹿也	**數悵**上音朔，頻一也；下正作悵，依豈反，泣也	異（次序）
數悵上音朔，頻一也；下正作悵，依豈反，泣也	麋鹿上音眉，小鹿也	異（次序）

续表

《思溪藏》隨函音義	《磧砂藏》隨函音義	内容異同情況
羸力垂反，~，劣也	羸力垂反	異
擎苦閑反，牽也	擎苦閑反，牽也	同
鐙正作燈	鐙正作燈	同
仂音力	仂音力	同
趺徒結反	趺徒結反	同
不宥下音右~	不宥下音右~	同
依怙下音户	依怙下音户	同
扢拭上武粉反，摩~	扢拭上武粉反，摩~	同
偕音皆，俱也	偕音皆，俱也	同
自挾下正作夾	自挾下正作夾	同
屏處上音餅，隱也	屏處上音餅，隱也	同
買人上音古，~，客也	買人上音古，~，客也	同
嘲竹交反，~謔	嘲竹交反，~謔	同
惔徒敢反	惔徒敢反	同
佞奴定反	佞奴定反	同
鏘七羊反	鏘七羊反	同

　　通過以上對比，我們發現整體而言，二者具有很強的一致性，在二十七條隨函音義中，略同者一條，不同者僅有九條，占整個的三分之一，具體來説表現在，在條目數量上《磧砂藏》本比《思溪藏》本少了三條，在次序位置上，有兩條發生了次序顛倒，有三條俱因《磧砂藏》本對《思溪藏》本説解内容進行了刪除和簡省，還有一條"溥奭"條，今查《拔陂菩薩經》經文原文有"譬如猶及溥軟，其意無所痑"等句，即此條所出。對於此條，二者所出字頭相同，但《思溪藏》本認爲條目上字"溥"應爲"渜"之俗字，音"而朱反"，而《磧砂藏》本則認爲該字就是"溥"字，音"滂古反"；條目下字"奭"，《思溪藏》本注爲"軟字"，《磧砂藏》本則將其注音爲"而究反"，不僅體現了隨函音義作者觀點的不同，也證明了《磧砂藏》隨函音義作者對

《思溪藏》本辯證地承襲。

綜上所述，通過上述幾部佛經的隨函音義的比較，我們可以發現《磧砂藏》本隨函音義條目數量較《思溪藏》本略少，內容說解上也常有刪減。特別是從條目數量、次序和說解等均不相同的經卷來看，《磧砂藏》本隨函音義相對而言不僅條目數量大大減少，在條目的說解內容方面亦有所簡略。從一些略同或不同條目的具體說解來看，《磧砂藏》本並非一味地沿襲《思溪藏》本隨函音義，而是對其進行了一番考察與修訂。

第四節　《大哀經》卷二、《大智度論》卷一五、《廣博嚴淨不退轉輪經》卷一隨函音義比較

以上我們對《思溪藏》與《磧砂藏》隨函音義同一函和同一部佛經的情況進行了比較，下面再以屬於第一種體例的單獨一卷隨函音義——《大哀經》卷二隨函音義爲例，具體來分析二者的異同，具體情況如下（歧異條目以粗體字標示）：

表九　《大哀經》卷二隨函音義在《思溪藏》《磧砂藏》內容異同比較

《思溪藏》隨函音義	《磧砂藏》隨函音義	內容異同情況
捴敖上捴字，下吾高反，又作教	**敖吾高反**	異
瓆異上古回反	瓆異上古回反	同
琦珍上音奇	琦珍上音奇	同
繞繚上音遠，下力小反，正作繚繞	**繞繚上音遠，下力小反**	異
羸劣上力垂反	羸劣上力垂反	同
鄙俾美反	鄙俾美反	同
矜哀上居陵反，～～，憐愍也	**矜哀上居陵反**	異
捐棄上音緣，下弃字	捐棄上音緣，下弃字	同
瑕疵上戶加反，下疾斯反	瑕疵上戶加反，下疾斯反	同

续表

《思溪藏》隨函音義	《磧砂藏》隨函音義	内容異同情況
很戾上胡懇反，下零帝反，強項頑鄙之人也	很戾上胡懇反，下零帝反，強項頑鄙之人也	同
愚戀下陟降反	愚戀下陟降反	同
憺怕上徒敢反，下疋陌反，~ ~，安靜也	憺怕上徒敢反，下疋陌反，安靜也	略同
憂感下倉曆反	憂感下倉曆反	同
幽翳下一計反，閟也	幽翳下一計反，閟也	同
剛硬下吾更反，亦作鞕	剛硬下吾更反，亦作鞕	同
刺譏上七賜反	刺譏上七賜反	同
捷疾上才葉反	捷疾上才葉反	同
猗音倚，又於離反	倚於離反	異
暢溢上丑向反，一樂也；下夷一反，或作逸	暢溢上丑向反，一樂也；下夷一反，或作逸	略同
舒緩上音書，下玄伴反	秉音丙，執也	異（次序）
秉音丙，執也	舒緩上音書，下玄半反	異（次序）
	亘古鄧反，遍也	異（次序）
懅其預反，懼也	懅其預反，懼也	同
喴濫，二字並非經理，洪師新音云作作‘慷慨’，上苦朗反，下苦愛反，嘆息也，於義更乖；又應師云作‘聲欻’，上苦頂反，下苦愛反，出聲也，亦非其理；今且依應師音義，不知古之譯師意旨以何而用	強濫，二字並非經理，洪師新音云作作‘慷慨’，上苦朗反，下苦愛反，嘆息也，於義更乖；又應師云作‘聲欻’，上苦頂反，下苦愛反，出聲也，亦非其理；今且依應師音義，不知古之譯師意旨以何而用	略同
傲吾告反	傲吾告反	同
躓礙上音致，亦礙也	躓礙上音致，亦礙也	同
疆心上強字	疆心上強字	同
亘古鄧反，遍也		異（次序）
惔怕與前憺怕同，或作淡泊，其義一也		異
罪釁下許近反，禍也	罪釁下許近反，禍也	同
垓古哀反，正作姟，數也		異
咄丁骨		異

　　從表九可以看出，《思溪藏》本《大哀經》卷二隨函音義凡三十一條，而《磧砂藏》本《大哀經》卷二隨函音義凡二十八條。二者的版式和體例基本保持一致，其中條目的字頭和内容完全相同者有十九條，不少異俗字形如"㒰"、"琦"、訛誤如"刺譏"也皆一致。字頭稍異而説解完全相同的有一條，即《思溪藏》隨函音義作"嗺濫"條，《磧砂藏》本作"强濫"。然而，相異條目達十一條，約占三分之一。這些不同條目中，兩者次序不同者三條，字頭相同而《磧砂藏》説解内容有所簡省者三條；《磧砂藏》隨函音義字頭和内容均簡省者有兩條；還有《磧砂藏》隨函音義删去者三條。

　　因此，從二者對比的情況來看，雖然二者關係密切，特別是在版式和體例方面，具有較强的相似性和傳承性，但在内容方面，《磧砂藏》本隨函音義較之《思溪藏》本所出條目數量、説解均有所簡省，而且《磧砂藏》在刊刻過程中應當對《思溪藏》經文正文和隨函音義的内容進行了訂正。例如，我們發現《磧砂藏》隨函音義之所以删去三個條目，蓋因這三條音義提到的内容《磧砂藏》經文原文中已經有所改動，或是對《思溪藏》隨函音義的訂正，如《思溪藏》本"惔怕"條云"與前出'憺怕'義同"，"惔""憺"爲異體字，《磧砂藏》經文原文正作"憺怕"；而《思溪藏》本"㜷"條云"正作姟"，《磧砂藏》經文原文正作"姟"；至於《思溪藏》本"咄"條，蓋出自《大哀經》卷三原文"是我自由咄吾志邪"句，不屬於卷二，故《磧砂藏》隨函音義徑直將其删去，但"咄"條並未出現在《磧砂藏》本《大哀經》卷三隨函音義中，該卷隨函音義還是與《思溪藏》本隨函音義對應經卷一樣，始"汲"終"佚"條，具體原因何在，暫時只能闕如。

　　下面本书又以《大智度論》卷一五爲例，具體展示二者的異同，比較情況如下（歧異條目以粗體字標示）：

表十　《大智度論》隨函音義在《思溪藏》《磧砂藏》中內容異同比較

《思溪藏》隨函音義	《磧砂藏》隨函音義	內容異同情況
鞊起一反，正作詰	詰起一反	異
屠机下居矣反	机居以反	異
鎧苦亥反	鎧苦亥反	同
楯盾二同，時尹反，下正用	盾時尹反	異
箭鏃下子木反	鏃作木反	異
瑕隀上音退，下丘逆反	瑕音退	異
	隀丘逆反	異
凝酥上魚陵反，下音蘇	凝魚陵反	異
	酥音蘇	異
鐙炎上舊音燈字用		異
憷音楚	憷音楚	同
涃胡困反	涃胡困反	同
稽留上音雞	稽留上音基	異
鉉繩上胡犬反，合作懸	懸音玄	異
駼語解上反	駼魚楷反	異

　　從表十可知，從條目數量來看，《思溪藏》本《大智度論》卷一五隨函音義凡十三條，而《磧砂藏》本《大智度論》卷一五隨函音義凡十四條，雖然從數量上比《思溪藏》本多出一條，可事實上《磧砂藏》本將《思溪藏》本中"瑕隀""凝酥"兩個條目的上下字拆開來解釋，變成了四個條目，還刪去了"鐙炎"條，故在數量上總體比《思溪藏》本多一條，但在內容上實則少了"鐙炎"條。從《思溪藏》十三條條目來看，二者條目的字頭和內容完全相同者僅有三條，占總數的四分之一，相異條目有九條，占總數的四分之三。這些不同條目中，除兩條僅僅是注音不同者外，其他七條字頭和內容均簡省。

　　但從我們對字頭和內容簡省的條目的比較來看，我們發現了《磧砂藏》之所以在内容上簡省，是因爲《磧砂藏》在刊刻過程中應當根據《思溪藏》隨函音義的意見對《磧砂藏》的經文正文和隨函音義的内容進行了訂正，例如《思溪藏》本"鞊"條云"起一反，正作詰"，《磧砂藏》本則徑直出"詰"條，注云"起一反"，且經文原文正作"詰"；又如《思溪藏》本"楯盾"條云"二同，時尹反，下正用"，《磧砂藏》本亦徑直出"盾"條，注云"時尹反"，且經文原文正作"盾"；又如《思溪藏》本"鉉繩"條云"上胡犬反，合作懸"，《磧砂藏》本亦徑直出"懸"條，注云"音玄"，且經文原文正作"懸"。

另外，《磧砂藏》隨函音義在刊刻過程中還反映了刊刻者自己的觀點。例如，注音不同的"騃"條，《思溪藏》本音"語解上反"，《磧砂藏》本音"魚楷反"，查"騃"字《廣韻》表"愚、呆"義音"五駭切"，屬於疑母駭韻，《思溪藏》注云"語解上反"，則屬於疑母蟹韻，雖然在《廣韻》中蟹駭同用，但《磧砂藏》作者並未沿襲《思溪藏》的讀音，還是將"騃"注音爲"魚楷反"，與《廣韻》讀音相同，均屬於疑母駭韻。

又如，注音不同的"稽留"條，《思溪藏》本"上音雞"，而《磧砂藏》本則爲"上音基"，查"稽"字《廣韻》表"延遲"義音"古奚切"，"雞"字《廣韻》亦爲"古奚切"，二者讀音相同，均屬於見母齊韻。而《磧砂藏》注爲"基"字，《廣韻》音"居之切"，屬於見母之韻，此條注音應是其作者的自注音切，反映了作者方音中蟹攝細音和止攝相混，這種情況在唐詩和敦煌變文的用韻中已經體現[1]，北宋邵雍的语音亦显示蟹攝的細音和止攝合爲一類[2]，上揭音注也記載了這一語音變化，是《磧砂藏》隨函音義作者時音的體現。

下面本书又以《廣博嚴淨不退轉輪經》卷一爲例，具體展示二者的異同，如下表所示（歧異條目以粗體字標示）：

---

[1] 唐作藩：《唐宋間止蟹二攝的分合》，載其著《漢語史學習與研究》，商務印書館2001年版，第135—142頁。

[2] 周祖謨：《宋代汴洛語音考》，載其著《問學集》，中華書局1996年版，第600頁。

表十一　　　　　　《廣博嚴淨不退轉輪經》卷一隨函音義在
《思溪藏》《磧砂藏》中內容異同比較

《思溪藏》隨函音義	《磧砂藏》隨函音義	內容異同情況
炬煙二同用	馨欵上棄挺反，下苦對反	異
鋼剛二同音	炬音巨，燈一	異
為鬚下正作鬚，音須	鬚音須	異
漬寶鬐下正作鬐，莫班反，繒鬐亦同	鬐莫班反	異
城塹七焰反，長坑也	塹七焰反，長坑也	異
籌量直留反	籌直留反	異
八觚音孤，方也，棱也，正作觚，柧，《漢書》曰：破觚爲圓	八觚下音孤，方也，棱也，正作觚，柧，《漢書》曰：破柧爲圓	略同
分析下先擊反	分析下先擊反	同
黠慧閑八反，智利也	黠户八反，智利也	異

通过上表可以看出，《思溪藏》本与《磧砂藏》本《廣博嚴淨不退轉輪經》卷一隨函音義均爲九條，但完全相同者僅有一條，另有一條略同者是説解中少了一個字，相異條目有七條，其中除了"籌量""城塹"條是因《思溪藏》本字頭少一個字外，其他五個條目的字頭和説解完全不同，這種情況占整卷隨函音義的一半還多。

又從内容來看，《磧砂藏》本所出字頭和説解要比《思溪藏》簡省，如"寶鬐"條，《磧砂藏》本單出"鬐"字。又如"爲鬚"條，《思溪藏》本云"下正作鬚"，今查《思溪藏》本對應經文原文即作"鬚"與隨函音義説法吻合。而《思溪藏》本則直接出"鬚"字條，寫作"鬚"，注音爲"音須"，並且《思溪藏》經文原文亦對應作"鬚"。故竊疑這種簡省有可能與《磧砂藏》吸收《思溪藏》本隨函音義的觀點訂正隨函音義及對應經文原文有關。

通過以上比較，我們可以看出，《磧砂藏》與《思溪藏》隨函音義的體例貌似一致，但如果具體而微地考察其內容就會發現，《磧砂藏》隨函音義並非機械地沿襲《思溪藏》隨函音義，二者的差異還是相當明顯，具體來説就是在其刊刻過程中，《磧砂藏》的刊刻者對《思溪藏》隨函音義的説解和觀點經過了一番認真的考察和選擇，這不僅體現在《磧砂藏》隨函音義中也體現在《磧砂藏》的經文正文中。

第五節　對同一音義專書徵引的比較

《思溪藏》和《磧砂藏》這兩部大藏經的隨函音義中還存在着另一種體例的隨函音義，即直接徵引某部音義專書的部分作爲隨函音義，這種情形雖然在兩部大藏經隨函音義中比較少見，但從中我們也可以看到佛經音義專書對隨函音義的影響，説明隨函音義這類音義材料在刊刻流傳過程中往往會參考或吸收當時流傳的某些音義專書，不僅表現在某個條目中徵引佛經音義專書的注音、辨形或釋義，還具體表現爲將佛經音義專書的相應部分作爲隨函音義直接附載在相應經卷之後。

例如，五代僧人行瑫撰寫的一部大型音義專書《内典隨函音疏》，我們曾在《磧砂藏》本海字函、鹹字函《摩訶般若波羅蜜經》和良字函《六字大陀羅尼呪經》隨函音義中發現徵引其作爲隨函音義的例證①，但是在《思溪藏》對應的海字函、鹹字函《摩訶般若波羅蜜經》和良字函《六字大陀羅尼呪經》隨函音義中卻没有徵引《内典隨函音疏》的情況。例如，《磧砂藏》本《摩訶般若波羅蜜經》卷二三、卷二四、卷二五後均徵引《内典隨函音疏》作爲隨函音義，具體内容分別條列如下：

（一）《磧砂藏》本《摩訶般若波羅蜜經》卷二三（鹹三）隨函音義（66/22a）。該零卷經文卷末題“比丘清滿書”。隨函音義如下：

此卷三品善知識品五十二，趣一切智品五十三，大如品五十四。遠塵遠離三界，分別迷理之凡塵，得初果也。法眼即小乘初果也。泉涌涌起如泉也。

①　參見譚翠《〈磧砂藏〉中所見〈内典隨函音疏〉逸卷考》，《中國典籍與文化》2011年第4期。

（二）《磧砂藏》本《摩訶般若波羅蜜經》卷二四（鹹四）隨函音義（66/29b）。該零卷經文卷末題"比丘清滿書"。隨函音義如下：

此卷二品大如品之下、阿鞞跋致品五十五。無翅施豉切，鳥翅羽翼也。被服皮義切，謂被帶也；服謂施用之也。軟輭亦作耎。讜非偏黨當朗切。短挩端卵切，文略从手。辛酸辛酸，物辛粹之甚也。醫醫於其切。輩輩盃妹切。稽授音。

（三）《磧砂藏》本《摩訶般若波羅蜜經》卷二五（鹹五）隨函音義（66/37b）：

此卷二品轉不轉品五十六，燈炷品五十七。陵熬傷上二力澄切，作凌非，陵，輕也，欺也；下以豉切，輕侮也，亦易。虜掠上盧覩切，亦作虜、擄；下略、亮二音，亦作掠；虜掠，獲地奪也。《漢書》曰：生得曰虜，即俘奪也；又斬首曰獲。強奪曰掠也，又抄暴曰虜掠。柱非燈炷注音。深奧烏告切，內也，深也，藏也，生也，《礼記》"室西南隅也"，字從奧、米。燋焦皆即遥切，焦炷也。

音義之後另有"咸淳六年（1270）平江府常熟縣張妙因"發願文。而《思溪藏》本《摩訶般若波羅蜜經》卷二三、卷二四、卷二五中，卷二四寫明"不出字音"，故未有隨函音義，另外兩卷的隨函音義具體內容如下：

（四）《思溪藏》本《摩訶般若波羅蜜經》卷二三（鹹三）隨函音義：

鎧杖上口改反，又苦愛反；～甲也。敵，徒的反，對～也。駕駟，下音四，一曰馬也。漑灌上古愛反，下音貫，以水澆沃也。鈍，徒困反，不利也。怨讎，一字音冤酬。

（五）《思溪藏》本《摩訶般若波羅蜜經》卷二五（鹹五）隨函音義：

陳丘逆反，過也。瑕，户加反，僭也。譏訶，上居依反。打擲上音頂。捫摸上音門，下莫胡反，～～，以手撫摸也。

從以上條列的情況可以看出，二者存在着巨大差別。《思溪藏》本隨函音義屬於上文提到的第一種體例的隨函音義，許多詞條與其他卷隨函音義趨同，往往在很多隨函音義中一再重複出現，簡單釋義和説解。而《磧砂藏》本則徵引了《内典隨函音疏》作爲隨函音義，這些材料具有《内典隨函音疏》特有體例，如"譙非偏黨當朗切"，在異體字或誤字下用"非"來指明，然後列出正體，再進行説解；又如"陵麨傷上二力澄切，作凌非，陵，輕也，欺也"條，將所見到的認爲合理的異文同時列出，即表示二者亦或皆可。

而另一部五代後晉僧人可洪編撰的大型佛經音義專書《新集藏經音義隨函録》（以下簡稱《可洪音義》），雖然《思溪藏》和《磧砂藏》本《大寶積經》都曾大量徵引其作爲隨函音義，但在具體徵引時仍有一些不同，體現了兩者之間的差異①。

首先，從數量上來看，《思溪藏》本《大寶積經》共有二十九卷隨函音義徵引了《可洪音義》，而《磧砂藏》本《大寶積經》只有十二卷。在這共同徵引的十二卷中，兩者完全相同者有兩卷，存在差異的達十卷之多，分別是《大寶積經》卷二、卷三、卷四、卷五、卷六、卷八、卷九、卷一〇、卷一一、卷一五隨函音義。

其次，從二者對《可洪音義》的徵引的具體情況來看，《思溪藏》

---

① 具體情況的分析，參見本書文獻學章節的具體考證，或參見譚翠《從〈思溪藏〉看〈可洪音義〉在宋代的流傳——兼與〈磧砂藏〉隨函音義比較》，《中國典籍與文化》2017年第3期。

較爲完整地抄録了《可洪音義》的條目和内容，而《磧砂藏》隨函音義有的經卷所出條目較少，内容也常有删減。例如：《思溪藏》本《大寶積經》卷一隨函音義徵引《可洪音義》對應經卷（序一、序二和卷一）的全部條目，凡一百零八條，而《磧砂藏》本對應經卷的隨函音義僅徵引六十一條，缺序二的部分條目和卷一經文的全部條目；又《思溪藏》本《大寶積經》卷一六徵引《可洪音義》對應經卷的全部條目，凡九條，而《磧砂藏》本對應經卷的隨函音義僅間接徵引了一條《可洪音義》的條目。

再次，有些卷整體上看來，兩者略同，但實際上蘊含了不少製作、刊刻者的見解。例如，《大寶積經》卷二隨函音義，《思溪藏》本隨函音義情況如下：

> 羂網上古犬反，下音罔。麤獷古猛反。蝦蟇上音遐，下音麻。刀槍七羊反，拒也。毁些音紫。貲財上即斯反，貨也，財也。所貸他代反。遞互上徒禮反，下呼悟反。諛諂上羊朱反，詭也。虛加上許魚反。潰鬧上古内反，下女皃也。窐窙上古孝反，下五怖反。濕繁上尸入反，下步波反，比丘名，唐言馬勝。繳蓋上桑旱反。輆巳上竹劣反。薄蝕上布各反，下神力反。涎唾上序延反。噬齧上時世反，下五結反。譎罰上知革反，下扶月反。闌邏上古還反，下來个反。

《磧砂藏》本隨函音義與此相較，整體上看，條目順序和内容大體相同，其中有幾處字体略有不同，如"虛加"，《磧砂藏》本作"虚加"，"窐窙"，《磧砂藏》本作"窊窙"，"繳蓋"條中"上桑旱反"，《磧砂藏》本作"上桒旱反"，這些都是因文字正俗體不同而造成的，在俗寫中常可以互換，并不影響條目内容的解讀。有些條目的細微差異卻真切體現了隨函音義作者自己的見解和觀點。如"遞互"條下云"下呼悟反"。《可洪音義》對應條目音"下乎悟反"，而《思溪藏》隨函音義中"呼"有可能爲"乎"之形訛，也有可能與其作者方音中濁音清化有關。至於《磧砂藏》本"遞互"條則云"下乎古反"，這完全是其作者的自注音切，可能與作者語音的某些變化有關。"互"字《廣韻》音"胡誤切"，《可洪音義》音"乎悟反"，均屬匣母暮韻；而《磧砂藏》本音"乎古反"屬於匣母姥韻，反映了《磧砂藏》隨函音義作者語音中全濁上聲與去聲相混，是時音的體現。

又如，其他略同卷中的一些條目，如卷九"刈色"條，《可洪音義》作"刈色，上牛吠反"。《思溪藏》本隨函音義作"刈色，上牛，正作庚，音翼，吠反反，即那田化"，竊疑該條隨函音義原爲兩條，第一條爲"刈色，上牛吠反"，而另一條"正作庚，音翼（反），即那田化"，因脫條目字頭，遂與前一個條目合爲一條，以致難以通解。而《磧砂藏》本隨函音義"刈色"條，注釋爲"刈色，上牛，正作变，音翼吠"，同樣令人不知所云。其實《磧砂藏》該條很可能是刪改《思溪藏》對應條目而成的，雖然一誤而再誤，但也正體現了《磧砂藏》本隨函音義作者對《思溪藏》本隨函音義進行校訂的努力。

再如，卷三"鉗推"條，《思溪藏》本云"上巨廉反，甲也，正作鉆；下直追反，正作椎"，而《磧砂藏》隨函音義作"鉗椎，上巨廉反，下直追反"。查《磧砂藏》本《大寶積經》卷三經文原文正作"鉗椎"，故《磧砂藏》隨函音義摘抄此條時將"推"徑改作"椎"，且省略了"鉗"的説解內容，這在一定程度上也體現了《磧砂藏》本對《思溪藏》隨函音義説解的選擇和審定。

總之，《思溪藏》和《磧砂藏》本《大寶積經》隨函音義雖然均徵引了《可洪音義》，但《思溪藏》較爲忠實地徵引了《可洪音義》，歧異之處多爲形近而訛、手民之誤或音義作者的細微改動，而相比之下，《磧砂藏》隨函音義改動較大，條目減少，內容趨簡，極有可能是在《思溪藏》隨函音義的基礎上進行刪改、校訂所致。

第六節　對同一經卷相同條目隨函音義的比較

如前所述，《思溪藏》和《磧砂藏》相同經卷隨函音義中有很多詞條和説解大體一致，除了一些詞條的詞頭完全相同，説解也因襲外，還有一些詞條雖然詞頭相同，但説解或多或少有差異。現略舉幾例如下：

（一）《思溪藏》本《大莊嚴經論》卷四隨函音義："楚撻，楚，木荊也，或作憞，～，痛也；下他達反，笞也。"

《磧砂藏》本《大莊嚴經論》卷四隨函音義："楚撻，楚，木荊也，或作撍；～，痛也；下他達反，笞也。"（244/29a）

按：今查《思溪藏》本對應經文作"楚撻"，原文如下："有人執杖隨，尋逐加楚撻，耳常聞惡音，未曾有善語。"《磧砂藏》《大正藏》本對應經文亦同。據經文可知，"楚撻"指用"杖"打，"楚"是古代的刑杖或督責生徒的小杖，《思溪藏》隨函音義云"或作憞"，表示受鞭笞時心情的"痛也"與經義亦協；而《磧砂藏》隨函音義作"撍"，則蓋爲"楚"受"撻"影響而產生的增旁俗字或是因"忄"與"扌"形近而產生的換旁俗字，但從上揭隨函音義釋"撍"爲"痛也"來看，此處當爲刻工因"忄"與"扌"形近而將"憞"誤刻作"撍"。另外，詞條下字"撻"釋爲"笞也"，這個釋義顯然也是不準確的，與《思溪藏》對應詞頭相對照，此處"笞"當爲"笞"之訛也。

（二）《思溪藏》本《入楞伽經》卷九隨函音義："**䪼**倩，下七淨反，作慣，非也。"

《磧砂藏》本《入楞伽經》卷九隨函音義："**䪼**倩，下七淨反，作倩，非也。"（148/79b）

按：今查《思溪藏》本對應經文原文有"如實修行人，不得市販賣，所須倩白衣，及諸優婆塞"等句，即此條所出。又《磧砂藏》及《大正藏》本對應經文原文亦同。至於《思溪藏》和《磧砂藏》隨函音義中提到該處"倩"有異文"作慣"還是"作倩"，到底孰是孰非亦無法判定。

（三）《思溪藏》本《正法華經》卷九隨函音義："響餕，上虛掌反，下許既反，或作享餼，祭畜也，未詳今之所用。"

《磧砂藏》本《正法華經》卷九隨函音義："響餕，上虛掌反，下許既反。"（131/82a）

按：今查《思溪藏》本對應經文原文有"肌色光澤，勇猛響饍，猶如琉璃淨妙無垢，所當作爲人民欽效"等句，即隨函音義此條所出。又《磧砂藏》《大正藏》本對應經文原文亦同，但《大正藏》校勘記稱"響饍"宮本作"音饍"，元、明本作"享饍"（T09，p0121c）。《磧砂藏》本隨函音義保留了該詞條的詞頭和釋音，無辨析內容。而《思溪藏》隨函音義則提供了"享饍"這種異文形式，並對該異文進行了解釋，且說明"未詳今之所用"。雖然未判定是非得失，但是聯繫《大正藏》校勘記中元、明本的異文"享饍"，可知該異文還是有一定可信度，又由經義可知，此處表示人的精神勁頭，故"享饍"的確不合經義，至於具體當作何者，還需進一步考證。

（四）《思溪藏》本《正法華經》卷九隨函音義："割晳，下先擊反，白衣色也，恐非此用；合作割析，分析也。"

《磧砂藏》本《正法華經》卷九隨函音義："割晳，下先擊反。"（131/82a）

按：今查《思溪藏》本對應經文原文有"有至講者皆亦承說，如來所詔一切割晳，往古最勝經卷"等句，即此條所出。又《磧砂藏》本對應經文原文亦同，但《大正藏》本對應經文原文作"剖拆"，校勘記曰："宋、元、明本均作割晳。"（T09，p0122a）《磧砂藏》隨函音義列舉了詞頭，將說解內容徑直省略，只留下了下字注音；但由經義可知，此處正如《思溪藏》隨函音義所言表示"剖析""分析"之義，故《大正藏》本正文文字作"剖拆"，與經義亦協；又"晳"表示"白色"於此經義不和，故《思溪藏》隨函云"合作割析"，可從。

從以上比較可以看出，例（一）中二者的不同蓋屬於《磧砂藏》隨函音義作者的刊刻失誤，例（二）的差異原因或者是二者所見的異文不同，或者與作者的刊刻失誤有關，暫時還無法判斷，例（三）和（四）中的差異則在於《磧砂藏》隨函音義對《思溪藏》隨函音義說解的簡省，因此在這些相同詞頭的條目中，我們雖然可以說兩者大體相同，但事實上這些差異正體現了《思溪藏》和《磧砂藏》隨函音義作者文化水平、對於該條目說解的不同看法以及對於刊刻隨函音義的認真程度等，不能籠統地概況爲二者是大體相似或相近的。

第七節 《思溪藏》與《磧砂藏》
隨函音義之關係

　　如前所述，對於宋元江南諸藏的這些音義材料，過去學者的認識比較一致。如高田時雄曾認爲江南藏經的這些隨函音義無論體例還是內容說解均基本一致。而李富華和何梅也認爲宋《磧砂藏》和元《普寧藏》兩部私版大藏經的音義源於《崇寧藏》，僅稍有改動；他們還懷疑福州版《崇寧藏》《毗盧藏》所附音義很有可能是據當時當地頗有影響的某部音釋著作。

　　然而，從我們對《思溪藏》和《磧砂藏》隨函音義進行調查的情況來看，現實情形遠比前人的這些概述複雜，需要我們具體而微地區別看待。

　　《思溪藏》和《磧砂藏》隨函音義體例基本一致，內容整體上微殊，但在不少卷次存在迥別之處。具體而言，《思溪藏》和《磧砂藏》隨函音義的注音、釋義都相當簡單，間或關涉字形，體例格式基本相同，一目了然。

　　二者內容的微殊表現在：不少卷次的條目次序、內容極爲相近，甚至異俗字形、訛誤也皆一致，表現出《磧砂藏》隨函音義對《思溪藏》本有較強的承襲性。但是，《磧砂藏》隨函音義一般數量上要少於《思溪藏》本，且對經文原文和隨函音義都進行了較多的修改和校訂。

　　二者的迥別之處則表現在：某些卷次的隨函音義內容大不相同。例如"養"字函《大莊嚴法門經》，《磧砂藏》本卷下末尾未附載有隨函音義，但《思溪藏》本卻附載有，且《磧砂藏》本經文卷有"嘉興府華亭縣汝南周孫昌書"字樣的題記，表明該經與此函中其他有明確刊刻年代即"嘉熙三年"的經卷一樣爲宋刻本。同樣的情況如"豈"字函《彌勒成佛經》，《磧砂藏》本後面隨載有題名爲"淳祐元年正月"的一段刊經題記，卻未附載有隨函音義，而《思溪藏》本則附載有多條隨函音義。又如"鳳"字函《妙法蓮華經》卷一至卷七，《思溪藏》本每卷末尾均刊刻有較詳細的隨函音義，達數十條之多，但《磧砂藏》本卻一卷隨函音義都未見，又《磧砂藏》本《妙法蓮華經》卷四末尾刻有"景定二年三月"的刊經題記，根據題記以及刊刻版式來看，《磧砂藏》本《妙法蓮華經》均屬於宋刻本。這些《磧砂藏》宋刻本距離《思溪藏》的刊刻年代不遠，但内容卻與《思溪藏》本隨函音義差異很大。

另外，又如"弟"字函《阿毗達磨法蘊足論》卷三，《思溪藏》本附載有多條隨函音義，而《磧砂藏》本未見，又在該函卷一末尾有題名爲"大德十年九月"的刊經題記，且從刊刻版式來看，《磧砂藏》此卷屬於元刻本。另外，又如"賴"字函《不退轉法輪經》卷二、《廣博嚴淨不退轉輪經》卷一、卷四隨函音義，這些卷子雖未有標明刊刻時間的題記，但從版式來看，均屬於《磧砂藏》的元刻本，且《思溪藏》本和《磧砂藏》本每卷卷末俱附載有數十條隨函音義，但無論是在詞條字頭還是内容説解上均存在較大差異。

當然這其中也有《磧砂藏》本卷末附載多條隨函音義，而《思溪藏》本卷末卻未附載的情況。如《思溪藏》本《大般涅槃經》卷二〇、卷二三、卷二五、卷三六、卷三七等卷末都沒有隨函音義，但《磧砂藏》本卻附載有多條隨函音義。

又如前所示，《大佛頂首楞嚴經》，該經凡十卷，《思溪藏》本和《磧砂藏》本均將卷一至卷一〇的隨函音義附載在卷一〇（染十）之後一同出現；且體例上都只有條目字和注音，但二者在條目字、注音方式以及讀音上差異很大。具體説來，《思溪藏》本《大佛頂首楞嚴經音》更能反映宋代的時音特點①，而《磧砂藏》本《大佛頂首楞嚴經音》的注音則與《廣韻》趨於一致，沒有條目反映出宋元語音的變化。

又如上文提及的《磧砂藏》有少量卷次將《内典隨函音疏》直接作爲隨函音義徵引，而《思溪藏》本對應經卷則沒有這樣做。再如

---

① 具體情況參見本書音韻學章節。

《思溪藏》本直接將《可洪音義》徵引爲隨函音義的卷次要遠遠多於《磧砂藏》。

之所以會出現上述情形，究其原因，我們認爲有兩種可能：首先，從大藏經的刊刻來說，後出藏經在刊刻過程中，往往以前代藏經爲校本，甚至底本。這類江南私刻大藏經性質相同，又比較易得，其中一些經卷相互參校甚至遞修而成，在當時應是十分普遍的現象。例如，《磧砂藏》本《大般若波羅蜜多經》卷一（天一）末有元代"吳興妙嚴寺經坊"至順三年（1332年）題記：

> 曩因《華嚴》板行於世，繼采《涅槃》《寶積》《般若》等經，慮其文繁義廣，不無魯魚亥豕之訛，謹按大都弘法、南山普寧、思溪法寶、古閩東禪、磧砂延聖之大藏重複校讎已畢。

元代妙嚴寺本經卷在刊刻《涅槃》《寶積》《般若》等經時就將前代大藏經作爲參校本來使用。題記提到的幾部大藏經，"大都弘法"當指《趙城金藏》，而"南山普寧、思溪法寶、古閩東禪、磧砂延聖"則分別指宋元時代在江南私刻的《普寧藏》《思溪藏》《崇寧藏》和《磧砂藏》，這四部藏經中以《崇寧藏》刊刻于北宋，時代最早[1]，《思溪藏》次之，刊刻于南宋初年，《磧砂藏》刊刻於宋元之交[2]，《普寧藏》刊刻於元代[3]，年代較晚，這幾部藏經卷末均普遍附有隨函音義。在《磧砂藏》隨函音義的刊刻過程中，年代和地域接近的《思溪藏》隨函音義無疑是重要的參校本之一，甚至是底本。因此，《思溪藏》和《磧砂藏》隨函音義不僅體例基本一致，內容上具有很強的沿襲性，從整體上看大同而小異，內容的微殊應當是沿襲與參校所致。

---

① 《崇寧藏》的刊刻始於北宋元豐三年（1080），訖於政和二年（1112），參見李富華、何梅著《漢文佛教大藏經研究》，第179頁。

② 《思溪藏》的刻板年代始於南宋靖康元年（1126），訖於紹興二年（1132），參見李富華、何梅著《漢文佛教大藏經研究》，第227—229頁。

③ 《普寧藏》的刊刻始於元世祖至元十四年（1277），訖於至元二十七年（1290），參見李富華、何梅著《漢文佛教大藏經研究》，第319頁

不過《磧砂藏》這類江南私刻大藏經的刊刻並非一蹴而就，《磧砂藏》始刻的年代，目前學界尚未取得一致的認識①，但基本都认爲開雕於南宋末年，此後由於遭遇火災和戰亂，刻經事業曾一度中斷，至元代大德年間又重新恢復，直至元英宗至治二年（1322）②。可見之所以歷時較長，是因爲受到了物資、火災和戰爭等諸多條件限制。衆所周知，私刻大藏經中不少經卷由個人捐助，刊刻時還受到組織者、校勘者以及刻工等影響，這些成于衆手且受頗多因素限制的私刻藏經，是難以做到整齊劃一的。某些卷次內容的"迥別"很可能與此相關。一旦《思溪藏》和《磧砂藏》某些卷次所利用的底本和校本不同，就很可能呈現內容迥別的一面。

特別值得注意的是，相比《思溪藏》隨函音義，《磧砂藏》隨函音義呈現出詞條數目遞減和反切用字及釋義簡單化的態勢。宋元時期尤其是宋代是佛教加速世俗化的時代③，民衆的佛教信仰以及相關知識文化水平日益提高。這一方面促進了私人藏經的刊刻，另一方面民衆對隨函音義的需求也發生了變化。佛經隨函音義本爲輔助掌握經音、理解經義而作，在民衆對佛經缺乏了解時，這類音義越詳細越好；隨著民衆佛教知識整體水平的提高，那些簡易、常見的音義條目，以及過於複雜的條目逐漸顯得不合時宜，而逐漸被刪除，或進行簡化處理，從而使得藏經隨函音義呈現出日益簡化的態勢。

至於前人曾懷疑福州版《崇寧藏》《毗盧藏》兩部藏經所附音義是據當時當地頗有影響的某部音釋著作，故保持了宋代某部現已失傳的音釋著作。但是，從我們對宫日本内廳圖書寮本《崇寧藏》和《毗盧藏》

---

① 陳士強認爲《磧砂藏》始刻於南宋理宗紹定四年（1231），參見陳士強《中國佛教百科全書·經典卷》，上海古籍出版社 2000 年版，第 411 頁；李際寧根據西大寺本《大般若經》卷一經卷，認爲《磧砂藏》始刊於南宋嘉定九年（1216），參見李際寧《北京圖書館藏磧砂藏研究》，《北京圖書館館刊》1998 年第 3 期。對此，我們更傾向於後者的觀點。

② 《磧砂藏》的刻竟年代也有不同説法，但一般來説普遍認爲是元至治二年（1322），參見陳士強《中國佛教百科全書·經典卷》，第 411 頁；吕澂《磧砂版藏經》，載《吕澂佛學論著選集》卷三，第 1464 頁。

③ 參見劉浦江《宋代宗教的世俗化與平民化》，《中國史研究》2003 年第 2 期。

混合本以及《思溪藏》和《磧砂藏》隨函音義的調查來看，這兩部大藏經的隨函音義應該不是一部完整的音釋著作。這是因爲：

第一，這些音義材料首先在條目上表現出大量重複性的特點，與一般音義專書不同，隨函音義一詞頻出、一字頻釋的現象十分普遍。究其原因蓋與其成於衆手，且未作刪削、整齊化處理有關。一般而言，這些隨函音義旨在爲讀者注解疑難字詞，需要隨函隨經文注解，難以避免重複出現，也不可能像專人所作的音義著作那樣從整體上進行考慮。

第二，兩部大藏經中有一些隨函音義與大藏經經文原文屬於“同時材料”，即與大藏經經文原文同時刊刻，反映了刻本大藏經經文原文的真實情況，具體表現爲其記載的文字形體與經文原文的字形保持一致，甚至連一些俗字形體也相吻合，其中的一些説解也與經文原文高度契合，這類隨函音義顯然不屬於某部音義專著，或者説不是嚴格抄錄、翻刻某部音義專著，只是參考過這類著作。

第三，從具體內容上看，這些隨函音義的注音大體上與《切韻》系韻書相吻合，比較少地反映當時實際語音的真實情形，釋義也基本沿襲歷代字、韻書的義項，但也偶爾可見製作者的改訂。整體而言，這些隨函音義並無獨特的個人風格，偶見的改訂應當是隨函音義傳抄、刊刻過程中作者的偶爾校訂。這一點也完全不同於音義專書如《內典隨函音疏》《可洪音義》等，這些音義專書往往大量徵引不同的世俗和佛教典籍，間或反映了當時當地的語音，而且因作者學術素養不同，所作音義帶有鮮明的個人風格，它們之間也存在著巨大差異。因此，從整體而言，隨函音義明顯有別於這些音義著作，這些音釋材料大體相當於“民間文學”，不知道其作者和傳承，暫時只能推測其是歷代佛經傳抄和刊刻者長期創作累積的結果。

第四章 《思溪藏》隨函音義的
文獻學研究

　　對於《磧砂藏》隨函音義各方面的價值，學界已有相當可觀的研究成果。相對來説，比其更早的《思溪藏》隨函音義的研究則顯得比較冷清，這有可能與其没有像《影印宋磧砂藏經》這樣的印本流通有關。其實，作爲較早期的大藏經隨函音義，《思溪藏》隨函音義一般附載於卷末，少數附載在函末，在各方面都具有豐富的研究價值，亟待研究。下面我們就嘗試揭示其文獻學方面的研究價值。

第一節 從《思溪藏》隨函音義看
《可洪音義》在宋代的流傳

　　《可洪音義》是五代後晉僧人可洪編撰的一部大型佛經音義書。據該書卷末《施册入藏疏文》和《慶册疏文》可知，可洪前後花了十年時間纔完成這部巨著①，成書后不久即入藏。《通志·藝文略》《佛祖統紀》《宋史·藝文志》遞有著録。然而自《宋史·藝文志》後，《可洪音義》便不見傳本，亦不見於後代其他公私書目。唯賴《高麗大藏經》纔得以保存至今。該書是否傳入宋代以及何時在中土亡佚，一直是學界關注的重要問題，前賢時彦多有論述。我們在對國圖藏《思溪藏》隨函音義進行全面調查時，又發現該藏不少隨函音義與《可洪音義》有

---

　　① 後唐長興二年（931）至後晉天福五年（940）。

關內容基本相同，與《磧砂藏》隨函音義徵引《可洪音義》相比，《思溪藏》徵引的範圍更廣、內容更趨一致①，具有重要的文獻価值，現略作考證，以就教於方家。

一 前人關於《可洪音義》曾否傳入宋代的兩種觀點

《可洪音義》曾否傳入宋代，學界意見不一。總的説來，主要有以下兩種觀點：一種觀點認爲《可洪音義》未傳入宋代。主此説者爲日本學者妻木直良、池内宏、神尾弍春等人②。他們认爲《可洪音義》成書以後未曾傳入宋代，而是徑直隨石晉割讓燕雲十六州進入契丹，然後作爲契丹藏所收之書傳到高麗。

另一種觀點認爲《可洪音義》曾傳入宋代。主此説者有日本學者竺沙雅章、高田時雄和香港學者黃耀堃。竺沙雅章根據麗藏本《可洪音義》中"敬""弘""殷"等宋初諱字采取闕筆以避諱的情況推斷，麗藏本當是宋代書寫乃至刊刻之物，否定了後晉到遼再到高麗這樣的傳承軌迹。他認爲《可洪音義》是宋代之後由宋傳遼，或是由宋直接傳入高麗③。高田時雄從其説，也認爲《可洪音義》在宋初，可能是十世紀中葉，同今日之麗藏本毫釐不爽地付諸刊刻，然後一路西傳到敦煌，另一路從海上傳入高麗。他認爲這樣的流傳也是很自然的④。黃耀堃亦力主"傳入宋代説"。他根據磧砂藏《雜寶藏經》和《陀羅尼雜集》的隨函音義引用了可洪的音釋，認爲這足以證明《可洪音義》一定曾傳

---

① 《磧砂藏》只有十二卷隨函音義集中徵引了《可洪音義》，主要集中在該藏"龍"字函、"師"字函與"發"字函中，參見譚翠《〈可洪音義〉宋元時代流傳考——以〈磧砂藏〉隨函音義爲中心》，《中國典籍與文化》2009 年第 3 期。

② 上述觀點轉引自高田時雄《可洪〈隨函録〉與行瑫〈隨函音疏〉》，第 400—404 頁。妻木直良觀點參見《契丹に於ける大藏經雕造の事實を論ず》，《東洋學報》第 2 卷第 3 號，第 335 頁。池内宏觀點參見《高麗朝の大藏經》，《東洋學報》第 14 卷第 1 號，第 115 頁。神尾弍春觀點參見《契丹佛教文化史考》，大連，"滿洲"文化協會，又，東京，第一書房復刻本，第 84 頁。

③ 參見高田時雄《可洪〈隨函録〉與行瑫〈隨函音疏〉》，竺沙雅章觀點參見《契丹大藏經小考》，《内田吟風博士紀念東洋史論集》，京都，同朋舍 1978 年版，第 311—329 頁。

④ 參見高田時雄《可洪〈隨函録〉與行瑫〈隨函音疏〉》，第 403 頁。

入宋代。另外，他在將磧砂藏《陀羅尼雜集》隨函音義所引"洪師""川師""舊音""郭氏音"與"可洪音義"進行比較後，認爲《磧砂藏》此部分隨函音義雖然與《可洪音義》相同很多，但似乎別有所據，與麗藏本不盡相同①。

從材料來看，後一種觀點更符合事實。特別是敦煌文獻發現以後，陸續有學者指出敦煌殘卷中存有數個《可洪音義》原本殘卷和摘抄殘卷②。學界一般認爲，敦煌藏經洞是在十一世紀初被封閉的③，而契丹藏的刊雕時代至今未有定論，尚不能證明是在遼聖宗朝（982—1031年）雕印④，而且《可洪音義》是否傳到契丹還有很多疑點⑤。因此，《可洪音義》由契丹傳到高麗的觀點值得商榷，此説需要重新檢討。

至於《可洪音義》"傳入宋代説"，雖然竺沙雅章和高田時雄的觀點均爲推測所得，但黃耀堃從《磧砂藏》隨函音義中找到了其間接引用《可洪音義》的證據，我們在《影印宋磧砂藏經》中發現，屬於元代妙嚴寺本和《磧砂藏》元刻本的《大寶積經》和《大哀經》隨函音義也徵引了《可洪音義》⑥。只可惜所發現的用例甚少，且多爲間接引用和摘抄《可洪音義》，缺乏明確爲宋代刊刻的經卷直接大量徵引《可洪音義》的例證。而《思溪藏》隨函音義爲《可洪音義》傳入宋代説，提供了強證。

---

① 參見黃耀堃《磧砂藏隨函音義初探》，《音韵論叢》，第 255—257 頁。

② 許端容、張金泉、許建平、張涌泉諸先生相繼指出伯 2948、伯 3971、北 8722、斯 5508、斯 3553、斯 6189 和 дх11196 爲《可洪音義》殘卷，其中伯 3971、斯 5508、北 8722、斯 6189 是抄卷，伯 2948 是選抄，斯 3553 和 дх11196 是摘抄。上述統計引自韓小荊《〈可洪音義〉研究——以文字爲中心》，巴蜀書社 2009 年版，第 5 頁。

③ 俄藏敦煌文獻 Ф.032 咸平五年（1002）的施入記是目前所知藏經洞出土文獻中最晚的年號，而此後有明確紀年的寫本迄今尚未發現，因此學界一般認爲藏經洞封存於十一世紀初葉。

④ 葉恭綽認爲契丹藏的雕印始興宗（1031—1045）迄道宗（1055—1064）。陳士強認爲始刻於興宗重熙（1032—1054）初年，完成於道宗清寧九年（1063）。閻文儒等根據山西應縣發現的契丹藏中的題記推測該藏始刻於遼聖宗統和二十一年（1003）間。以上觀點轉引自徐時儀《〈開寶藏〉和〈遼藏〉的傳承關係》，《宗教學研究》2006 年第 1 期。

⑤ 參見高田時雄《可洪〈隨函録〉與行瑫〈隨函音疏〉》，第 403—404 頁。

⑥ 參見譚翠《〈可洪音義〉宋元時代流傳考——以〈磧砂藏〉隨函音義爲中心》，第 57 頁。

二 《思溪藏》隨函音義所引《可洪音義》考

我們對國圖藏《思溪藏》隨函音義作了全面調查，發現了若干與《可洪音義》有關的材料。這些材料集中在《思溪藏》本《大寶積經》"龍"字函、"師"字函、"火"字函、"帝"字函、"鳥"字函以及《大哀經》"發"字函、《一切功德莊嚴王經》"羊"字函、《陀羅尼雜集》"甲"字函隨函音義。其中，《思溪藏》本《大寶積經》卷二一（"火一"）和卷二六（"火六"）隨函音義爲日本元禄年間天安寺的抄寫補配本，這些抄補頁乃依日本管山寺本《思溪藏》照錄重修，保存了《思溪藏》的原貌①。與《可洪音義》卷二中《大寶積經》相應經卷相較，我們發現《思溪藏》本《大寶積經》"龍"字函、"師"字函、"火"字函、"帝"字函、"鳥"字函中共有二十九卷隨函音義集中徵引了《可洪音義》，其中有七卷完全相同，分別是《思溪藏》本《大寶積經》卷一一、卷一三、卷一四、卷一五、卷二二、卷二三、卷二九隨函音義。另外有二十二卷隨函音義與《可洪音義》只是略有不同，詳細情況如下：

（一）《思溪藏》本《大寶積經》卷一（"龍一"）隨函音義

《思溪藏》"龍一"隨函音義始"序"終"畋獵"條，凡一百零八條，后題"大寶積經第一卷并二序釋音"，與《可洪音義》卷二中《大寶積經》序一、序二和第一卷經文的所有條目相對應，只有"毫芒""瓊編""巢燧""蟠桃""當宁""登""澡瀧""危屏""絕紉"條與《可洪音義》對應條目略有不同，其餘條目的内容及順序皆與《可洪音義》對應條目一致，兹解析如下：

"毫芒"條注"音芒"，令人費解，查《可洪音義》該條音切爲"音亡"，故釋文中"芒"顯係"亡"字之誤，或爲涉上而訛，應據改。

"瓊編"條注"下皮連反"，《可洪音義》作"下卑連反"，查"編"字《廣韻》有"卑連切""布玄切"和"方典切"三讀，《可洪

---

① 參見楊守敬《日本訪書志》卷一五，轉引自李際寧《佛經版本》，第83頁。

音義》注音中"卑"屬幫母，爲全清聲母，而條目中反切上字"皮"在中古音中屬並母，爲全濁聲母，此處以並切幫，或許反映了隨函音義作者方音中的濁音清化現象。

"巢燧"條中"上肋交反"可疑，查"巢"字《廣韻·肴韻》音"鉏交切"，《可洪音義》作"助交反"讀音相同，故條目中"肋"當爲"助"之訛，應據改。

"蟠桃"條中"上蒲宮反"讓人生疑，查"蟠"字《廣韻·桓韻》音"薄官切"，《可洪音義》亦作"上蒲官反"，據此，條目中"宮"當爲"官"字之誤，應據改。

"當宁"條中"宁"釋爲"又音徐，義同"，頗爲費解。查"宁"字《廣韻》有"直呂切，門屏之間，《禮》云天子當宁而立"與"直魚切，門屏間，又音佇"兩讀，在《廣韻·魚韻》中屬於"除"小韻。《可洪音義》亦作"又音除，義同"。故條目中"徐"當爲"除"之訛，應據改。

"登，尺朱反"條釋文中"尺朱反"可疑。遍檢字書，"登"字無尺朱反之音。查其對應的經文爲"中宗孝和皇帝，循機履運，配永登樞"，此條目對應之字應"登樞"之"樞"。"樞"字《廣韻·虞韻》音"昌朱切"，與"尺朱反"讀音相同，又《可洪音義》對應字頭作"登摳"，"木"旁、"扌"旁常因形近而互混，故此條目字頭"登"下脫"樞"字，可據經文和《可洪音義》進行增補。

"澡漮"條釋文中"下郎木反"可疑，查《可洪音義》對應條目作"下郎木反"，"郎"爲"郎"之誤，應據改。

"危屏"條釋文中"音屏"和"縱廣八尸"，令人費解，與《可洪音義》對應條目相較，此兩處《可洪音義》作"音瓶"和"縱廣八尺"，隨函音義應據改。

"絶刅，女振反"條，《可洪音義》作"絶紐，女久反"，今查《大寶積經》第二序原文有"勇振頹綱，嚴持絶紐"句，應即此二字所出，故"刅"當是"紐"字之誤；其作"女振反"者，蓋字頭形訛而音切亦訛也。

（二）《思溪藏》本《大寶積經》卷二（“龍二”）隨函音義

《思溪藏》“龍二”隨函音義起“縜網”訖“閞邏”條，凡二十條，對應《可洪音義》卷二中《大寶積經》第二卷的全部條目，其中除“遞互”條與《可洪音義》對應條目略有不同外，其他條目的內容及順序皆與《可洪音義》對應條目相同。

“遞互”條隨函音義釋文注“互”爲“下呼悟反”，屬曉母暮韻；而查“互”字《廣韻》音“胡誤切”，屬匣母暮韻；又《可洪音義》對應條目注爲“下乎悟反”，“乎”字《廣韻》音“戶吳切”匣母暮韻，《集韻》音“荒胡切”，屬曉母暮韻；據此推知，隨函音義中反切上字“呼”有可能爲“乎”之形訛，但有可能也與隨函音義作者方音中濁音清化有關。

（三）《思溪藏》本《大寶積經》卷三（“龍三”）隨函音義

《思溪藏》“龍三”隨函音義起“慘然”訖“鉗椎”條，凡二十一條，對應《可洪音義》卷二中《大寶積經》第三卷的全部條目，其中除“槀囊”條與《可洪音義》對應條目略有不同外，其他條目的內容及順序皆與《可洪音義》對應條目相同。

“槀囊”條隨函音義下有“上他反”，頗爲費解，查“槀”字《廣韻·鐸韻》音“他各反”，《可洪音義》該條音切亦作“上他各反”，故隨函音義該條音切“他”下脫“各”字，應據補。

（四）《思溪藏》本《大寶積經》卷四（“龍四”）隨函音義

《思溪藏》“龍四”隨函音義始“明毃”終“吃囉呬”條，凡二十三條，對應《可洪音義》卷二中《大寶積經》第四卷的所有條目，其中“隖計”“設儜”與“庾伽”條與《可洪音義》略有不同。

“隖計”條隨函音義下“上烏占反”，查“隖”字《廣韻·姥韻》音“安古切”，《可洪音義》對應音切亦作“上烏古反”，故隨函音義中“占”爲“古”之形誤，應據改。

“設儜，女耕反，又宜作毼，奴頂反，聲穩”條，今查經文原文有“筏底（丁以反八）娜唎設儜（九）”句，應即此條所出。又與《可洪音義》“設儜”條相較，此處《可洪音義》作“又宜作㝳”，由於“設儜"爲咒語用字，僅僅表音，缺乏實際意義，孰是孰非，暫時存疑，但從其後的注音"奴頂反"來看，作"濘"似乎更契合其讀音。

"庾伽"條隨函音義云"上金主反"讓人不解，查"庾"字《廣韻》音"以主切"，又與《可洪音義》"庾伽"條相較，此處《可洪音義》作"余主反"，與《廣韻》讀音相同，故"金"當是"余"字之誤，應據改。

（五）《思溪藏》本《大寶積經》卷五（"龍五"）隨函音義

《思溪藏》本"龍五"隨函音義始"暎奪"終"互相"條，凡七條，對應《可洪音義》卷二中《大寶積經》第五卷的所有條目，其中"互相"條與《可洪音義》對應條目略有不同。

"互相"條隨函音義云"上呼故反"，與《可洪音義》"互相"條相較，此處《可洪音義》作"乎故反"，參見校記（二），隨函音義此處的反切上字"呼"有可能爲"乎"之形誤，但也有可能與隨函音義作者方音中濁音清化有關。

（六）《思溪藏》本《大寶積經》卷六（"龍六"）隨函音義

《思溪藏》"龍六"隨函音義始"牟折"終"枳羅"條，凡二十四條，對應《可洪音義》卷二中《大寶積經》第六卷的所有條目，其中"莫企""俱胝"條與《可洪音義》對應條目略有不同。

"莫企"條下"莫智反"，讓人生疑，與《可洪音義》對應條目相較，此處《可洪音義》作"丘智反"，隨函音義反切上字"莫"本應作"丘"，係涉上而誤也，應據改。

"俱胝，竹泥反"條，《可洪音義》對應條目作"俱胝，竹尼反"，隨函音義中反切下字"泥"有可能爲"尼"之形誤，但更有可能與隨函音義作者方音有關。查"胝"字《廣韻》音"丁尼切"，屬知母脂韻，"泥"字《廣韻》音"奴低切"、"奴計切"與"奴禮切"三讀，雖聲調不同，均屬齊韻，隨函音義以齊注脂，或許反映了作者方音中蟹攝三四等字與止攝合流。

（七）《思溪藏》本《大寶積經》卷七（"龍七"）隨函音義

《思溪藏》"龍七"隨函音義始"粵旛"終"邸迦"條，凡三十五條，對應《可洪音義》卷二中《大寶積經》第七卷的所有條目，該隨函音義后題"寶積第七卷釋音第十六纸"。其中除"膽呬"條與《可洪音義》對應條目略有不同，其餘條目的内容及順序皆與《可洪音義》對應條目一致。

"膽呬"條下"上者感反"可疑，與《可洪音義》對應條目相較，此處《可洪音義》作"都感反"，隨函音義反切上字"者"爲"都"之訛，應據改。

（八）《思溪藏》本《大寶積經》卷八（"龍八"）隨函音義

《思溪藏》"龍八"隨函音義存有《可洪音義》卷二《大寶積經》卷八"兆垓"至"麾鹿"，凡二十七條，對應《可洪音義》卷二中《大寶積經》第八卷的所有條目，其中"麄细""錠光"和"麾鹿"條與《可洪音義》對應條目略有不同。

"麄细"條隨函音義云"經音義作麤，非也"，與《可洪音義》對應條目相較，此處《可洪音義》作"經音義作麤，非用"，意義一樣，形成異文。"錠光"條隨函音義云"上音定，佛名也"，《可洪音義》對應條目作"上音定，佛名"，隨函音義釋文末尾增一"也"字。又隨函音義"麾鹿"條，與《可洪音義》對應條目相較，隨函音義釋文末尾衍"九"字。

（九）《思溪藏》本《大寶積經》卷九（"龍九"）隨函音義

《思溪藏》"龍九"隨函音義始"崎嶇"訖"刈色"條，凡十六條，對應《可洪音義》卷二中《大寶積經》第九卷的所有條目，除"刈色"條外，其餘條目的内容及順序皆與《可洪音義》對應條目一致。

隨函音義"刈色，上牛，正作庚，音翼，吠反反，即那田化"條《可洪音義》作"刈色，上牛吠反"，查"刈色"二字應即出於《大寶積經》卷九經文"其道趣安，心不懷色，道化難調刈色聲香味，細滑之法"句。丁福保《佛學大辭典》曰："五欲，色聲香味觸也，能起人貪欲之心，故稱欲。"[①] 据此，"色聲香味"皆爲佛教術語，在佛經中常

---

① 丁福保：《佛學大辭典》，文物出版社1984年版，第1016—1017頁。

作爲一個整體出現，原文中"刈"與"調"組成的并列動詞短語即修飾該組術語，而可洪截取"刈"和"色"二字作爲一個詞目，則割裂原文，顯然不妥，隨函音義摘抄該條時因仍其誤，且注釋爲"上牛，正作庾，音翼，吷反反，即那田化"，令人不知所云。竊疑該條隨函音義原爲兩條，第一條爲"刈色，上牛吷反"，而另一條"正作庾，音翼（反），即那田化"，因脱條目字頭，遂與前一個條目合爲一條。而今本《可洪音義》無"正作庾，音翼（反），即那田化"條。

（十）《思溪藏》本《大寶積經》卷一〇（"龍十"）隨函音義

《思溪藏》"龍十"隨函音義始"自憙"訖"瘦種"條，凡二十五條，對應《可洪音義》卷二中《大寶積經》第一〇卷的所有條目，除"伊諧諧"條與《可洪音義》對應條目略有不同外，其餘條目的内容及順序皆與《可洪音義》對應條目一致。

"伊諧諧"條隨函音義云"下二呼皆反"，與《可洪音義》對應條目相較，此處《可洪音義》作"下二乎皆反"，參見校記（二）、（五），隨函音義此處的反切上字"呼"有可能爲"乎"之形誤，但更有可能也與隨函音義作者方音中濁音清化有關。

（十一）《思溪藏》本《大寶積經》卷一二（"師二"）隨函音義

《思溪藏》"師二"隨函音義起"可訾"訖"瘦瘴"條，凡十三條，對應《可洪音義》卷二中《大寶積經》第一二卷的所有條目，除"可訾""痞痓"條外，其餘條目的内容及順序皆與《可洪音義》對應條目相同。

"可訾"條下"即思反"，《可洪音義》作"即斯反"，查"訾"字《廣韻》有"將此切""即移切"兩讀，《可洪音義》讀音"即斯反"與"即移切"讀音相同，屬於精母支韻，而隨函音義"即思反"屬於精母之韻，蓋與隨函音義作者方音中支之不分有關。

"痞痓"條隨函音義云"下烏牙反"，《可洪音義》作"下烏雅反"，查"痓"字《廣韻》音"烏下切"，《可洪音義》音"烏雅反"與之讀音相同，同屬上聲馬韻，而"牙"字《廣韻》音"五加切"，屬於平聲麻韻，故隨函音義此處的反切下字"牙"有可能爲"雅"之形誤，也有可能與隨函音義作者的方音有關。

（十二）《思溪藏》本《大寶積經》卷一六（"師六"）隨函音義

《思溪藏》"師六"隨函音義起"掘地"終"洋銅"條，凡九條，對應《可洪音義》卷二中《大寶積經》第一六卷的所有條目，除"作技""洋銅"外，其餘條目的內容及順序皆與《可洪音義》對應條目相同。

隨函音義"作技，奇綺反，爇也"條，《可洪音義》作"作技，奇綺反，藝也"，查"作技"二字應出於《大寶積經》卷一一經文"復次金剛摧，菩薩若夢中打鼓作技"句。據經文可知，"作技"在此處蓋指展現技藝。又查《廣韻·紙韻》："技，藝也，《說文》'巧也'。"① 故《可洪音義》解釋爲"藝也"淵源有自，契合經義。而查"爇"字《廣韻·薛韻》云"燒也"，於經義不合，故隨函音義下"爇"，蓋因與"藝"形近而訛，應據改。

"洋銅"條下"正作烊、煋二形也"，與《可洪音義》對應條目相較，此處《可洪音義》作"正作烊、煬二形也"，查"洋銅"二字應出於《大寶積經》卷一一經文"假使大海水，盡融爲洋銅"句，"洋"在此處蓋指熔化，銷熔。玄應《一切經音義》卷一六《大愛道比丘尼經》卷上音義："洋銅，以良反，謂煮之消爛，洋洋然也。《三蒼》：洋，大水貌也。《字略》作煬，釋金也。"（C057，p0009a）亦可參。故隨函音義中"煋"蓋爲"煬"之形誤字，應據改。

（十三）《思溪藏》本《大寶積經》卷一七（"師七"）隨函音義

《思溪藏》"師七"隨函音義起"矯妄"終"未瑳"條，凡七條，對應《可洪音義》卷二中《大寶積經》第一七卷的所有條目，其中"矯妄"條與《可洪音義》對應條目略有不同。

"矯妄"條隨函音義云"亦作橋"，《可洪音義》對應條目作"亦作橋"，"橋"爲"橋"之俗體字。

（十四）《思溪藏》本《大寶積經》卷一八（"師八"）隨函音義

---

① （宋）陳彭年等編：《宋本廣韻》，中國書店 1982 年版，第 222 頁。

　　《思溪藏》"師八"隨函音義起"潡流"終"幽縶"條，凡十四條，對應《可洪音義》卷二中《大寶積經》第一八卷的所有條目，除"攌大""瞬息"條外，其他内容及順序皆與《可洪音義》對應條目相同。

　　"攌大"條下"上户貫反"，《可洪音義》作"上户慣反"，查"攌"字《廣韻》有"胡慣切""古還切"兩讀，《可洪音義》音"户慣反"與"胡慣反"讀音相同，均屬於諫韻，而條目中反切下字"貫"在《廣韻》中有"古玩切""古丸切"兩讀，均爲桓韻。隨函音義反切下字寫作"貫"，一方面有可能是隨函音義作者因字形相近而抄寫訛誤，另外，此處以桓注刪，有可能也反映出隨函音義作者方音中山攝二等牙喉音讀同一等。

　　"瞬息，上户潤反"條，查"瞬"字《廣韻》音"舒閏切"，又與《可洪音義》"瞬息"條相較，此處《可洪音義》作"尸潤反"，與《廣韻》讀音相同，故"户"當是"尸"字之誤，應據改。

　　（十五）《思溪藏》本《大寶積經》卷一九（"師九"）隨函音義

　　《思溪藏》"師九"隨函音義起"惛沉"終"商賈"條，凡十三條，對應《可洪音義》卷二中《大寶積經》第一九卷的所有條目，其中"顧指"條與《可洪音義》對應條目略有不同。

　　"顧指"條下"上音故，却視反"可疑，查《廣韻·暮韻》："顧，迴視也，春也，又姓，出吴郡。"[1]"顧"有回頭看的意思。又與《可洪音義》"顧指"相較，此處《可洪音義》作"却視也"，故隨函音義中"却視反"並非注音，而是釋義，"反"當爲"也"之誤，應據改。

　　（十六）《思溪藏》本《大寶積經》卷二〇（"師十"）隨函音義

　　《思溪藏》"師十"隨函音義起"金礦"終"霹靂"條，凡十條，對應《可洪音義》卷二中《大寶積經》第二〇卷的所有條目，其中"鑄鍊"條與《可洪音義》對應條目略有不同。

　　"鑄鍊"條下"下音鍊"讓人不解，與《可洪音義》"鑄鍊"相

---

① （宋）陳彭年等編：《宋本廣韻》，第348頁。

較，《可洪音義》此處作"下音練"，隨函音義中"鍊"係涉上而誤，應據改。

（十七）《思溪藏》本《大寶積經》卷二一（"火一"）隨函音義

《思溪藏》"火一"隨函音義起"甲冑"終"攢鋒"條，凡五條，對應《可洪音義》卷二中《大寶積經》第二一卷的所有條目，其中"攢鋒"條與《可洪音義》對應條目略有不同。

"攢鋒"條下"下苦逢反"，與《可洪音義》"攢鋒"條相較，《可洪音義》此處作"下芳逢反"，查"鋒"字《廣韻·鍾韻》音"敷容切"，與《可洪音義》讀音相同，均屬於敷母鍾韻，而隨函音義注云"苦逢反"，讀爲溪母鍾韻與敷母鍾韻讀音相距甚遠，竊疑"苦"爲"芳"之形訛。

（十八）《思溪藏》本《大寶積經》卷二四（"火四"）隨函音義

《思溪藏》"火四"隨函音義起"延袤"終"縈帶"條，凡四條，對應《可洪音義》卷二中《大寶積經》第二四卷除"隍壍"外的所有條目。

（十九）《思溪藏》本《大寶積經》卷二五（"火五"）隨函音義

《思溪藏》"火五"隨函音義起"堤塘"終"鸇鷂"條，凡十條，對應《可洪音義》卷二中《大寶積經》第二五卷的所有條目。其中"樢字"條與《可洪音義》對應條目略有不同。

"樢字，上馬可反"條，《可洪音義》對應條目作"上烏可反"，此二字應出自《大寶積經》卷二五經文"以樢（阿可反）字印印一切法"句。據經文可知，"樢"字表音，經文中有自注音切"阿可反"，《可洪音義》讀爲"烏可反"與之同音，隨函音義反切上字"馬"應爲"烏"之形訛，應據改。

（二十）《思溪藏》本《大寶積經》卷二六（"火六"）隨函音義

《思溪藏》"火六"隨函音義起"諛諂"終"貪"條，凡三條，其中"貪"條與《可洪音義》對應條目略有不同。

"貪，神利反，慾也，愛也"條，讓人生疑，與《可洪音義》對應條目相較，《可洪音義》條目的字頭作"貪嗜"，故隨函音義條目字頭

"貪"下脱"嗜"字，釋文"神利反，慾也，愛也"應解釋説明"嗜"而非"貪"，另外《可洪音義》"貪嗜"條下還有"正作饎、饎二形也"的説解。

（二十一）《思溪藏》本《大寶積經》卷二七（"火七"）隨函音義

《思溪藏》"火七"隨函音義起"互相"終"根觸"條，凡二條，對應《可洪音義》卷二中《大寶積經》第二七卷的所有條目，其中"互相"條與《可洪音義》對應條目略有不同。

"互相"條隨函音義云"上呼悟反"，與《可洪音義》"互相"條相較，此處《可洪音義》作"乎悟反"，參見校記（二）（五）（十），隨函音義此處的反切上字"呼"有可能爲"乎"之形誤，但更有可能與隨函音義作者方音中濁音清化有關。另外，與《可洪音義》對應條目相較，該條隨函音義末尾無"也"字。

（二十二）《思溪藏》本《大寶積經》卷二八（"火八"）隨函音義

《思溪藏》"火八"隨函音義起"蹦跪"終"挑卻"條，凡十四條，對應《可洪音義》卷二中《大寶積經》第二八卷的所有條目，其中"摑打"條與《可洪音義》對應條目略有不同。

"摑打"條下隨函音義云"下得令反"，查"打"字《廣韻》有德冷切、都挺切兩讀，《可洪音義》"摑打"條云"下得冷反"與《廣韻》"德冷切"讀音相同，竊疑隨函音義反切下字"令"爲"冷"之形誤，應據改。

以上均屬於《思溪藏》隨函音義對《可洪音義》的集中徵引，雖未提及《可洪音義》卻大規模地完整抄録。除此之外，筆者又在《思溪藏》本《沙彌威儀一卷》（受七）中還發現了這樣兩條隨函音義，雖未有任何提示爲《可洪音義》，但卻係《可洪音義》對應條目的完整抄録，它們分別是：

（一）《思溪藏》本《沙彌尼離戒文》隨函音義中"彌離"條，其下曰："力之反，按離即尼也，如戒文中並作沙彌離之也。又諸經中作伊尼延，亦云尹梨延是也，又經音義及川音並作沙彌尼離戒，並非也，彼本剩尼字也。"

按：該條隨函音義與《可洪音義》本對應經卷條目完全一致①。

（二）《思溪藏》本《沙彌尼離戒文》隨函音義最後有這樣一段話："右此經依《開元録》及品次録添之，後有十數五德及敬白文，洪疑此經是人集出也，如後文云。蓋聞道太陽垂暈，則倉生蒙朗，真尊演教，有懷開悟，云云，但此語是俗。"

按：此條隨函音義中"洪"亦即"可洪"。該條亦見於《可洪音義》中，且與隨函音義所引完全一致②。

此外，筆者在《思溪藏》隨函音義中還發現了若干條隨函音義明確徵引《可洪音義》，在徵引時常用"洪師""洪師新音"等字樣，它們是：

（一）《思溪藏》本《大哀經》卷二（發四）的隨函音義中"嗤濫"條："二字並非經理。洪師新音云作'慷慨'，上苦朗反，下苦愛反，嘆息也，於義更乖；又應師云作'聲欬'，上苦頂反，下苦愛反，出聲也，亦非其理；今且依應師音義，不知古之譯師意旨以何而用。"

按：此處"洪師新音"當即《可洪音義》，該條見於《可洪音義》卷三中《大哀經》第二卷，原文作"嗤嚁，上苦浪反，正作慷、忼二形；下苦愛反，正作慨、愾、嘅三形；慷慨，大息也，謂大喘息聲也"③，與《思溪藏》本隨函音義所引略同。

（二）《思溪藏》本《一切功德莊嚴王經》卷末隨函音義（羊七）亦有如下一條音義："賫，《江西音》所買反，未詳何出，洪師云甼、貝二字，書誤也。上楚夾反，下博帶反，雖有此疑，然陀羅尼字，未敢爲定。"

按：此處"洪師"當指"可洪"，該條見於《可洪音義》卷九中《一切功德莊嚴王經》，原文作"麽賫，下是甼、貝二字；甼，初洽反，《川音》音賫，《江西音》作所買反，又音賫，後三呼並非。"④ 與《思

---

① （五代）釋可洪撰：《新集藏經音義隨函録》，《中華大藏經》第60冊，第51頁下欄。
② （五代）釋可洪撰：《新集藏經音義隨函録》，《中華大藏經》第60冊，第51頁中欄。
③ （五代）釋可洪撰：《新集藏經音義隨函録》，《中華大藏經》第59冊，第889頁下欄。
④ （五代）釋可洪撰：《新集藏經音義隨函録》，《中華大藏經》第60冊，第212頁中欄。

溪藏》本隨函音義所引略同。

（三）《思溪藏》本《修行道地經》卷一隨函音義（樓一）亦有這樣一條音義："捽搣，洪師音上子没反，下音滅。"

按：此處"洪師"亦爲"可洪"，該條見於《可洪音義》卷二一中《修行道地經》第一卷音義，原文有"悴滅，上存没反，下莫列反，正作捽搣也，並悞"①。與隨函音義所引略同。其中二字注音中條目下字雖然一爲直音，一爲反切，但讀音相同；而條目上字隨函音義所引爲"子没反"，屬於精母，可洪注爲"存没反"，則屬於從母，竊疑與當時語音中的濁音清化有關。

（四）《思溪藏》本《經律異相》卷五〇隨函音義（啓十）下亦有這樣一條音義："肩狚，洪師云'下丁也反'。"

按：今查該條見於《可洪音義》卷二三中《經律異相》第五十卷音義，原文如下："肩狚，上音脣，下音他，《觀佛三昧海經》作'屑咃'也，又或作'抳曳'也，又時紙反，非也；咃，宜作咃，丁也反，垂兒。"②據此，隨函音義云"洪師云'下丁也反'"與《可洪音義》略同，此處"洪師"即指可洪。

（五）《思溪藏》本《雜寶藏經》卷七隨函音義（驚七）亦有如下一條音義："喠喠，洪師音作啞，於革反。"

按：今查該條見於《可洪音義》卷二二中《雜寶藏經》第七卷音義，原文如下："烏革反，噗也，正作啞也，又呼雅反，大笑也，正作啁也又經音義以哂字替之，失忍反，又郭氏作烏兮、烏見二反，非也，今定取啞字也。"③據此，《可洪音義》確實"今定取啞字也"，此處"洪師"亦爲"可洪"，隨函音義所説"洪師音作啞"可從。

（六）《思溪藏》本《陀羅尼雜集》卷四（"甲四"）隨函音義："樊施，音義元闕反切，洪師二字正作樊施，上音樊，下音施。"

按：今查該條見於《可洪音義》卷二三中《陀羅尼雜集》第四卷

---

① （五代）釋可洪撰：《新集藏經音義隨函録》，《中華大藏經》第60冊，第212頁中欄。
② （五代）釋可洪撰：《新集藏經音義隨函録》，《中華大藏經》第60冊，第283頁中欄。
③ （五代）釋可洪撰：《新集藏經音義隨函録》，《中華大藏經》第60冊，第229頁中欄。

音義，原文如下："嘆葹，上音煩，下音葹，式支反，上句云阿哦闍曇摩，下句云呵嘆葹曇摩，聲之轉也，又此句中呵字是阿字悮也，上又川音作蒲紺反，下音他，並非也，上又郭氏音淡，下未詳，此蓋傳寫久悮也，第七卷作阿嘆葹曇摩也。"① 與隨函音義所引略同。

（七）《思溪藏》本《陀羅尼雜集》卷四（甲四）隨函音義："𪐴，音義元闕，洪師音弥。"

按：今查《可洪音義》卷二三中《陀羅尼雜集》第四卷音義下有"𪐴邪"條，其下曰："音弥耶，上俗也。"② 與隨函音義所引讀音相同。

（八）《思溪藏》本《陀羅尼雜集》卷四（甲四）隨函音義："踶，息井反，洪音作悝，年結反。"

按：今查《可洪音義》卷二三中《陀羅尼雜集》第四卷音義下有"踶目𣏻"條，其下有："上年結反，正作担、𢶕、𥐚三形也，下音底，上又郭氏作星、濕二音，並非也；又江西經音作仙頂反，亦非也，又川音云'合腥悮書'，亦非也。"③ 與隨函音義所引略同。

（九）《思溪藏》本《陀羅尼雜集》卷一〇（甲十）隨函音義："哦㖞，音義元闕反切，洪師作伐居二音。"

按：今查《可洪音義》卷二三中《陀羅尼雜集》第十卷音義下有"㐌㖞"條，其下有：上音代，下音居。"④ 又查《思溪藏》本經文原文有"婆哦㖞㖞利莎呵"等句，即此字所出。《大正藏》本對應經文則作"㐌㖞"，校勘記稱"㐌"字宋、元、明本均作"哦"（T21，p0636c）。據此，此二字爲陀羅尼用字，重在表音，《可洪音義》所見經文中蓋作"㐌㖞"，故以二字聲符"代居"爲此咒語用字注音，而《思溪藏》經文原文中則作"哦㖞"，與《可洪音義》所見經文中字頭上字不同，因此同樣是用聲旁爲二字注音，卻導致了注音中第一個直音字不同。

（十）《思溪藏》本《七佛十一菩薩咒經》卷一隨函音義："袘婆，

---

① （五代）釋可洪撰：《新集藏經音義隨函錄》，《中華大藏經》第60册，第285頁下欄。
② （五代）釋可洪撰：《新集藏經音義隨函錄》，《中華大藏經》第60册，第285頁下欄。
③ （五代）釋可洪撰：《新集藏經音義隨函錄》，《中華大藏經》第60册，第286頁中欄。
④ （五代）釋可洪撰：《新集藏經音義隨函錄》，《中華大藏經》第60册，第295頁上欄。

上元音初夾反，洪音云‘是陀字，一云是施字’。”

　　按：今查《可洪音義》卷九中《七佛所說神咒經》第一卷音義：“律袘，徒何反，正作袘也，又《陁羅尼集》作施，式支、式智二反，亦袘字誤也。”① 又查《思溪藏》本對應經文原文有“彌婆迦律袘婆羅喻哆婆羅”等句，即此字所出。《大正藏》本對應經文亦同。據此，此二字爲陀羅尼用字，重在表音，《可洪音義》注爲“徒何反”，與隨函音義徵引“是陀字”讀音相同，又《可洪音義》云“袘”正作“袘”，爲“袘字誤也”，而隨函音義“一云是施字”，蓋因“袘”“施”形體相近，故二者在此發生混同。

　　通過以上分析比較，我們可以得出如下結論：

　　1. 與《可洪音義》相比，上述隨函音義的條目順序與《可洪音義》完全一致，且說解内容亦基本相同，有些字的俗體寫法也密合無間，甚至有數卷與《可洪音義》完全相同。只有極少數條目、個別字頭及注釋用字的寫法略有不同〔參見校記（十三）（十八）等〕。

　　2. 《思溪藏》本隨函音義與《可洪音義》間存有的歧異，大多是由隨函音義的刊刻疏失造成的，且這些形近而訛的手民之誤多可據現行麗藏本進行匡正〔參見校記（一）（三）（四）（六）（七）等〕。儘管其中有幾處歧異可能是隨函音義作者在表明己見，特別是不少注音可能是刊刻者自注的音切，反映了刊刻者的时音和方音〔參見校記（一）（二）（五）（六）（十）（十一）（十四）（二十一）〕。即使如此，從整體上看，這些隨函音義引自《可洪音義》且與現行麗藏本同出一源也是毫無疑問。

　　3. 《思溪藏》本隨函音義如此大規模地引用《可洪音義》，且與現行麗藏本所據爲同源底本，爲《可洪音義》曾在宋代流傳的觀點增加了新的堅實的證據。由此可知，《可洪音義》曾傳入宋代是確鑿無疑的。

---

① （五代）釋可洪撰：《新集藏經音義隨函録》，《中華大藏經》第 59 册，第 878 頁下欄。

三　與《磧砂藏》隨函音義之比較

如前所述，《磧砂藏》隨函音義亦曾徵引過《可洪音義》，下面我們就將二者徵引《可洪音義》的情況進行比較，據此進一步探討《可洪音義》在宋代的使用情況以及《思溪藏》與《磧砂藏》隨函音義的關係。詳細情況如下：

第一，《思溪藏》本在《大寶積經》以外还有多卷佛經的隨函音義直接或間接徵引《可洪音義》，其中《思溪藏》本《大寶積經》共有二十九卷隨函音義徵引了《可洪音義》，而《磧砂藏》本《大寶積經》只有十二卷。兩者中大體相同者共有有十卷，分別是《大寶積經》卷二、卷三、卷四、卷五、卷六、卷八、卷九、卷一〇、卷一一、卷一五隨函音義。

在這相同的十卷中，甚至一些摘抄和書寫訛誤，兩者也相同，顯示了很強的一致性。如《思溪藏》本《大寶積經》卷六隨函音義"莫企"條注"莫智反"，據校記（六），"莫智反"之"莫"爲"丘"之誤，《磧砂藏》本居然同樣作"莫智反"，亦應據《可洪音義》進行校改。

又如《大寶積經》卷九"刈色"條，《可洪音義》作"刈色，上牛吷反"。《思溪藏》本隨函音義作"刈色，上牛，正作庾，音翼，吷反反，即那田化"，據校記（九），疑該條隨函音義原爲兩條，因脫條目字頭，遂與前一個條目合爲一條，以致難以通解。而《磧砂藏》本隨函音義"刈色"條，注釋爲"刈色，上牛，正作变，音翼吷"，顯係摘抄、删改《思溪藏》對應條目而成，同樣令人不知所云，皆應據《可洪音義》改。

第二，《思溪藏》和《磧砂藏》隨函音義對《可洪音義》並不是機械地摘抄，其中很多地方還體現了隨函音義作者自己的見解和觀點。例如：

《思溪藏》本《大寶積經》卷二隨函音義中的"遞互"條下云"下呼悟反"。據校記（二），《可洪音義》對應條目音"下乎悟反"，且與《廣韻》讀音相同。《思溪藏》隨函音義中"呼"有可能爲"乎"

之形訛，但也有可能與其作者方音中濁音清化有關。而《磧砂藏》隨
函音義"遞互"條則云"下乎古反"，這顯然是其作者的自注音切，可
能與作者語音的某些變化有關。"互"字《廣韻》音"胡誤切"，《可
洪音義》音"乎悟反"，均屬匣母暮韻；而《磧砂藏》本音"乎古反"
屬於匣母姥韻，這正反映了其作者語音中全濁上聲與去聲相混。

又如，《思溪藏》本《大寶積經》卷一"絶紉，女振反"條，《磧
砂藏》本對應條目與之完全相同，據校記（一），該條目字頭"紉"當
是"紐"字之誤，其音切作"女振反"者，反映了作者蓋因字頭形訛
而爲之作注的音切亦訛也。

第三，從二者對《可洪音義》的徵引來看，《思溪藏》較爲完整地
抄録了《可洪音義》的條目和内容，而《磧砂藏》隨函音義有的經卷
所出條目較少，内容也常有删減，這在一定程度上反映出隨函音義在宋
元時期存在條目趨少和説解趨簡的態勢。例如：

《思溪藏》本《大寶積經》卷一隨函音義徵引《可洪音義》對應經
卷（序一、序二和卷一）的全部條目，凡一百零八條，而《磧砂藏》
本對應經卷的隨函音義僅徵引六十一條，缺序二的部分條目和卷一經文
的全部條目；又《思溪藏》本《大寶積經》卷一六徵引《可洪音義》
對應經卷的全部條目，凡九條，而《磧砂藏》本對應經卷的隨函音義
僅間接徵引了一條《可洪音義》的條目。

又如《可洪音義》卷二中《大寶積經》第三卷中有"鉗推"條，
其下云"上巨廉反，甲也，正作鉆；下直追反，正作椎"，《思溪藏》
隨函音義對應條目與之完全相同，而《磧砂藏》隨函音義作"鉗椎，
上巨廉反，下直追反"。查《磧砂藏》本《大寶積經》卷三經文原文正
作"鉗椎"，且"木"旁、"扌"旁常因形近而互混，故《磧砂藏》隨
函音義摘抄此條時將"推"徑改作"椎"，且省略了"鉗"的説解
内容。

總之，《思溪藏》《磧砂藏》隨函音義均徵引了《可洪音義》，不少
經卷音義與《可洪音義》完全相同，少數經卷音義大同小異。相比較
而言，《思溪藏》較爲忠實地徵引了《可洪音義》，歧異之處多爲形近

而訛、手民之誤或音義作者的細微改動。而相比之下,《磧砂藏》隨函音義改動較大,條目減少,内容趨簡。

第四,通過比較,我們也從一個側面看到了此類佛經音義宋元以來的發展歷程,即江南私刻大藏經的隨函音義雖然從整體上大致是對前代某部古本藏經隨函音義的因襲,只是隨著此類音義體的發展,隨函音義呈現出詞條數目遞減和反切用字及釋義簡單化的態勢。因此,我們在《思溪藏》和《磧砂藏》本《大寶積經》和其他佛經經卷的隨函音義中相繼發現《可洪音義》的相關材料絕非偶然。同時,我們也有理由推測,《思溪藏》和《磧砂藏》徵引的《可洪音義》很有可能是基於對前代某部江南私刻大藏經隨函音義的翻刻,在比《思溪藏》更早的其他宋版江南私刻大藏經中也可能也有《可洪音義》的相關材料。當然,該問題的進一步鑿實,尚待來日經本實物的發現,予以證實。

綜上所述,自宋初以來,雖然《可洪音義》題名仍見於少數幾部書目,但長期以來,學界在當時的世俗和佛教文獻中鮮見徵引其殘文剩義,以至於《可洪音義》曾否傳入宋代存在極大的爭議。然而,本文依據的國圖藏《思溪藏》隨函音義,如此集中且大規模地徵引《可洪音義》,不僅證明了《可洪音義》的確曾傳入宋代,至遲在《思溪藏》刊版的南宋初年就已在中土流傳,而且結合《磧砂藏》徵引《可洪音義》的情況來看,直至宋元之際,《可洪音義》有可能仍在中土流傳。

第二節 《思溪藏》隨函音義對其他佛經音義及字、韻書的徵引

如上文所言,《思溪藏》隨函音義大量地徵引《可洪音義》這部佛經音義專書。除此之外,我們還可以看到在辨形、注音和釋義等方面,《思溪藏》隨函音義零零散散地徵引了當時可見的《一切經音義》《江西音》《川音》等佛經音義專書,也包括有其他《玉篇》《集韻》等當時習見字、韻書。利用這些徵引材料,我們一方面可以一窺傳世本之異文進而校正其傳刻錯訛,另一方面又可以對亡佚書進行輯佚以期能更好

地爲學界所利用。

一 《思溪藏》隨函音義所引佛經音義

《思溪藏》隨函音義還參考引用了很多前代或同時代的佛經音義著作，如：

（一）玄應《一切經音義》

《思溪藏》隨函音義多次明引《玄應音義》，徵引時常用"應師云""應法師作"等字樣，我們將隨函音義所引與《高麗藏》本《玄應音義》進行比較。現擇其要者，條列如下：

（1）《思溪藏》本《成實論》卷一〇隨函音義："竄矛，上正作鑹，麁算反，應法師作攢，七官反，下音牟。"

按：今《思溪藏》本對應經文原文有"若是人今死，即入地獄。即生天上，如竄矛離手"等句，即此二字所出。《大正藏》本對應經文原文作"攢鉾"，校勘記曰"攢鉾"，宋、元、明、宮本作"竄矛"（T32，p0307a）。今查玄應《一切經音義》卷一八中《成實論》第十卷音義："攢矛，麁鸞反，攢，擲也；下又作鈄、戎二形同，莫侯反，《說文》'矛，長二丈也'。"（C057，p0027a）與《思溪藏》隨函音義謂"應法師作攢"相合。

（2）《思溪藏》本《妙法蓮華經》卷二隨函音義："出内，上尺瑞切，下而瑞切，此依江南古師讀之，應師出字同上，内字如常。"

按：今《思溪藏》本對應經文原文作"出内"，原文如下："眷屬圍遶，諸人侍衛，或有計算，金銀寶物，出内財產。"《大正藏》本對應經文原文亦同。今查《玄應音義》卷六中《妙法蓮華經》第二卷音義："出内，昌遂反，案，出，亦出也，《詩》云'出言有章'，是也。"（C056，p0912a）與《思溪藏》隨函音義所云相合。

（3）《思溪藏》本《妙法蓮華經》卷二隨函音義："推排，上昌惟切，應師兩音一同上，二土回反。"

按：今《思溪藏》本對應經文原文有"爾時諸子聞父所說珍玩之物，適其願故，心各勇銳，互相推排，競共馳走，爭出火宅"等句，即此二字所出。《大正藏》本對應經文原文亦同。今查《玄應音義》卷六中《妙法蓮華經》第二卷音義：“推排，出唯、土回二反，《蒼頡篇》：‘推，軵也，前也’。《説文》‘推，排也’，‘排，擠也’；軵音而勇反。”（C056，p0908b）《玄應音義》“出唯反”與隨函音義云“推”音“昌惟切”，雖反切上下字不同，但讀音完全相同，又《玄應音義》與隨函音義皆云“排”音“土回反”。

（4）《思溪藏》本《妙法蓮華經》卷二隨函音義：“苦難處，舊音二字皆去聲，今依應師，上平聲，下上聲。”

按：今《思溪藏》本對應經文原文作“難處”，原文如下：“野干狐狗、雕鷲鵄梟，百足之屬，飢渴惱急，甚可怖畏。此苦難處，況復大火。”今查《玄應音義》卷六中《妙法蓮華經》第二卷音義：“難處，乃安、充與反，《詩》云‘莫我皇處’，傳曰‘處，居也’，《禮記》‘何以處我’，鄭玄曰‘處，安也’。”（C056，p0910c）據此，《玄應音義》注“難處”二字爲“乃安”“充與”二反，的確與隨函音義所云“上平聲，下上聲”相契合。

（5）《思溪藏》本《大乘大悲分陀利經》卷一隨函音義：“提焱，下應師音云‘合作提惔，徒甘反’。”

按：今《思溪藏》本對應經文原文有“三鉢陀摩訶三鉢陀提焱頞帝遮致吒翅”等字，即此二字所出。《大正藏》本對應經文原文亦同。據此，此二字爲陀羅尼咒語用字，僅表音，無實際意義。今查《玄應音義》卷七中《大悲分陀利經》第一卷音義：“提惔，徒甘反。”（C056，p0925a）與隨函音義所云契合。

（6）《思溪藏》本《大乘大悲分陀利經》卷一隨函音義：“蜫叹，上正作螕，補兮反，下應師音‘合作以’。”

按：今《思溪藏》本對應經文原文有“羼帝抧帝　加樓奈欝坻叉褭畢履帝憂蜫叹　三般禰”等字，即此二字所出。《大正藏》本對應經文原文亦同。據此，此二字亦爲咒語用字，僅表音，無實際意義。今查《玄應音義》卷七中《大悲分陀利經》第一卷音義：“蜫以，補奚反。”（C056，p0925a）與隨函音義所云略同。

另外，在《思溪藏》本《陀羅尼雜集》隨函音義中，《玄應音義》比較集中地進行參考，這在《思溪藏》隨函音義徵引音義專書中也是很少見的，下面我們就選數例條列如下：

（1）《思溪藏》本《陀羅尼雜集》卷二隨函音義："相愽，應師云'正作薄'，步莫反，迫也'。"

按：今《思溪藏》本對應經文原文有"諸神仙人心悉惱轉。山山相愽不安其所，四大海水爲之涌沸"等句，即此二字所出。《大正藏》本對應經文則作"相搏"，校勘記稱"搏"宋、元、明本作"愽"（T21，p0585c）。今查《玄應音義》卷二〇中《陀羅尼雜集》第二卷音義："相薄，補莫反，《小爾雅》'薄，迫也'。韋昭注《漢書》云'氣徃迫之曰薄'，經文作廣愽之愽，非也。"（C057，p0051c）與隨函音義所引略同。

（2）《思溪藏》本《陀羅尼雜集》卷二隨函音義："䍐接，上音勞，應師云'正作撈'，～，取也。"

按：今《思溪藏》本對應經文原文有"我時當乘大乘法船撈接救拔，以智慧火燒其結使"等句，即此條隨函音義所出。《大正藏》本對應經文則作"牢接"，校勘記稱"牢"字宋、元、明本作"撈"（T21，p0590a）。今查《玄應音義》卷二〇中《陀羅尼雜集》第二卷音義下有："撈接，鹿高反，《方言》'撈，取也'，郭璞曰'謂鉤撈也'，《通俗文》'沉取曰撈'，經文作堅牢之牢，非體也。"（C057，p0051c）據此，隨函音義云"應師云'正作撈'"，可信。

（3）《思溪藏》本《陀羅尼雜集》卷二隨函音義："摩搓，下七何反，應（師）云'合作抄'，蘇何反，捫模也。"

按：今《思溪藏》本對應經文原文有"以禪定水洗澤令淨。以烏和拘舍羅拂拭摩搓"等句，即此二字所出。《大正藏》本對應經文亦同。今查《玄應音義》卷二〇中《陀羅尼雜集》第二卷音義下有："摩抄，又作㩴、攎二形同，莫何反，下蘇何反，《聲類》'摩抄，猶捫摸也，亦抹攃也'，經文作搓，麁何反，揩搓也，搓非此義，抹音莫鉢反，攃，蘓曷反。"（C057，p0051c）與隨函音義所引略同。

（4）《思溪藏》本《陀羅尼雜集》卷四隨函音義："薩咀，下丁達反，應師作'薩呬'，丁禮反。"按：今《思溪藏》本對應經文原文有"阿婆羅闍目呿（四）薩咀羅闍目呿"等句，即此二字所出。《大正藏》本對應經文亦同。據經文可知，此二字爲咒語用字，重在表音。今查《玄應音義》卷二〇中《陀羅尼雜集》第四卷音義下有："薩呬，丁礼反。"（C057，p0052a）又"呬"與"呬"同爲"呧"之俗字，故《高麗藏》本《玄應音義》與隨函音義所云相合。

另外，《思溪藏》隨函音義徵引《玄應音義》時，還有用《一切經音義》者，例如：

（1）《思溪藏》本《分別功德論》卷上隨函音義："揵椎槌，上音軋，下直追反，《一切經音義》云'梵語臂吒，此言揵椎，以彼無鍾聲，故俱打椎，椎、椎相濫，故誤'。"

按：今《思溪藏》本對應經文原文有"唯有阿難乃能集耳，迦葉即時鳴揵槌集衆"等句，即此條隨函音義所出。《大正藏》本對應經文原文亦同。今查《玄應音義》卷一中《大方等大集經》第十二卷音義："揵推，直追反，經中或作'揵遲'。案梵本'臂吒揵稚'，臂吒，此云打；揵稚，所打之木或檀或桐，此無正翻，以彼無鐘磬故也，但椎稚相濫，所以爲誤已久也。"（C056，p0819c）據此，與隨函音義所引與此略同。

此外，隨函音義在徵引《玄應音義》時，有時還用"音義"來指代，如：

（1）《思溪藏》本《中阿含經》卷六〇隨函音義："鷽鷉，音義云正作鷄，氉音靈，鷄羽也；鷽，疋小反，鳥名也，今用亦通。鷉，非也。"

按：今《思溪藏》本對應經文文字正作"鷽鷉"，原文如下："我應先知箭羽爲鷽鷉毛，爲鷉鶩毛，爲鷗鷄毛，爲鶴毛耶。"《大正藏》本對應經文則作"飄鷉"，校勘記曰"飄鷉"宋、元、明本皆作"鷽鷉"，聖本作"鷄鷉"（T01，p0806a）。今查《玄應音義》卷一一中《中阿含經》第六十卷音義："鷄氉，力經反，謂氉羽也，經文作鷽鷉，力吉反，下力周反，謂黄鳥也，又作鶹，此並應誤也。"　　（C056，p0982c）與隨函音義所引略同。又查《可洪音義》卷一二《中阿含經》對應經卷："鷚鶹，上力日反，下力由反，正作鷚鶹，《經音義》作鷚鶹，《爾雅》云'鳥少美，長醜爲鶹鷚也'，應和尚以鷄翎替之，非也，經意但是鳥名，不唯鷄毦也；下又郭氏音陵，書無此字；上又音漂，鳥飛兒也，非義也；……别本作鶹也。"①　亦可證隨函音義此處徵引之"音義"爲《玄應音義》。

（2）《思溪藏》本《中阿含經》卷六〇隨函音義："爲鑇，音義云正作齊，～整也，作鑇非。"

按：今查《思溪藏》本對應經文文字正作"爲鑇"，原文如下："未可拔箭，我應先知箭鏑爲鑇、爲錞、爲矛、爲鈹刀耶？"《大正藏》本對應經文則無"爲鑇"二字，校勘記稱此二字宋本作"爲鑇"，聖、元、明本均作"爲齊"（T01，p0804c）。今查《玄應音義》卷一一中《中阿含經》第六十卷音義："爲齊，茨奚反，謂齊整也，經文從金作鑇，誤也。"　（C056，p0982c）與隨函音義所引略同。又查《可洪音義》卷一二《中阿含經》對應經卷："爲鑇，音齊。"②　亦可證隨函音義此處徵引之"音義"應爲《玄應音義》。

又《思溪藏》隨函音義中還有一些條目也標明了徵引或參考了"音義"或"玄應音義"，但從現今可見的《玄應音義》版本來看，未發現有相合者，姑置於此處，擬爲疑似條目，如：

《思溪藏》本《中阿含經》卷二四隨函音義："塵網，應師音義正作細麁。"

按：今查《思溪藏》本對應經文文字作"塵網"，原文如下："我此身中有髮、髦、爪、齒、塵網、薄膚、皮、肉、筋、骨、心、腎、肝。"今《大正藏》本對應於經文則作"麁細"，校勘記稱"麁細"宋本作"塵網"（T01，p0583b）。又遍檢現今《玄應音義》對應經卷，

①　（五代）釋可洪撰：《新集藏經音義隨函錄》，《中華大藏經》第 59 册，第 999 頁上欄。
②　（五代）釋可洪撰：《新集藏經音義隨函錄》，《中華大藏經》第 59 册，第 999 頁上欄。

卻發現現今《玄應音義》版本中並没有該詞條。

除此之外，有時《思溪藏》隨函音義中"音義"徵引的内容又與多個音義契合，亦讓人難以確定到底引自何種。例如：

（1）《思溪藏》本《中阿含經》卷五九隨函音義："撓巨（户之訛也），音義云'正作敲'，苦交反，撾也，擊也；撓，女巧反，攪撓非此用。"

按：今查《思溪藏》本對應經文文字作"敲户"，原文如下："大王欲見者，可詣彼屋，在外住已，聲欬敲户，世尊聞者，必爲開户。"《大正藏》本對應經文原文亦同。今查《玄應音義》卷一一中《中阿含經》第六十卷音義："敲户，苦交反，《説文》橫撾也，亦下擊也，經文作撓，非也。"（C056，p0982c）又查《可洪音義》卷一二中《中阿含經》對應經卷："撓户，上苦交反，正作敲。"[1] 據此，《玄應音義》詞頭作"敲"，注音"苦交反"，釋義爲"橫撾也，亦下擊也"，而《可洪音義》亦讀爲"苦交反"，注云"正作敲"，均與隨函音義所引略同，故該處到底引自何者，難以判定。

（2）《思溪藏》本《長阿含經》卷三隨函音義："凶凶，音義云'合作轟'，兄萌反。"

按：今查《思溪藏》本對應經文文字作"轟轟"，原文如下："靜默而坐，時有五百乘車經過其邊，車聲轟轟，覺而不聞。"《大正藏》本對應經文原文亦同。今查《玄應音義》卷一二《中阿含經》第三卷音義："轟轟，今作輷，字書作輷同，呼萌反，《説文》'轟轟，群車聲也'。"（C056，p0989b）又查《可洪音義》卷一二《長阿含經》對應經卷："轟轟，呼萌反。"[2] 據此，《玄應音義》與《可洪音義》均出"轟轟"條，均注音爲'呼萌反'，與隨函音義所引略同，故音義爲何者，未可確定。

通過以上列舉，我們不難發現，《思溪藏》隨函音義對《玄應音

---

① （五代）釋可洪撰：《新集藏經音義隨函録》，《中華大藏經》第59册，第998頁下欄。
② （五代）釋可洪撰：《新集藏經音義隨函録》，《中華大藏經》第59册，第980頁下欄至981頁上欄。

義》的徵引中除了極個別條目是與其他音義專書的對應條目重合，讓人難以分辨出自何者外，其他對現今《高麗藏》本《玄應音義》的徵引還是比較普遍的，與現今的麗藏本的説解也大體略同。

（二）《江西謙大德經音》

凡八見，《江西謙大德經音》在隨函音義中稱爲"江西音"，今已佚，現條列如下：

（1）《思溪藏》本《大乘大悲分陀利經》卷一隨函音義："蓰，江西音'毗典反'，弗衣音便。"

按：今《思溪藏》本對應經文作"蓰"，原文如下："阿梨晾禰闍那虛迦妊妊波羅婆娑帝 薩蓰寅坻利耶浮磨帝迦蘭帝娑娑婆婆。"《大正藏》本對應經文亦同。可見，該字爲陀羅尼咒語用字。查玄應《一切經音義》卷七中《大乘大悲分陀利經》第一卷音義："薩蓰，下毗典反，一音便。"（C056，p0925a）又《可洪音義》卷五中《大乘大悲分陀利經》第一卷音義："薩蓰，毗連反，《悲花經》作薩婆。"① 據此，此處"蓰"字的讀音，江西音與玄應《一切經音義》相同，而《可洪音義》的讀音則略有區別。

（2）《思溪藏》本《大乘大悲分陀利經》卷一隨函音義："黐，江西音'初几反'。"

按：今《思溪藏》本對應經文作"黐"，原文如下："阿遮隸浮地陀馱波遮隸婆禰黐栗那悉地劍。"《大正藏》本對應經文則作"齘"（T03，p0236b）。據此，此字在經文中爲陀羅尼咒語用字，無實際意義。今查《可洪音義》卷五《大乘大悲分陀利經》第一卷音義："齘栗，上巨乞反，正作齘；下力日反，《悲花經》作乿挐也；上又限没反，非。"②《龍龕手鏡·齒部》："齘，胡結、胡没二反，齧也。"③ 據此推測，"齘"表示"齧也"時，音"胡結反"或"限没、胡没反"，爲匣母字；但在此處陀羅尼咒語中，該字重在表音，可洪音義注爲

---

① （五代）釋可洪撰：《新集藏經音義隨函録》，《中華大藏經》第 59 册，第 714 頁下欄。
② （五代）釋可洪撰：《新集藏經音義隨函録》，《中華大藏經》第 59 册，第 714 頁下欄。
③ （遼）釋行均編：《龍龕手鏡》，第 313 頁。

"巨乞反"，則屬於羣母，屬於見組字，竊疑該讀音來自於其偏旁，這種原理即漢譯佛經中的"切身字"，故可洪認爲此處"正作鬾"，並注音爲"巨乞反"，"巨"和"幾"同屬見組字，可資比勘；至於江西音"初几反"，竊疑該讀音也源自其偏旁"齒"和"乞"的讀音，"齒"和"初"聲母相近，同屬照組字。

又漢譯佛經中存在著很多"切身字"，這些字一般爲咒語用字，只有記音功能，不具有實際意義。一般我們認爲這些"切身字"，往往是佛經翻譯者專爲漢譯佛經所造的自反字，但從該例證，我們或可推知，其實佛經翻譯者有時也將漢語中已有固定意義和讀音的字，置於佛經陀羅尼咒語中充當自反字來表示讀音，這種現象值得我們留意。

（3）《思溪藏》本《金光明最勝王經》卷七隨函音義："頝，江西音'胡骨反'。"

按：今《思溪藏》本對應經文有"葦香（捼刺柂）、竹黃（鶻路戰娜）"等句，即此字所出，"頝"爲"鶻"之訛俗字。《大正藏》本對應經文亦同，校勘記稱"鶻"梵本作"鶻"（T16，p0435a）。據此，此字在此處爲譯音用字，無實際意義。又《可洪音義》卷五中《金光明最勝王經》第七卷音義："鶻路，上胡骨反，此云牛黃，經作竹黃，悮。"① 《龍龕手鏡·鳥部》："鶻，舊經切胡骨反；鶻，俗；鶻，正，戶骨反。鷹屬也，又骨、滑二音，～，鳩也。"② 據此，此字表示鳥類名稱時，還可讀作"戶骨反"或"骨、滑二音"，但該字在此處爲譯音用字，重在表音，正如《龍龕手鏡》云"舊經切胡骨反"，故可推知該讀音由來已久，江西音和可洪音義皆讀同此音。

（4）《思溪藏》本《佛說佛名經》卷六隨函音義："䪴，江西音'古暗反'。"

按：今《思溪藏》本對應經文有"南無𩊠求辟支佛"，即此字所出。《大正藏》本對應經文作"南無𩊠（丹鬘）求辟支佛"（T14，

---

① （五代）釋可洪撰：《新集藏經音義隨函錄》，《中華大藏經》第 59 册，第 721 頁下欄。
② （遼）釋行均編：《龍龕手鏡》，第 289 頁。

p0145b）。又《可洪音義》卷八《佛説佛名經》音義下云："鬋求，上祁閻反，髮美也，持也，辟支佛名也，今宜作鬘、髻二形，莫顔反，又郭氏作紺、鉗二音，又《玉篇》音紺。"① 《龍龕手鏡·長部》："鬋，俗，鉗、紺二音。"② 據此可知，《大正藏》自注中"丹鬘"蓋指《大正藏》所據底本《高麗藏》在刊刻時所見《契丹藏》作"鬘"，然此處"髻"爲音譯字，爲何會與"鬘"形成異文呢？其實，此處"髻"爲"鬘"之俗體"髻"之訛寫，"紺""鉗"爲其俗讀，是一種音隨形變現象③。《思溪藏》隨函音義徵引江西音作"古暗反"，亦與《可洪音义》所引郭氏音和《龙龕手鏡》切音"紺"相同，故郭氏音、《龍龕手鏡》、江西音等此處皆存在著"音隨形變"，即用俗呼來讀俗字。

（5）《思溪藏》本《佛説佛名經》卷一一隨函音義："趦，兀音，江西音'渠幽反'。"

按：今《思溪藏》本對應經文有"南無破一切暗起佛"，即此字所出。《大正藏》本作"南無破一切闇趣佛"，校勘記曰"趣"字宋、元、明、宮本皆作"起"（T14，p0173a）。又查《磧砂藏》本《佛説佛名經》卷一一隨函音義，該條對應條目出"趦"字，下云："趦，七俞反，走也，江西元作□，渠幽反，非。"（184/20a）《龍龕手鏡·走部》："趦，俗。趨，正，七俞反，走也，疾行也。"④ 由此可知"趦"應爲"趨"之俗體，在此爲音譯字，因與"趣""起"音近而形成異文。《磧砂藏》隨函音義雖未抄録江西音所出字形，亦列舉了所注音切"渠幽反"，並指明此音非是。而《思溪藏》隨函音亦列出江西音所注音切"渠幽反"，至於所出"趦"字，竊疑其亦爲"趣"或"起"之音近字的訛俗字，到底爲何字，暫且闕如。

（6）《思溪藏》本《説一切有部發智大毗婆沙論》卷二二隨函音義："如芉，下古旱反，莖也，又江西音作芊字，千見反。""

---

① （五代）釋可洪撰：《新集藏經音義隨函録》，《中華大藏經》第59册，第839頁下欄。

② （遼）釋行均編：《龍龕手鏡》，第87頁。

③ 鄭賢章：《〈新集藏經音義隨函録〉研究》，湖南師範大學出版社2007年版，第409頁。

④ （遼）釋行均編：《龍龕手鏡》，第324頁。

按：今《思溪藏》本對應經文作"如芊"，原文如下："衆事皆等不可相離，如芊與皮，故斷未斷，恒名相有。"《大正藏》本對應經文作"如羊"，校勘記曰"羊"宮本作"芊"（T27，p0110b）。《慧琳音義》卷六八中《阿毗達磨大毗婆沙論》第二二卷音義："如芊，餘章反，《周禮》'冀州宜畜牛羊'，《禮記》云'羊曰柔毛也'，《説文》云'羊，詳也，從丷，象四足尾之形，孔子曰'牛羊之字，從形舉也'，丷音關患反。"（T54，p0752c）據此，此處"羊""芊""芊""芊"因形體相近而形成異文，而且《思溪藏》隨函音義、江西音以及《慧琳音義》的説解内容不僅"音隨形變"，還"義隨形變"。

（7）《思溪藏》本《一切功德莊嚴王經》隨函音義："賣，江西音'所買反'，未詳何出，洪師云'舌貝二字，書悮也'。上楚夾反，下博帶反，雖有此疑，然陀羅尼字，未敢爲定。"

按：今《思溪藏》本對應經文作"實"，原文如下："阿奴颯末囉薄伽梵跋折囉波儞薩婆波跋羯麽實也。"《大正藏》本對應經文作"賫"，校勘記稱"賫"宋本作"實"（T21，p0892a）。《思溪藏》隨函音義中"洪師"即可洪，查《可洪音義》卷九中《一切功德莊嚴王經》音義："麽賣，下是舌、貝二字，舌，初洽反，《川音》音賫，江西音作所買反，又音賣，後三呼並非。"①據此，隨函音義所言不虚，該字爲陀羅尼用字，重在表音，無實際意義，又蓋因形近"賣"與"實""賫"等在此形成異文，而且"音隨形變"，《可洪音義》、江西音和川音讀音各不相同，至於此處何字爲長，正如隨函音義所言，"然陀羅尼字，未敢爲定"。

（8）《思溪藏》本《持心梵天所問經》卷四隨函音義："䞂，江西音直利反，弗衣音知。"

按：今《思溪藏》本對應經文作"䞂"，原文如下："優頭黎頭頭黎末䞂遮䞂彌離梯離梯。"《大正藏》本對應經文原文亦同。故該字在經文原文中爲咒語用字，表音而無實際意義。又查玄應《一切經音義》

<hr>

① （五代）釋可洪撰：《新集藏經音義隨函録》，《中華大藏經》第59册，第889頁下欄。

卷七中《持心梵天所問經》第四卷音義出"末踟"條，其下有"直知反"（C056，p0931b），爲平聲；而江西音"直利反"爲澄母至韻，爲去聲，二者音近。至於讀何者爲長，無法確定。

（三）《郭迻經音》

僅兩見，《郭迻經音》在隨函音義中稱爲"郭氏音"，今已佚，現條列如下：

（1）《思溪藏》本《六度集經》卷四隨函音義："猶霜，普孝反，出郭迻音，未詳理。"

按：今查《思溪藏》本對應經文作"霜"，原文如下："夫有輒滅，身爲僞幻，難保猶霜，難養若狼。"《大正藏》本對應經文作"卵"，校勘記稱宋本作"霜"，元、明本作"宛"。又《可洪音義》卷六中《六度集經》第四卷音義亦出"猶夘"條，其下云："郎管反。"[1]"夘"爲"卵"之俗字。又《龍龕手鏡·雨部》："霜，俗，普孝反。"[2] 據此，"霜"爲俗字無疑，《龍龕手鏡》亦注其爲"普孝反"，是其自注讀音還是轉音引自郭迻音未可知，竊疑此讀音有可能是俗讀，至於該字是否爲"卵"字之訛，暫且存疑。

（2）《思溪藏》本《陀羅尼雜集》卷四隨函音義："嗢，徒活反，出郭氏音。"

按：今《思溪藏》本《陀羅尼雜集》對應經文原文有"阿那叉耶那茶嗢闍"等句，即此字所出。《大正藏》本對應經文亦同。據經文可知，該字爲陀羅尼咒語用字。又《可洪音義》卷二三中《陀羅尼雜集》第四卷音義："嗢，上徒活反，出郭氏音。"[3]《龍龕手鏡·口部》："嗢，俗音脫。"[4] 據此，郭氏音此字確讀作"徒活反"，"脫"與"徒活反"讀音相同，此讀音有可能爲俗讀，因"嗢"之從"脫"而讀爲"脫（徒活反）"。

---

① （五代）釋可洪撰：《新集藏經音義隨函錄》，《中華大藏經》第59冊，第765頁上欄。
② （遼）釋行均編：《龍龕手鏡》，第308頁。
③ （五代）釋可洪撰：《新集藏經音義隨函錄》，《中華大藏經》第59冊，第285頁下欄。
④ （遼）釋行均編：《龍龕手鏡》，第276頁。

（四）《西川厚大師經音》

凡三見，在隨函音義中稱爲"川音"，今已佚，現條列如下：

（1）《思溪藏》本《修行道地經》卷一隨函音義："氃現，上都弄、張用二反，乳汁也，川音作氉，音會，又奴罪反，並非也。"

按：今《思溪藏》本對應經文原文有"一種在心，名爲班駁。一種在乳，名爲氃現。一種在臍，名爲圍繞"等句，即此二字所出。《大正藏》本經文正文作"潭"，校勘記稱宋、元、明、聖本俱作"氃"，宮本作"蜉"（T15，p0188a）。

今查《可洪音義》卷二一中《修行道地經》第一卷音義："氃現，上都弄、張用二反，汁也，謂乳汁也，正作潭也，諸經有作氃、氭二字，並同也，江西經音作氃是也，川音作氉，音會，又奴罪反，並非。"[1] 由此可見，隨函音義所引可信，與可洪所見川音相合。

（2）《思溪藏》本《陀羅尼雜集》卷七隨函音義："蛛蛭，上陟未反，下知利反，應師未詳，川音下作丁悉反。"

按：今《思溪藏》本對應經文原文有"睒浮羅囊敦囊蛛蛭呿哦"等句，即此二字所出，其爲陀羅尼咒語用字。《大正藏》本則作"蛛蛭"，校勘記曰"蛭"元、明本作"蠍"（T21，p0617b）。今查《可洪音義》卷二三《陀羅尼雜集》第七卷音義："蛛嗷，上陟朱反，下陟利反，《經音義》作蛛啁，應和尚未詳，又川音云撿集本作蛛蛭，丁悉、丁結二反，未委是何本集也。"[2] 據此，隨函音義所引可從，川音確有注音爲"丁悉反"者。

（3）《思溪藏》本《陀羅尼雜集》卷七隨函音義："嗔拏，上音值，川音直，下尼加反也。"

按：今《思溪藏》本對應經文原文有"嗔拏渟提因提利蛇渟提"等句，即此二字所出，其亦爲陀羅尼咒語用字。今查《龍龕手鏡·口

① （五代）釋可洪撰：《新集藏經音義隨函錄》，《中華大藏經》第60冊，第212頁中欄至下欄。

② （五代）釋可洪撰：《新集藏經音義隨函錄》，《中華大藏經》第60冊，第290頁中欄。

部》：“喧，音值。”① 據此，行均與隨函音義注音相同。

二 《思溪藏》隨函音義所引字、韻書

《磧砂藏》隨函音義除了參考佛經音義著作外，在辨形、注音和釋義的過程中，往往還引用了當時習見的一些世俗字、韻書，如：

（一）《玉篇》

《思溪藏》隨函音義徵引《玉篇》次數凡十次，由於原本《玉篇》亡佚，雖有《原本玉篇殘卷》存世，但仍殘缺不全，又今本《玉篇》係宋代陳彭年等增廣益之，具體情況如下：

（1）《思溪藏》本《戒因緣經》卷六隨函音義：“鼠齧，下吾結反，《玉篇》出‘五巧反’。”

（2）《思溪藏》本《陀羅尼雜集》卷四隨函音義：“齧，吾結反，《玉篇》又作‘五巧反’。”

按：該字在《思溪藏》對應經文正文中均作“齧”，《大正藏》本對應經文亦同。查今《玉篇·口部》：“齧，五狡切，齧也，正作齗。”②“五狡切”與《思溪藏》本隨函音義所出讀音“五巧反”，儘管反切下字不同，但切音相同。又考《龍龕手鏡·口部》：“齧，皆俗，五結反，正作齗。”③ 又《龍龕手鏡·齒部》：“齧，俗；齗，正，五結反，噬也，淺齗也。”④ 故“齧”爲“齗”之俗字。又今《玉篇·齒部》有“齗”字，其下云：“魚結切，噬也。”⑤ 亦與《思溪藏》隨函音義所引不同。又查“齗”字，《廣韻·巧韻》：“齗也，五巧切。”⑥ 與《思溪藏》隨函音義所出讀音“五巧反”契合，但查今《玉篇·齒部》：“齗，五狡切，齗骨也。”⑦ 亦與《思溪藏》隨函音義所引不同。

---

① （遼）釋行均編：《龍龕手鏡》，第 275 頁。
② （梁）顧野王著，（宋）陳彭年等修訂：《大廣益會玉篇》，第 27 頁。
③ （遼）釋行均編：《龍龕手鏡》，第 276 頁。
④ （遼）釋行均編：《龍龕手鏡》，第 312 頁。
⑤ （梁）顧野王著，（宋）陳彭年等修訂：《大廣益會玉篇》，第 28 頁。
⑥ （宋）陳彭年等修訂：《宋本廣韻》，第 280 頁。
⑦ （梁）顧野王著，（宋）陳彭年等修訂：《大廣益會玉篇》，第 27 頁。

（3）《思溪藏》本《立世阿毗曇論》卷四隨函音義：“埤堄，上普礼反，下魚礼反，《玉篇》作避移反，助也，增也，堄即城上女牆。”

按：今查《玉篇·土部》：“埤，避移切，附也，補也，增也；《詩》：‘政事一埤益我’，埤，厚也。”① 同部下：“堄，魚礼、魚計二切，〈倉頡篇〉云‘城上小垣’，〈廣雅〉‘女牆’。”② 此與《思溪藏》隨函音義所引略同。

（4）《思溪藏》本《觀佛三昧海經》卷四隨函音義：“稭，公八反，出《玉篇》。”

按：今查《玉篇·禾部》：“稭，公八切，稭，槀頁，去其皮，祭天以爲席也。”③ 此與《思溪藏》隨函音義所引略同。

（5）《思溪藏》本《普超三昧經》卷一隨函音義：“頯于，舊音不出，准《玉篇》作靡卷反，《說文》‘低頭也’。”

按：今《玉篇·頁部》：“頯，靡卷且，低頭也，《說文》音俯。”④ 此與《思溪藏》隨函音義所引略同。

（6）《思溪藏》本《菩薩戒經》隨函音義：“厗，《玉篇》中‘厗，步項反’，云‘邑名’。”

按：今查《玉篇·厂部》：“厗，步項反，周邑也。”⑤ 此與《思溪藏》隨函音義所引略同。

（7）《思溪藏》本《觀所緣緣論釋》隨函音義：“揊，音歲，裂也，出《玉篇》。”

按：今《玉篇·手部》：“揊，俞桂切，裂也，挂也。”⑥ 此與《思溪藏》隨函音義所引釋義略同，讀音“俞桂切”中古音屬於以母霽韻，而隨函音義云“音歲”爲心母祭韻，差異較大。今查“揊”字《說文》未見，竊疑隨函音義云“出《玉篇》”，蓋認爲該字之前未被其他字書

① （梁）顧野王著，（宋）陳彭年等修訂：《大廣益會玉篇》，第7頁。
② （梁）顧野王著，（宋）陳彭年等修訂：《大廣益會玉篇》，第6頁。
③ （梁）顧野王著，（宋）陳彭年等修訂：《大廣益會玉篇》，第74頁。
④ （梁）顧野王著，（宋）陳彭年等修訂：《大廣益會玉篇》，第19頁。
⑤ （梁）顧野王著，（宋）陳彭年等修訂：《大廣益會玉篇》，第104頁。
⑥ （梁）顧野王著，（宋）陳彭年等修訂：《大廣益會玉篇》，第31頁。

收録，係《玉篇》新收字。

（8）《思溪藏》本《佛説無所希望經》隨函音義：“怖懅，下音渠，出《玉篇》，云‘心急，疾也’，作遽，其去反，怕懼皃也。”

（9）《思溪藏》本《方廣大莊嚴經》卷一二隨函音義：“懅，其去反，懼也，或作遽，一音渠，出《玉篇》，‘心急也’。”

（10）《思溪藏》本《增壹阿含經》卷九隨函音義：“怖懅，下其去反，懼也，出《玉篇》。”

按：今《玉篇·心部》：“懅，巨魚切，心急也。”① 此與《思溪藏》隨函音義所引釋義略同。今查“懅”字《説文》未録，竊疑隨函音義云“出《玉篇》”，蓋認爲該字爲《玉篇》最新收録。

（11）《思溪藏》本《六度集經》卷四隨函音義：“爍其，上音歷，擊也。《玉篇》云‘飛也’。”

按：今查《玉篇·火部》：“爍，式灼切，灼爍。”② 與《思溪藏》隨函音義所引不同。又查《思溪藏》本對應經文作“爍其”，原文如下：“吾蹈母首，故太山以火輪爍其首耳。”《大正藏》本對應經文則作“轢”，校勘記稱“轢”宋本作“爍”。（T03，p0021b）） 又《玉篇·車部》：“轢，力的切，車所踐也。”③《思溪藏》隨函音義云“音歷”，與《玉篇》中“轢”讀音“力的切”相同，但其釋義“擊也”與“轢”的釋義“車所踐也”相差較大，其所引“《玉篇》云‘飛也’”也與《玉篇》不同。

（12）《思溪藏》本《正法念處經》卷七隨函音義：“偈，音蜀，《玉篇》云‘短醜貌’。”

按：今《玉篇·人部》：“偈，時束切。偈倲，動頭皃。”④ 此與《思溪藏》隨函音義所引不同。竊疑該隨函音義作者所引出處有誤，今

---

① （梁）顧野王著，（宋）陳彭年等修訂：《大廣益會玉篇》，第40頁。
② （梁）顧野王著，（宋）陳彭年等修訂：《大廣益會玉篇》，第100頁。
③ （梁）顧野王著，（宋）陳彭年等修訂：《大廣益會玉篇》，第86頁。
④ （梁）顧野王著，（宋）陳彭年等修訂：《大廣益會玉篇》，第15頁。

查《廣韻·屋韻》："偓，偓佭，短醜皃。"① 《龍龕手鏡·人部》："偓，獨、蜀二音，偓佭，短醜皃。"② 據此，竊疑此處《玉篇》應爲《廣韻》或《龍龕手鏡》之誤。

（13）《思溪藏》本《釋迦譜》卷九隨函音義："瘤瘤，音習，又思集反，出《玉篇》。

按：今《玉篇·疒部》："瘤，私習切，小痛也，又詞什切。"③ 其中"私習切"屬於心母緝韻，"詞什切"屬於邪母緝韻，又查隨函音義所注直音字"習"，中古音讀爲邪母緝韻，與"詞什切"讀音相同；又音"思集反"則屬於心母緝韻，與"私習切"讀音相同。據此可知，雖然隨函音義所出音注與《玉篇》注音用字不同，但讀音確與《玉篇》完全契合。又查"瘤"字《說文》不出，竊疑隨函音義稱該字"出《玉篇》"，蓋認爲該字之前未曾被其他字書收錄，係《玉篇》新收字。

（14）《思溪藏》本《續高僧傳》卷二隨函音義："巏蓩，上音貫，出《玉篇》；下音務，山名也。"

按：今《玉篇·山部》："巏，古亂切，山。"④ 又"古亂切"與"貫"讀音相同。今查該字《說文》不錄，又《龍龕手鏡·山部》："巏，音貫，山名。"⑤ 竊疑該字出自《原本玉篇》。

（15）《思溪藏》本《攝大乘論釋》卷五隨函音義："挵，弄字，出《玉篇》。"

按："挵"當爲"挵"之訛寫，今查《玉篇·扌部》中未見"挵"字，又《龍龕手鏡·手部》："挵，俗，盧貢反。"⑥ 蓋疑隨函音義作者認爲其新出自《玉篇》，但該字在《龍龕手鏡》中也已出現。

（16）《思溪藏》本《攝大乘論釋》卷六隨函音義："誹，非、沸二音，謗也；《玉篇》芳尾反。"

---

① （宋）陳彭年等編：《宋本廣韻》，第429頁。
② （遼）釋行均編：《龍龕手鏡》，第37—38頁。
③ （梁）顧野王著，（宋）陳彭年等修訂：《大廣益會玉篇》，第57頁。
④ （梁）顧野王著，（宋）陳彭年等修訂：《大廣益會玉篇》，第103頁。
⑤ （遼）釋行均編：《龍龕手鏡》，第76頁。
⑥ （遼）釋行均編：《龍龕手鏡》，第213頁。

按：今《玉篇·言部》："誹，甫尾切，誹謗也。"① 又查《原本玉篇殘卷·言部》："誹，甫違反。"② 均與《思溪藏》隨函音義所引不同。竊疑該隨函音義作者所引出處有誤。

（17）《思溪藏》本《攝大乘論》卷一一隨函音義："楔，先結反，木樧也；樧，子心反，出《玉篇》。"

按：今《玉篇·木部》："楔，革鎋切，荊桃也，亦門兩傍木，又先結反。"③ 與《思溪藏》隨函音義所引略同。

（二）篇韻

（1）《思溪藏》本《大寶積經》卷七三隨函音義："胲，胡戒飯，舊云百會骨也。願檜，未詳所出，篇韻只出户哀反，小指頭是，恐非此用。"

（2）《思溪藏》本《大方等大集經》卷三〇隨函音義："裸形，上魯果反，赤體也，又玄瓦反，篇韻即不出。"

（3）《思溪藏》本《阿育王經》卷三隨函音義："裸形，上玄瓦反，～，露也；篇韻作魯果反。"

（4）《思溪藏》本《諸經要集》卷六隨函音義："裸形，上玄瓦反，赤露也；篇韻只出魯果反，亦作倮也。"

（5）《思溪藏》本《開元釋教録》卷一六隨函音義："裸形，上玄卦反，篇韻只云魯果反，赤體也。"

（6）《思溪藏》本《集神州三寶感通録》卷下隨函音義："裸形，上玄瓦反，赤體也，篇韻只出魯果反。"

（7）《思溪藏》本《中阿含經》卷六〇隨函音義："裸形，上玄瓦反，篇韻只出魯果反，赤體也。"

按："篇韻"在《思溪藏》隨函音義中凡七見，對於"篇韻"所指代的文獻，魯國堯曾考訂出宋代存有三代"篇韻"：一是《切韻》與原本《玉篇》，二是《大宋重修廣韻》與《大廣益會玉篇》，三是《集

---

① （梁）顧野王著，（宋）陳彭年等修訂：《大廣益會玉篇》，第42頁。
② （梁）顧野王編撰：《原本玉篇殘卷》，第14、215頁。
③ （梁）顧野王著，（宋）陳彭年等修訂：《大廣益會玉篇》，第61頁。

韻》與《類篇》①；儲泰松則考訂出《可洪音義》中出現的《篇韻》指的是《玉篇》《切韻》②。那麼上揭隨函音義中“篇韻”連文又指代的是哪兩種典籍呢？

今查“胲”字，現存原本《玉篇》殘卷未見該字，而斯2071《箋注本切韻·咍韻》下未見此字，又伯2011《王仁昫刊謬補缺切韻·咍韻》中有“胲”字，下云“古哀反，足大指頭肉毛”③。又原本《玉篇》殘卷中未存“肉”旁部分，故無法查檢出該字，我們也無從了解原本《玉篇》中“胲”的讀音。因此我們無法確認此條隨函音義中“篇韻”是否爲《切韻》和原本《玉篇》。

又“胲”字，《大宋重修廣韻·咍韻》：“古哀切，足大指毛肉也。”④《大廣益會玉篇·肉部》：“古才切，足指毛肉。”⑤ 據此，儘管《大宋重修廣韻》與《思溪藏》隨函音義讀音完全契合，且《大廣益會玉篇》的讀音“古才反”也與“古哀反”的讀音相同，但其反切下字與隨函音義所引反切下字不同。

又《集韻·咍韻》：“胲，柯開切，《說文》‘足大指毛也’，或從骨。”⑥《類篇·肉部》：“胲，柯開切，《說文》‘足大指毛也’，又已亥切，頰下曰胲。”⑦ 據此，儘管《集韻》和《類篇》中“柯開切”與隨函音義“古哀切”讀音相同，但反切上下字均不同。

綜上所述，上述三種情形除第一種由於材料缺失我們無法判定外，其他兩種與《思溪藏》隨函音義“胲”字條所引不符，因此我們對這條隨函音義所引“篇韻”連文只能暫且存疑。

又“裸形”條，以上兩條隨函音義均注“裸”音“魯果反”，“篇

---

① 參魯國堯《〈盧宗邁切韻法〉述論》，《魯國堯語言學論文集》，江蘇教育出版社2003年版，第341—343頁。
② 參儲泰松《〈可洪音義〉研究》，復旦大學2002年博士後出站報告，第21頁。
③ 周祖謨編：《唐五代韻書集存》，中華書局1983年版，第257頁。
④ （宋）陳彭年等修訂：《宋本廣韻》，第79頁。
⑤ （梁）顧野王著，（宋）陳彭年等修訂：《大廣益會玉篇》，第36頁。
⑥ （宋）丁度等編：《集韻》，上海古籍出版社1985年版，第112頁。
⑦ （宋）司馬光編：《類篇》，上海古籍出版社1984年影印本，第146頁。

韻作魯果反"云"玄瓦反，篇韻不出"，意思是篇韻僅注"祼"音"魯果反"一個讀音，而不注爲"玄瓦反"。今查斯 2071《箋注本切韻·哿韻》："躶，赤體，郎果反。"[①] 又伯 2011《王仁昫刊謬補缺切韻·哿韻》亦僅注"郎果反"[②] 但原本《玉篇》殘卷中未存"衣"旁部分，故無法查檢出該字，因此我們無法確定隨函音義中所指篇韻是否是《切韻》和原本《玉篇》。

又"祼"字，《大宋重修廣韻·果韻》音"郎果切"[③]，《大廣益會玉篇·衣部》僅音"力果切"[④]，雖然《大宋重修廣韻》和《大廣益會玉篇》的注音"郎果切""力果切"與隨函音義注音"魯果切"相同，但反切上字不同。

又查"祼"字，《集韻·果韻》僅音"魯果切"[⑤]，《類篇·衣部》亦僅音"魯果切"[⑥]，與隨函音義注音契合，故此條隨函音義中"篇韻"連文有可能是指《集韻》和《類篇》。

（三）《唐韻》

（1）《思溪藏》本《大莊嚴經論》卷四隨函音義："臃腫，上紆男（勇）反，脹大兒也。臃，《唐韻》不出也。"

按：現今我們說的《唐韻》係孫愐本《唐韻》，該韻書現僅見敦煌文獻伯 2018 號殘卷，存平聲、去聲和入聲部分。今查"臃"中古音屬平聲鐘韻字，而在該殘卷中鐘韻下有殘缺，故我們暫時無法核實"臃"是否收錄在其中。

（2）《思溪藏》本《因明正理門論》隨函音義："獾狐，上音薰，下音胡，舊音鵂鶹也，《唐韻》云北方狄名也。"

按：今查"狐"字或"胡"字中古音均屬於平聲模韻字，在敦煌文獻伯 2018 號孫愐本《唐韻》殘卷中缺模韻，故我們也無法核對《唐

---

① 周祖謨編：《唐五代韻書集存》，第 96 頁。
② 周祖謨編：《唐五代韻書集存》，第 301 頁。
③ （宋）陳彭年等修訂：《宋本廣韻》，第 286 頁。
④ （梁）顧野王著，（宋）陳彭年等修訂：《大廣益會玉篇》，第 128 頁。
⑤ （宋）丁度等編：《集韻》，第 408 頁。
⑥ （宋）司馬光編：《類篇》，第 291 頁。

韻》中"狐"和"胡"的説解。

（3）《思溪藏》本《辯正論》卷二隨函音義："憏慄，二字正作瘆漂，上所錦反，下良吉反，～～，寒皃也，此非琳師用字，多誤，而《唐韻》從時，彼時未删定也。"

按：今查《思溪藏》《大正藏》本對應文字均作"慘慄"，原文如下："夫凝冰慘慄，不能彫欵冬之花；朱颮鑠石，不能靡蕭丘之木。"隨函音義云"此非琳師用字"，此"琳師"蓋即《辯正論》的作者唐代僧人法琳，隨函音義作者評價《唐韻》時還作出了"從時"且"未删定"的評價，亦與現存孫恤本《唐韻》及其他唐五代《切韻》系韻書殘卷的面貌相一致，的確這些韻書殘卷收録了當時流行的衆多俗字形體，且未進行統一的删減校訂。

對於隨函音義中所指《唐韻》，竊疑隨函音義作者並非專指現今孫恤本《唐韻》，而是相對於當時所見宋代韻書而言，産生於唐代的衆多韻書的一個統稱。

除此之外，《思溪藏》隨函音義還徵引了當時經見的《説文》《方言》《爾雅》《廣雅》等字韻書和其他一些典籍，如：《思溪藏》本《廣弘明集》卷二三隨函音義："殿最，上覬見反，《漢書音義》云：'上功曰最，下功曰殿，又軍前曰啓，軍後曰殿。'"又《思溪藏》本《續高僧傳》卷一九隨函音義："崝嶸，上助庚反，下惠萌反，山皃，傳非此用，正作噌吰，上楚耕反，下惠萌反，鐘聲也，出《文選》。"由於徵引的次數不多，且多與今本相同，在此不一一列舉。

第五章 《思溪藏》隨函音義與
漢文佛典校勘整理

　　衆所周知，漢文佛典在歷代傳抄和刊刻過程中，由於字體演變、字形訛誤、刊刻臆改等原因，產生了衆多版本和大量異文。而《大正新修大藏經》作爲現今國際最通行的佛經版本，最爲學界稱道的就是它以高麗藏爲底本，廣搜異本、勘出異同，形成了一份十分詳細的校勘記，爲漢文佛典的整理研究提供了十分珍貴的資料。可惜由於該校勘記的異文數量極其龐大，迄今爲止學界還未對其進行大規模的是非判定。

　　而《思溪藏》隨函音義不僅對所附經卷的字詞進行注音、釋義，而且每每還分辨異文、勘定是非，這爲我們進行漢文佛典的校勘整理提供了較爲可靠的材料和綫索。之所以這樣認爲，原因有二：一是因爲隨函音義，顧名思義即爲隨函（卷）而釋，旨在對該函（卷）佛經中的字詞進行注音、辨字、釋義以方便該函（卷）佛經的閱讀和理解，對於該函（卷）佛經來説具有極强的針對性；二是隨函音義的作者往往對當時所見的異文進行了揭示和判斷，可爲我們今天進行漢文佛典校勘提供有益的參考。因此，利用《思溪藏》隨函音義，我們可以考察不同版本間的異文，確定一些異文的是非，匡正佛經中的傳刻訛字，解釋一些異文的形成，印證一些異文的存在。下面僅就筆者閲讀所及，從確定是非、匡正訛誤、解釋成因、印證異文四個方面舉例説明《思溪藏》隨函音義對漢文佛典整理的意義和作用。

第一節　確定是非

《思溪藏》隨函音義的説解中還常常包含有對當時所見異文的判定，不僅揭示了當時所見的異文形體，還可爲現今我們正確選擇佛經異文提供很大的幫助。例如：

（1）戀恈，下正作嫪，郎到反，恡也。

按：此條出自《思溪藏》本《漸備一切智德經》卷一隨函音義，對應經文作"戀恈"，原文如下："衆生悉爲貪樂所縛，無數苦痛，愁慼之惱，多所志慕，憎愛所結，合會別離，而相戀恈，無明所蔽，受在三界。"隨函音義中"恈"爲"恈"之訛寫字。今《大正藏》本對應文字作"戀嫪"，校勘記曰"嫪"字，宋、元、明、宮本均作"恈"，聖本和聖乙本皆作"嫪"，並有夾注"盧到反"（T10，p0466c）。那麽，此處作何者爲宜呢？竊以爲此處隨函音義説解可從，作"嫪"爲是。從上下文經義來看，此處應如隨函音義所云表示"恡惜、愛惜"之義，今考《説文解字·女部》："嫪，婟也。"段注："《聲類》云'婟嫪，戀惜也'。"① 《玉篇·女部》："嫪，力高、力報二切，婟也。"② 可證"嫪"在此處與經義契合。又查《可洪音義》卷四《漸備一切智德經》第二卷音義亦出"戀恈"條，其下曰："郎到反，慕也，正作嫪。"③ 可資比勘。因此，隨函音義可從，此處作"嫪"爲長。然"嫪"與"恈"何以在此形成異文呢？原來"嫪"表示"愛惜""恡惜""留戀"等，與情感有關，故後來在俗書中爲其造了一個從心、牢聲的新造俗字"恈"④。

又"恈"與"嫪"形成異文在漢文佛典中亦可見于《正法華經》第五卷，該卷中有如下經文："誰不愛身，不嫪父母，不顧妻子者。"

---

① （漢）許慎撰，（清）段玉裁注：《説文解字注》，上海古籍出版社1981年版，第623頁。
② （梁）顧野王著，（宋）陳彭年等修訂：《大廣益會玉篇》，第17頁。
③ （五代）釋可洪撰：《新集藏經音義隨函録》，《中華大藏經》第59册，第671頁上欄。
④ 張涌泉：《漢語俗字叢考》，中華書局2000年版，第439—440頁。

今《大正藏》校勘記稱"嫽"字，宋、宮本均作"悷"（T09，p0094c）。《思溪藏》隨函音義亦對其進行了判定，《正法華經》卷五隨函音義："不憚，郎到反，正作嫽，愶也，戀也。""憚"亦爲"悷"之訛變字，此處經義亦表示"愛惜、眷戀"義，隨函音義云"正作嫽"亦可從，此處作"嫽"爲長。

（2）麸，正作甜。

按：此條出自《思溪藏》本《雜寶藏經》卷八隨函音義，對應經文作"甜"，原文如下："汝但灑掃舍内，除去糞穢，香華嚴飾，極令清淨，蒲桃、甜漿、酥乳之糜，各盛八器。"今《大正藏》本對應經文作"麨"，校勘記稱"麨"字宋、元、明本作"甜"（T04，p0493c）。那麼，究竟何者爲宜呢？隨函音義云"正作甜"，可從。從上下文經義看，今考"麨"字《説文》未見收録，《龍龕手鏡·麥部》："麨，通；麹，正，尺少反，糗也，乾糧也，糗音去久反。"[1] 又"麸"爲"麹"是異寫字，故"麨"表示的是一種乾糧，於此與經義不符；而"麸"爲"甜"之换旁俗字[2]，此字和"漿"連用，形容漿的味道與經義契合；又從其他佛經音義專書的情況來看，《可洪音義》對應經卷亦出"麸漿"條，其下有："上徒兼反，正作甜也。"[3] 據此，竊以爲此處可從隨函音義作"甜"爲是。

至於《大正藏》本正文中的"麨"字，竊疑蓋佛經刊刻者不明"麸"爲"甜"之俗字，遂回改作"麹"，後又進一步誤刻作"麨"。

（3）爐炇，下正作炭。

按：本條出自《思溪藏》本《王子法益壞目因緣經一卷》隨函音義，對應經文作"炭"，原文如下："十八地獄，熱熾湧沸，十六鬲子，圍繞一鑊，刀山劍樹，火車爐炭，罪人叫哭，苦毒萬端。"《大正藏》本對應經文原文亦同，校勘記稱"炭"字宮本作"灰"。故"炭""炇"和"灰"在此形成異文，何者爲宜呢？從上下文經義來看，此處

---

① （遼）釋行均編：《龍龕手鏡》，第505頁。
② 參見韓小荊《〈可洪音義〉研究》，第210頁。
③ （五代）釋可洪撰：《新集藏經音義隨函録》，《中華大藏經》第60册，第229頁下欄。

與前面"火車"同義連文，表示"炭火"，形容地獄的環境。今考
"炔"字，《龍龕手鏡·火部》："正作恢，大也。"① 又"灰"，《説
文》："死火餘燼也。"故此處"炭"與經義皆契合，《思溪藏》本隨函
音義云"正作炭"可從，作"炭"爲長。至於"炔""灰"二字竊疑
蓋因字形相近，佛經刊刻者誤將"炭"字刻作"炔"和"灰"從而在
此形成異文。

（4）隱蔽，下必祭反，作弊誤也；

（5）弊蔽，必祭反，掩也，隱也，上毗祭反，非此用。

按：此兩條出自《思溪藏》本《法句經》卷上隨函音義，第一條
隨函音義，今查《思溪藏》本對應經文原文作"隱蔽"，原文如下：
"咄哉！何爲寐？蜎螺蜂蠹類，隱蔽以不淨，迷惑計爲身。"而《大正
藏》本對應經文則作"隱弊"（T04，p0562b）。又第二條隨函音義，
今查《思溪藏》本對應經文亦作"弊"，對應經文原文作："睡眠重若
山，癡冥爲所弊，安臥不計苦，是以常受胎。"《大正藏》本對應經文
原文亦作"弊"，校勘記曰："元、明本作蔽。"那麼，這兩處作究竟何
者爲長呢？隨函音義認爲均應作"蔽"爲宜，可從。就經義來看，上
揭經文中兩處均如隨函音義所言表示"隱藏""掩蓋"之義，今查
"弊"，《廣韻·祭韻》："困也，惡也，《説文》曰'頓仆也'。"② 又
"蔽"，《廣韻·祭韻》："掩也。"③ 與經義契合。據此，隨函音義可從，
這兩處應皆作"蔽"爲長。

（6）距陽，上正作拒，～～，遮日屏障也。

按：此條出自《思溪藏》本《法句譬喻經》卷二隨函音義，今查
《思溪藏》本對應經文原文有"更作好舍，前廳後堂涼臺煗室，東西廂
廡數十梁間，唯後堂前距陽未訖"等句，即此二字所出。而《大正藏》
本對應經文原文則作"拒陽"（T04，p0586a），但校勘記稱"拒"字
宋、元本作"距"。那麼，此處作何者爲宜呢？隨函音義謂"正作拒"，

---

① （遼）釋行均編：《龍龕手鏡》，第239頁。
② （宋）陳彭年等編：《宋本廣韻》，第356頁。
③ （宋）陳彭年等編：《宋本廣韻》，第356頁。

是也。從上下文經義來看，此處確如隨函音義所云表示"遮日屏障也"，今查《玉篇·足部》："距，梁吕切，雞距也。"①《廣韻·語韻》："距，雞距。"② 又查《玉篇·手部》："拒，強舉切，抵也。"③《廣韻·語韻》："拒，捍也，格也，違也。"④ 據此，"拒"表示"抵禦"義在此與經義契合。又從其他音義專書來看，《可洪音義》對應經卷亦出"距陽"條，其下曰："上其与反，捍也，正作拒。"⑤ 可資爲證。故隨函音義可從，此處作"拒"爲宜。

（7）喎咀，上正作呪，下之助反，正作詛。

按：此條出自《思溪藏》本《陀羅尼雜集》卷八隨函音義，今查《思溪藏》本對應經文原文有"若有人爲某甲造作呪詛，方道厭蠱，伺候短者，悉令消滅"等句，即此二字所出。《大正藏》本對應經文原文作"喎詛"，校勘記曰"喎"宋、元、明本均作"喎呪"（T21，p0625a）。那麽，此處作何者爲長呢？隨函音義云"上正作呪，下正作詛"可從。又此二字在該卷《思溪藏》本經文原文中還出現了三次，經文内容完全相同，與上揭經文意思大體相同，即"若爲某甲造作呪詛，厭蠱方道，悉當消滅"。而《大正藏》本三處經文原文均作"喎咀"。故從上下文經義來看，此二字在此處表示"呪語，詛咒"之義，今查《廣韻·宥韻》職救切："呪，呪詛。"⑥ 又《集韻·宥韻》職救切："呪，詛也，古作祝。"⑦ 又《玉篇·口部》："喎，竹包切，喎嘐，雞鳴也。"⑧ 《龍龕手鏡·口部》："喎，張由反，鳥鳴也；又陟交反，～，譃也。"⑨ 據此，"呪詛"同義連文表示"呪語，詛咒"在此處與經義契合，隨函音義可從，此處作"呪詛"爲長。

---

① （梁）顧野王著，（宋）陳彭年等修訂：《大廣益會玉篇》，第33頁。
② （宋）陳彭年等編：《宋本廣韻》，第238頁。
③ （梁）顧野王著，（宋）陳彭年等修訂：《大廣益會玉篇》，第32頁。
④ （宋）陳彭年等編：《宋本廣韻》，第238頁。
⑤ （五代）釋可洪撰：《新集藏經音義隨函録》，《中華大藏經》第60册，246頁上欄。
⑥ （宋）陳彭年等編：《宋本廣韻》，第415頁。
⑦ （宋）丁度等編：《宋刻集韻》，中華書局1989年版，第176頁。
⑧ （梁）顧野王著，（宋）陳彭年等修訂：《大廣益會玉篇》，第25頁。
⑨ （遼）釋行均編：《龍龕手鏡》，第266頁。

至於此處何以寫作"啁咀"二字，竊疑蓋因讀音相近，刻經者把"呪"換旁作"啁"，又因形近則把"詛"誤刻作"咀"。

（8）角貝，角是今之單于調也。貝是吹螺也，誤作唄，非此用。

按：此條出自《思溪藏》本《諸經要集》卷四隨函音義，今查《思溪藏》本經文原文有"故法華經偈云：若使人作樂，擊鼓吹角唄，簫笛琴箜篌，琵琶鐃銅鈸"等句，即此二字所出。《大正藏》本對應經文則作"角貝"，校勘記稱"貝"字宋、宮本俱作"唄"。此處作何者爲宜呢？隨函音義以爲正作"角貝"，是也。首先，從佛經異文來看，《諸經要集》注明此段文字出自《法華經》的偈語，故此段偈言在《妙法蓮華經》卷一和《添品妙法蓮華經》卷一中均出現，且《大正藏》本經文原文均作"角貝"（T09，p0007c；T09，p0140b）。又此段偈言還被《法苑珠林》第三十六卷轉引，《大正藏》本經文原文亦作"角貝"（T53，p0576c）。又從經義來看，上下文經義的確如隨函音義所云表示吹奏樂器，即隨函音義云"吹螺"也。今查"唄"，《龍龕手鏡·口部》："蒲芥反，梵～也。"[1]《玉篇·口部》："薄賣切，梵音也。"[2]於此不協。又遍檢《大正藏》表示"吹螺"之義的"擊鼓吹貝螺""擊鼓吹螺""擊鼓吹角貝""擊鼓吹貝"在漢文佛經中經見，故隨函音義可從，此處作"角貝"爲宜。

（9）屏隈，上音餅，下烏回反，～～，隱僻也，下作猥，誤。

按：此條出自《思溪藏》本《諸經要集》卷四隨函音義，今查《思溪藏》本經文原文有"又毗尼母經云'諸比丘住處，房前閑處，小便污地，臭氣皆不可行。佛聞之，告諸比丘：'從今已去，不聽諸比丘僧伽藍處處小行，當聚一屏猥處"等句，即此條隨函音義所出。《大正藏》本對應經文原文亦作"屏猥"（T54，p0189c）。故"屏隈"與"屏猥"在此形成異文，何者爲長呢？隨函音義云"下作猥，誤"可從，此處作"屏隈"爲宜。首先，從上下文經義來看，該詞表示"彎

---

① （遼）釋行均編：《龍龕手鏡》，第273頁。
② （梁）顧野王著，（宋）陳彭年等修訂：《大廣益會玉篇》，第27頁。

曲，角落，隱蔽處”，今查《玉篇·阜部》：“隈，烏回切，水曲也。”①
又查《廣韻·賄韻》烏賄切：“猥，犬聲，又鄙也。”② 故隨函音義云作
“屏隈”表示“隱僻也”，與經義契合。其次，從其他佛經音義的觀點
來看，此段文字注明出自《毗尼母經》，其中“屏猥”一詞在《大正
藏》本《毗尼母經》中共出現四次，分別是卷二一次，卷六三次，原
文均作“屏猥”。今查《可洪音義》卷一八中《毗尼母經》第二卷音義
下有：“屏猥，上音餅，下烏對反，映也，正作猥也，又烏罪反，
非。”③ 與隨函音義觀點相同，此處經文作“屏隈”爲長。

（10）徵乂，二字正作懲忢，上音澄，下魚吠反，誡也，止也。

按：此條出自《思溪藏》本《續高僧傳》卷一五隨函音義，今查
《思溪藏》本對應經文原文作“懲乂”，原文如下：“若不先知何成懲
乂，致使裕公虛沾此及。”今《大正藏》本對應經文則作“懲艾”，校
勘記曰：“宋本作又。”（T50，p0548a）據此，“乂”“忢”“艾”和
“又”在此形成異文。究竟作何者爲宜呢？隨函音義云“正作懲忢”可
從。首先，“懲忢”確如隨函音義所云，表示“誡也，止也”，與上下
文經義契合。又考《說文·心部》：“忢，懲也。”段注：“古多用乂、
艾爲之，而忢廢矣。”④《集韻·泰韻》牛蓋切：“乂忢，創乂，懲也，
或作忢，通作艾。”⑤ 由此可知，“忢”表示“誡也，止也”時還可與
“乂”“艾”通用。故《大正藏》經文原文的“艾”和《思溪藏》經文
原文的“乂”在此處均與經義相協。至於校勘記稱宋本作“又”，當爲
因與“乂”形近而產生的誤刻。

（11）不蔑，下莫結反，誤作夢。

按：此條出自《思溪藏》本《續高僧傳》卷三〇隨函音義，今查
《思溪藏》本對應經文原文作“不夢”，原文如下：“慧雲貞烈，黃金以

---

① （梁）顧野王著，（宋）陳彭年等修訂：《大廣益會玉篇》，第106頁。
② （宋）陳彭年等編：《宋本廣韻》，第251頁。
③ （五代）釋可洪撰：《新集藏經音義隨函錄》，《中華大藏經》第60冊，第83頁上欄。
④ （漢）許慎撰，（清）段玉裁注：《說文解字注》，第515頁。
⑤ （宋）丁度等編：《宋刻集韻》，第149頁。

之不沈；道積抗言，白刃由斯不拔；若斯監護，不蔑由來。"今《大正藏》本對應經文原文則作"不蔑"，校勘記曰"蔑"字宋、宮本均作"夢"（T50，p0699a）。據此，該處存在着"蔑"和"夢"兩種異文形式。此處作何者爲長呢？從上下文經義來看，此處表示"不輕視"之義，故"不蔑"與經義契合，《思溪藏》隨函音義云作"不蔑"，可從。那麼，"蔑"爲何會"誤作夢"呢？今查漢《鄭固碑》"蔑"作"蔑"，《祝睦後碑》作"蔑"①，又《龍龕手鏡·草部》："蔑，俗；蔑，正，莫結反，～，無也。"②據此，俗書中"蔑"之俗體與"夢"形體近似，故會在此處發生混同。

（12）溟涬，下戶頂反，～～，大水皃，或作津，誤。"

按：此條出自《思溪藏》本《廣弘明集》卷六隨函音義，今查《思溪藏》本對應經文文字作"溟涬"，原文如下："水亦溟涬無涯邊兮。女媧練石補蒼天兮。"《大正藏》本對應經文原文亦同，但校勘記稱"涬"字宮本作"津"（T52，p0106c）。故"涬"和"津"在此形成異文。那麼，二者何者爲長呢？對此，隨函音義稱"或作津，誤"可信，此處作"溟涬"爲長。首先，從上下文經義可以看出，此處表示"水勢無邊無際的樣子"，今考《淮南子·本经训》有"四海溟涬，民皆上丘陵，赴樹木"句，高诱注曰："溟涬，無畔岸也。"③故"溟涬"與此處經義完全吻合。其次，從其他音義專書來看，《可洪音義》對應經卷中亦出此條，寫作"溟涬"，均爲"溟涬"之俗寫形式，並曰："上莫頂反，下戶頂反，大水皃也。"④至於此處宮本作"津"，竊疑蓋因"涬"的俗寫形式"涬"與其形近，故在此產生異文。

第二節　匡正訛誤

現今漢文佛典中有很多刊刻訛誤是在歷代傳抄和刊刻過程中形成

---

① （清）顧藹吉編：《隸辨》，中華書局1986年版，第175頁。

② （遼）釋行均編：《龍龕手鏡》，第263頁。

③ 劉文典撰，馮逸、喬華點校：《淮南鴻烈集解》（上），中華書局1989年版，第255頁。

④ （五代）釋可洪撰：《新集藏經音義隨函錄》，《中華大藏經》第60冊，第546頁下欄。

的，通過《思溪藏》隨函音義，我們還可以發現並糾正其中的一些疏失。如：

例（1）後漢月氏三藏支婁迦讖譯《佛說伅真陀羅所問如來三昧經》卷下：“隨其習俗，說咒曰：‘……波利睩陀那尼蚊睩波散那和惟利頰睩姐睩姐摩羅伊陀。’”（T15，p0367a）

按：上揭《大正藏》本經文咒語中有四處“睩”字，其中前三處有校勘記，第一處校勘記稱“元、明本均作眵”，第二處校勘記曰“宋本作眵，元、明本作哆”，第三處校勘記則曰“宋、宮本作眵，元、明本作哆”。而查《思溪藏》本對應經文原文如下：“隨其習俗，說咒曰：‘……波利睙陀那尼敗睊波緊散那吅和吅和惟利頰睊姐睊姐摩羅伊陀。’”其中譯音字“睩”在《思溪藏》這段經文中共出現四次，有“睙”“睊”“睊”三種寫法。今查《思溪藏》本《伅真陀羅經》卷下隨函音義：“頰睊，上烏割反，下正作眵，昌之反。”又《可洪音義》卷五中《伅真陀羅所問經》第三卷音義中對應有“睙陀”條，該條目下有“睙，車支反，正作眵也，悞”①。據此推知，“睊”當爲佛經咒語譯音專用字，可洪所見的經文中此處亦有寫作“睙”者，隨函音義說解可從，上述幾種寫法均爲“眵”之俗字②，校勘記稱“作哆”者，當爲“眵”字之誤。

然而，《大正藏》本又何以會作“睩”呢？竊疑之所以寫成“睙”，蓋爲“眵”之另一俗體“眣”的訛寫，據《龍龕手鏡·目部》：“眣，俗；眵，正。”③“眣”蓋爲“眵”從目、支聲的換旁俗字，在刊刻過程中，“眣”容易訛變爲“睙”。以此推論，《大正藏》本經文原文之所以作“睩”，蓋因“睙”又爲“睩”之俗字，如《龍龕手鏡·目部》：“睙，通；睩，正。”④刊經者摹刻時不明乎此，遂改作“睩”，從而一訛再訛。

---

① （五代）釋可洪撰：《新集藏經音義隨函錄》，《中華大藏經》第59冊，第724頁下欄。
② 參見本書文字學章節中“睊”“睊”條。
③ （遼）釋行均編：《龍龕手鏡》，第417頁。
④ （遼）釋行均編：《龍龕手鏡》，第421頁。

例（2）後漢月支國三藏支婁迦讖譯《道行般若經》卷六："菩薩作是行，爲求般若波羅蜜，終不恐我不得阿惟三佛，隨是法中教，求般若波羅蜜用，是故我無所畏。菩薩至大劇難虎狼中時，終不畏怖。"（T08，p0457c）

按：上揭經文中"是故我無所畏"，《大正藏》校勘記稱"我"字宋本作"或"，元、明、宮本皆作"觬"。究竟何者爲是呢？今查《思溪藏》本《道行般若經》卷六對應經文文字作"或"，該卷隨函音義出"觬無"條，其下云："上有作或字，不符經意，餘本多作觬，云筆反，經云'觬無所畏'，長安品經'以無所畏'，此亦助詞，別亦無義，蓋隨法師方言所譯，明度經云'勇無所畏'也。"據此，隨函音義作者對當時所見的異文進行了分析，認爲"或"字"不符經義"，除此之外還列舉了作"以"的異文形式，推斷其中"以"爲"助詞"，無意義，蓋隨法師方言的不同而不同。至於其他作"觬"和"勇"者，隨函音義作者未予評判。今查《集韻·質韻》："觬，《説文》'羌人所吹角屠，或省俗作觬，非是。'"[1]《龍龕手鏡·角部》："觬，正勿反，羌人吹角也。"[2] 故從上下文經義來看，"觬"亦與經意不符。又"勇"字，考《説文·力部》作"勈"，并云："气也，從力甬聲。恿，勇或從戈用。"[3] 又考《玉篇·戈部》："戜，余種切，強也，敢也，古勇字。"[4]《龍龕手鏡·戈部》："戜，古文余隴反，猛也，踊也。"[5] 故從上下文經義看，此處義爲"勇敢，不畏懼"，"勇"於此處契合經義。據此，隨函音義云此處有作"勇"者，此言不虛，早期寫經中亦有作"勇"者，今查早期寫卷北8723號《道行般若經》對應經文作"戜"[6]，"戜"當爲"勇"的異體字，蓋由"戜"這一重文形式訛變而來。以此推知，《大

---

① （宋）丁度等編：《集韻》，上海古籍出版社1985年版，第664頁。
② （遼）釋行均編：《龍龕手鏡》，第513頁。
③ （漢）許慎撰，（宋）徐鉉校定：《説文解字》，中華書局1963年版，第292頁。
④ （梁）顧野王著，（宋）陳彭年等修訂：《大廣益會玉篇》，第81頁。
⑤ （遼）釋行均編：《龍龕手鏡》，第173頁。
⑥ 黃永武主編：《敦煌寶藏》，新文豐出版有限公司1981—1986年版，第111冊，第302頁。

正藏》本經文原文之所以作"我"，竊疑皆因佛經刊刻者蓋不明"戙"爲"勇"之異體字，遂臆改作與之形近的"鬵"，後來的刊刻者又回改作"或"，以及與之形近的"我"，從而一誤再誤。

（3）姚秦罽賓三藏佛陀耶舍共竺佛念等譯《四分律》卷四九："彼不好著衣欲令身現，佛言：'不應爾。'彼腰帶頭作鳥絧，佛言：'不應爾。'彼作蔓陀羅腰帶，佛言：'不應爾。'"（T22，p0928b）

按：上揭經文中"絧"字，《大正藏》校勘記稱宮本作"綿"，然而，我们更倾向於另外一種可能，即"絧"乃"鞾"之訛字。又《可洪音義》對應經卷亦有"鳥緝"條，並曰："宜作鞾，而客反，毺飾也，今人衣帶頭鞾緩是也，或作毦，人志反，氈毦，羽毛飾也，川音作絧，音耳，非也。"① 可見，可洪當時所見經文中還有作"緝"和"毦"者，但他認爲"宜作鞾"，且"川音作絧"非也。可喜的是，《思溪藏》隨函音義爲我們提供了有用的綫索，證實了我們的推測。《思溪藏》本《四分律》卷四九隨函音義出"鳥緝"條，其下云："下而容反。"即對應上揭經文，且《思溪藏》經文原文正作"鳥緝"。又如前文所考，"緝"爲"鞾"之俗字②，故上揭經文中"絧"及宮本的"綿"皆爲"鞾"字之訛，推其致誤之由，蓋因"鞾"常俗寫作"緝"，其後佛經刊刻者又進而訛作與之形近的"緝""絧"和"綿"。

（4）姚秦罽賓三藏佛陀耶舍共竺佛念等譯《四分律》卷三九："時六群比丘坐高大床上，若獨坐繩床、木床、象牙床……若獺毛用貯褥，諸比丘白佛，佛言：'不應高大床上坐，乃至獺毛貯褥。'"（T22，p0846b）

按：上揭經文中第一個"獺"字，《大正藏》校勘記曰："宋、元、明、宮本皆作狟。"令人疑惑。又查《思溪藏》本對應經文原文上揭經文中兩個"獺"字均作"狟"，因此竊疑《大正藏》校勘記中各本所作"狟"字當爲"狟"字之訛。令人欣慰的是，《思溪藏》隨函音義爲我

---

① （五代）釋可洪撰：《新集藏經音義隨函錄》，《中華大藏經》第60冊，第38頁下欄。
② 參見本書文字章節中"緝"字條。

們提供了確證。又上揭經文之前的經文中亦有"獺"字，故《思溪藏》本《四分律》卷三九隨函音義亦出"獺"字，並云："獺狚，二同，他達反。"《大正藏》與《思溪藏》經文原文均有："時六群比丘，畜大皮、師子皮、虎皮、豹皮、獺皮、野猫皮、迦羅皮。"即隨函音義此字所出。又如前所述，"狚"蓋爲"獺"之換聲旁俗字①，校勘記中"狚"字蓋因"旦"和"且"形近而誤刻作所致。

（5）竺須賴拏國三藏僧伽羅刹漢言衆護造後漢安息國三藏安世高譯《道地經一卷》："或見道積蠱子自過上；或見斂鹵鹽錢；或見被髮胆裸女人，自身相牽；或有灰傅身亦食。"（T15，p0232a）

按：上揭經文中"胆裸"，《大正藏》校勘記稱"胆"字宋、元、明、宮本均作"祖"，令人生疑。對此，《思溪藏》隨函音義給我們提供了重要的線索。今查《思溪藏》本《道地經一卷》隨函音義出"祖裸"二字，其下曰："上音但，下郎果反。"且《思溪藏》本對應經文原文正作"祖裸"。從上下文經義看，此處表示"露出身體"，"祖裸"於此與經義契合。又查慧琳《一切經音義》對應經卷亦出"祖裸"條，並云："上堂嬾反，《考聲》云'肩上衣也'，《左傳》'肉祖也'，《禮記》'勞無祖'，鄭玄曰：左免衣也。《說文》從宣、從肉，作膻，訓亦祖露也。今且依《通俗文》從衣，下郎果反，《文字典說》從人作倮，脫衣露體也，俗音華瓦反，或從身作躶，音並同，形聲字也，經中二字並從月、從旦作胆、腂，不成字，寫藏經冝改從正，如前所說也。"（T54，p0791c）又《可洪音義》對應經卷則出"胆腂"條，其下曰："上徒旱反，下胡瓦反，偏露其體也，正作祖裸也，又上七余、七慮二反，下諸家經音並作郎果反，非也，二並同。"② 由此可知，慧琳當時所見的經文中就有作"胆腂"者，《大正藏》經文正文作"胆"，蓋由來已久，而可洪所見的經文中還有作"胆腂"與"祖裸"者，其中"胆"和"祖"應爲"胆"和"祖"的进一步訛寫，可洪認爲後者爲

---

① 參見本書文字章節中"狚"字條。
② （五代）釋可洪撰：《新集藏經音義隨函錄》，《中華大藏經》第60冊，第207頁中欄。

正，判讀有誤。由此推知，蓋因"旦"與"且"形近，佛經刊刻者摹刻時將"袒"刻作"祖"，後又進一步訛刻作"袒"。又因俗書"月"旁與"礻"旁常互混，佛經刊刻時也產生了"胆"這樣的訛誤，後又進一步誤作"胆"。上揭經文應從慧琳和《思溪藏》本隨函音義，作"袒裸"爲是。

（6）大唐西明寺沙門釋道宣撰《廣弘明集》卷二："赫連屈局追敗之，道俗少長，咸見坑戮，惠始身被白刃而體不傷，屈局大怒，召始於前，以所佩寶劍自擊之。"（T52，p0102a）

按：上揭經文中"局"字，校勘記稱"局"字宋、元、明本俱作"弓"。究竟何者爲宜呢？今查《思溪藏》本《廣弘明集》卷二隨函音義有"屈冐"條，其下有："下玄字，音伭，古作弖，傳寫有誤。"今查《思溪藏》本對應經文原文中該詞條出現兩處分別作"屈冐"和"屈肩"，故"冐""肩"與"局"和"弓"在此形成異文。對此，《思溪藏》隨函音義爲我們確定異文提供了切實可靠的綫索，《思溪藏》隨函音義云此處"冐"爲"玄"字，音"伭"，可從；此字當爲"氐"之俗字。今考《龍龕手鏡·一部》："亙亙，二俗；氐，或作；昱，古文，丁礼、丁奚二反，星名也。"[1] 又從其他音義專書來看，《可洪音義》對應經卷亦出"屈冐"條，其下曰："上俱勿反，下丁兮反。"[2] 據此推知，"氐"在手書中常俗寫作"亙""亙"，後又進一步訛變作"冐"和"冐"，佛經刊刻者蓋不明所以，遂將其誤刻作與之形近的"肩"，再進一步訛變作"局"字。至於隨函音義云"古作弖"者，《大正藏》宋、元、明本均作該字，亦爲"氐"之俗字形體，《可洪音義》卷二四《開元釋教錄》第二卷音義："弖卷，上丁兮反，下丘良反。"[3] 可資比勘。

（7）大唐西門寺沙門釋道宣撰《廣弘明集》卷一四："子無此慮於其親，非孝子也。子欲苟遂娟嫉之褊心，不弘忠慎之深慮，阻祈福之大緣，毀安上之善業，乃取咎之道也。"（T52，p0188a）

---

① （遼）釋行均編：《龍龕手鏡》，第525頁。
② （五代）釋可洪撰：《新集藏經音義隨函錄》，《中華大藏經》第60冊，第545頁下欄。
③ （五代）釋可洪撰：《新集藏經音義隨函錄》，《中華大藏經》第60冊，第341頁上欄。

　　按：上揭經文中"娼"字，《大正藏》校勘記稱"娼"字宋、元、明、宮本均作"娟"，然而"娼嫉"和"娟嫉"在此令人費解。那麼，此處究竟作何者爲長呢？对此，《思溪藏》隨函音義提供了有用的綫索。《思溪藏》本《廣弘明集》卷一四隨函音義："**媢**嫉，上莫報反，～，妬也。"今查《思溪藏》本對應經文文字正作"**媢**嫉"。又如前所考，俗書中"目""月"兩旁常常相混，如"冐"俗寫作"**冐**"等①，且根據反切讀音"莫報反"，"**媢**"當爲"媢"之俗字。從上下文經義來看，今考"媢"，《説文·女部》："夫妬婦也。從女，冒聲。"《玉篇·女部》："莫報反，夫妬婦也。"②《廣韻·皓韻》武道切："夫妬婦也，《説文》音冒。"③故隨函音義釋其爲"妬也"可從，"媢"在此處與"嫉"同義連文表示"嫉妬"義與經義吻合。又從其他音義專書來看，《可洪音義》對應經卷亦出"**媢**嫉"條，其下曰："上莫報反，妬也。"④據此，隨函音義云此處作"媢嫉"可信。《大正藏》本經文正文之"娼"及校勘記所載各本所作之"娟"，推其致誤之由，蓋因形近，刻工將"媢"或其俗字"**媢**"誤刻作與之形近的"娼"和"娟"字，應據改。

　　（8）宋罽賓三藏佛陀什共竺道生等譯《五分律》卷二五："右脇著地，累脚而臥；不繫念在前，須臾眠熟，轉左脇著地，呼聲駭人。"（T22，p0164b）

　　按：上揭經文中"呼"字，《大正藏》校勘記稱該字宋、元、明、宮本均作"齁"，聖本作"吁"。此處作何者爲長呢？對此，《思溪藏》隨函音義對此也提供了有用的綫索。《思溪藏》本《五分律》卷二五隨函音義："吁齁，許干反，一音汗，下正。"今查《思溪藏》本經文原文正作"齁"。隨函音義認爲此處存在著"齁"和"吁"兩種形式，其中"齁"爲正。又從上文經義來看，此處表示睡著時打呼嚕的聲音，

---

① 參見本書文字章節"目""日"與"月"相混相關章節。
② （梁）顧野王著，（宋）陳彭年等修訂：《大廣益會玉篇》，第17頁。
③ （宋）陳彭年等編：《宋本廣韻》，第283頁。
④ （五代）釋可洪撰：《新集藏經音義隨函錄》，《中華大藏經》第60冊，第562頁中欄。

"鼾聲"於此處經義契合。又從其他音義書情況來看,《可洪音義》卷二五《一切經音義》第十五卷音義:"皔吁嘆,三同,户岸反,俗。"①亦認爲"吁"爲"鼾"之俗體。據此,隨函音義之説可從,此處作"鼾"爲長,"吁"爲其俗體,至於聖本作"吁",蓋因"干"與"于"形近,佛經刊刻者將其誤刻作"吁",如《可洪音義》卷一六《五分律》第六卷音義:"吁眠,上胡案反,睡聲也,正作鼾,又況于反,悮。"可資比勘。又《大正藏》經文正文之"呼"字,佛經刊刻者殆不明"吁"爲"鼾"之俗體"吁"的誤刻,遂徑直改作"呼",從而一訛而再訛,應據改。

(9)元魏婆羅門瞿曇般若流支譯《正法念處經》卷一〇:"受如是等無量種種一切苦惱而不疲倦,長夜眠睡而不寤寤,如是心者有五種過。"(T17,p0054b)

按:上揭經文中"寤寤"二字令人生疑,校勘記則稱第一個"寤"字元、明本均作"覺"。那麼,該處作何者爲長呢?此處作"覺"爲宜。對此,《思溪藏》隨函音義爲我們提供了可靠的綫索。《思溪藏》本《正法念處經》卷一〇隨函音義:"寤寤,上古孝反,今作覺;下音誤,寐也。"且《思溪藏》對應經文原文正作"寤寤",故此處確有作"寤寤"者。又"寤"爲"覺"受"寤"之影響而產生的新構俗字②,據此,我們大體可推知《大正藏》經文正文作"寤寤"者,蓋佛經刊刻者不明"寤"爲"覺"之俗寫,遂臆改作與之相近的"寤"字,應據改。

第三節 探尋成因

現今漢文佛典異文數量龐大,形成的原因也多種多樣,或因形近、或因義近,或因版本,等等,甚至有時如果對其進行仔細考察,還會發

---

① (五代)釋可洪撰:《新集藏經音義隨函錄》,《中華大藏經》第60册,第375頁中欄至下欄。

② 參見韓小荊《〈可洪音義〉研究——以文字爲中心》,第13頁。

現很多異文的形成還帶有一定規律，具有一定的普遍性。對於這些異文，《思溪藏》隨函音義往往能提供一些有益的綫索，幫助我們探求其形成之由。如：

一　因不識俗字形體而誤改者

（1）得㴞，下正作底，丁禮反，崖底也。

按：本條出自《思溪藏》本《道行般若經》卷六隨函音義，對應經文原文作“得底”，原文如下：“弊魔復往到菩薩所，作是詭嬲言：‘佛如空，是經不可得邊幅，不可得極，是經中我悉知已，皆空耳。”《大正藏》本經文原文則作“得極”，校勘記曰：“宋、元、明本作底，宮本作涵。”（T08，p0455b）從上下文義來看，此處義爲“盡頭、終點”，故“極”和“底”均與經義契合。而“宮本作涵”中“涵”無論形體、讀音還是意義皆差別甚大，爲何二者會形成異文呢？對此，《思溪藏》隨函音義爲我們提供了綫索。今查《思溪藏》本對應經文原文正作“底”，又俗書中“氐”常寫作“㢀”，如《可洪音義》卷三《大方等大集經》第廿二卷音義：“摩㢀，丁礼反，又音低，寶星經作麼底。”①據此，竊疑“㴞”爲“底”之俗字，隨函音義作者見到了作“㴞”的此種異文形式，並做出了自己的判定，而後來的佛經刊刻者蓋因不識“㴞”這個俗寫形體，遂臆改作與之形近的“涵”字，從而在此形成了異文。

（2）結縔，而容反。

按：該條出自《思溪藏》本《四分律》卷四一隨函音義，對應經文原文正作“結縔”，原文如下：“時有病比丘身患瘡，污衣臥具，佛言：‘聽畜覆身衣。’或有衣毛結縔著瘡，或時患痛。”今查《大正藏》本對應經文作“結毤”，校勘記曰：“宋、元本作緝；明、宮本作緂。”（T22，p0862c）今考慧琳《一切經音義》對應經卷亦出“結毤”條，其下曰：“《字林》‘而容反’，毛劚也，律文作緝，字書亦韝字，音而

---

①　（五代）釋可洪撰：《新集藏經音義隨函錄》，《中華大藏經》第59冊，第624頁中欄。

用反，案毳飾也。"（T54，p0703c）而《可洪音義》對應經卷則出
"結繸"條，並云："子活反，《經音義》以毲字替之，非也。"① 據此
可知，慧琳雖出"毲"字，但認爲此處在當時看到的經文中有作"緝"
者，在字書中亦寫作"韕"字，表示"案毳飾"也，而可洪則出"繸"
字，認爲《經音義》用"毲"字替之不正確。然"毲"何以會與"緝"
"緵""緝""繸"等在此形成異文呢？對此，隨函音義所出"緝"字
爲我們溝通幾者提供了綫索。如前所述，"緝"應爲"緝"之訛變體，
同爲"韕"之俗字②。據此推知，竊疑佛經刊刻者在摹刻時因不知此
"緝"即"韕"之俗字，蓋一方面回改作"緝"和"緵"，另一方面又
進一步訛變作"緝"和"繸"，從而形成以上多種異文形式。

（3）一朩，介字。

按：本條出自《思溪藏》本《續高僧傳》卷一七隨函音義，今查
《思溪藏》本對應經文原文作"一介"，原文如下："雖未能探龍門而梯
會稽，賦鷦鷯而詠鸚鵡，若求其一介，亦髣髴古人，但深悟聚泡，情悲
交臂。"今《大正藏》本對應經文原文則作"一分"，校勘記稱"分"
字宋、元、明、宮本均作"介"（T50，p0561a）。故"分""朩"和
"介"在此形成異文。究竟何者爲宜呢？對此，《思溪藏》隨函音義可
從，作"介"爲宜。首先，據經文可知，此處表示"一人"，故作"一
介"契合經義。又從其他音義專書來看，今《可洪音義》卷二七《續
高僧傳》第十四卷音義亦出"一朩"條，其下曰："音介。"③ 故可洪所
見的經文中亦有作"朩"者，又考"介"字草書常寫作"夵""夰"④，
則該字正如隨函音義所言，爲"介"草書楷化而形成的俗字。至於異
文中作"分"者，竊疑殆因"分"字草書常寫作"夰""夵"⑤，與
"介"之草書形體近似，刊經者蓋不知"朩"係"介"草書楷化而成的

---

① （五代）釋可洪撰：《新集藏經音義隨函錄》，《中華大藏經》第60册，第30頁下欄。
② 參見本書文字章節中"緝"字條。
③ （五代）釋可洪撰：《新集藏經音義隨函錄》，《中華大藏經》第60册，第480頁中欄。
④ 洪鈞陶編：《草字編》，文物出版社1983年版，第375頁。
⑤ 洪鈞陶編：《草字編》，文物出版社1983年版，第326頁。

俗字，遂誤將其刻作"分"字。

二　因語義、字形相混者

（1）山**岨**，下正作阻，險也。

按：本條出自《思溪藏》本《六度集經》卷五隨函音義，對應經文作"山阻"，原文如下："會舅王死，無有嗣子，臣民奔馳，尋求舊君，於彼山阻，君臣相見，哀泣俱還。"《大正藏》本對應經文亦同，校勘記云"阻"元、明本作"岨"（T03，p0027a）。故"阻""岨"與"岨"在此形成異文。今查《可洪音義》對應經卷亦出"山岨"條，並曰："側所反，正作阻。"[1] 據此，此處經文中還有作"岨"者。推其形成異文之由，竊以爲"阻"和"岨"蓋因義近而致，因爲就經文意思而論，此處正如《思溪藏》隨函音義所云，表示"險要"，形容地勢的情形，"阻"和"岨"於此皆協。至於"**岨**"和"岨"爲何與前二者形成異文，竊疑殆因形體近似"岨"與此二者混同，佛經刊刻者不明乎此，又臆改作與之相近的"**岨**"字，故幾者在此形成異文。

（2）垢**坋**，下亦或作圿，古八反，垢，惡也，經或作**坆**、坏，並傳寫誤也。

按：本條出自《道行般若經》卷六隨函音義，對應經文作"垢圿"，原文如下："所斐服衣被淨潔，無垢圿，無蚤蝨，身中無八十種虫。"《大正藏》本對應經文原文則作"垢坋"，校勘記云"坋"字宋、元、明、宮、聖本均作"圿"（T08，p0454b）。故"坋""圿"與"**坆**""坏"在此形成異文。

今查《可洪音義》對應經卷下亦有"垢坋"條，其下曰："上古口反，下步悶反，塵著物也，正作坌也，又或作圿，古點反。"[2]《龍龕手鏡·土部》："坌，今；坋，正，蒲悶反，塵也，又扶悶反，地也，又房粉反。"[3] 故"垢坋"表示"污垢，塵土"。又《廣韻·點韻》古點

① （五代）釋可洪撰：《新集藏經音義隨函錄》，《中華大藏經》第 59 冊，第 766 頁中欄。
② （五代）釋可洪撰：《新集藏經音義隨函錄》，《中華大藏經》第 59 冊，第 581 頁中欄。
③ （遼）釋行均編：《龍龕手鏡》，第 250 頁。

切："圿，垢圿。"① 可見"垢圿"二字同義連文表示"污垢"。

故推其形成異文之由，竊以爲"坋"和"圿"蓋因義近而致，因爲從上下文經義來看，此處"垢圿""垢坋"表示"污垢，塵土"來形容衣服被子的衛生狀況於此皆恊。至於"圿"和"坏"爲何與前二者形成異文，竊疑殆因佛經刊刻者不識"圿"爲"坋"之俗寫形體②，故臆改作與之相近的常見字形"圿"和"坏"，正如隨函音義所稱"並傳寫誤也"。

（3）垢圿，下古八反，或作圿同。

按：本條出自《思溪藏》本《增壹阿含經》卷二六隨函音義，今查《思溪藏》本對應經文文字作"垢坋"，原文如下："云何爲五？一者華萎；二者衣裳垢坋；三者身體污臭。"《大正藏》本對應經文原文亦同，校勘記稱元、明本作"圿"（T02，p0693c）。故"圿"和"坋"在此形成異文。究竟作何者爲是呢？如上條所言，"垢圿"表示"污垢"，"垢坋"表示"污垢，塵土"，故此處來形容衣服的衛生狀況的話，"垢圿"爲宜。那麼，二者何以成爲異文呢？對此，《思溪藏》隨函音義提供了重要綫索。正如前文所言，"分"字草書與"介"之草書形體近似，在俗書中二者常常混同，故隨函音義云此處"或作圿同"，因此我們大致可以推測，此處經文刊刻者不明"圿"爲"圿"之俗字，誤認爲其爲部件"分"草書俗寫而成的俗體，故又回改至"坋"。

三 因語音而相混者

（1）稠稤，上直流反，下直利反，正作緻。

按：此條出自《思溪藏》本《大智度論》卷三五隨函音義，《思溪藏》對應經文原文正作"稤"，原文如下："今此名爲假喻，所以不以餘物爲喻者，以此四物叢生稠稤，種類又多故。"《大正藏》本對應經文原文則作"緻"，校勘記稱宮本作"稤"，石本作"稺"（T25，p0320b）。今查《廣韻·至韻》："緻，密也，直利切。"③ 又從上下文

---

① （宋）陳彭年等編：《宋本廣韻》，第333頁。
② 參見本書文字章節"圿"字條。
③ （宋）陳彭年等編：《宋本廣韻》，第469頁。

經義看，此處義爲"稠密"，故"緻"於此契合經義，隨函音義所云可從，此處"正作緻"。然此處爲何會誤作"稺""穉"呢？查《龍龕手鏡·禾部》："穉稺，俗；稺，正，直利反，晚禾也。"① 與"緻"讀音完全相同。據此，"緻"因語音相同而與"稺""穉"形成異文。

（2）潢水，音黃，積也，池也，污水也，論中誤作汪水，非。

按：該條出自《思溪藏》本《分別功德論》卷二隨函音義，對應經文作"潢水"，原文如下："昔有二比丘共至佛所，路經廣澤，頓乏漿水，時有小池潢水，衆蟲滿中。"今《大正藏》本對應文字作"汪水"，校勘記曰"汪"字，宋、元、明、宮本皆作"潢"（T25，p0036b）。究竟此處作"潢水"還是"汪水"呢？從經義來看，此處表示"積水"，今查"潢"，《說文·水部》："積水也，從水黃聲。"②《龍龕手鏡·水部》："音黃，積水池也，又去聲，染~也。"③ 而"汪"，《說文·水部》："深廣也，一曰汪池也。"④《龍龕手鏡·水部》："烏光反，渟水也，又水深廣大也，又姓。"⑤ 又玄應《一切經音義》對應經卷下有："烏黃反，《通俗文》'亭水曰汪'，汪，池也，《說文》'汪，深廣也'。"（C057，p0038a）《可洪音義》對應經卷亦出"汪水"條，其下曰："上烏光反。"⑥ 據此，故就經義而論，二者於此皆契合經義，難以取捨。然二者爲何在此形成異文呢？竊疑蓋因二者讀音相近故發生混同。隨函音義云"潢，音黃"，今查"潢"，《廣韻·唐韻》胡光切："《說文》'積水池也'。"⑦《集韻·唐韻》胡光切："《說文》'積水也'。"⑧ 又"汪"，《廣韻·唐韻》烏光切："水深廣。"⑨《集韻·唐

---

① （遼）釋行均編：《龍龕手鏡》，第145頁。
② （漢）許慎撰，（宋）徐鉉校定：《說文解字》，第232頁。
③ （遼）釋行均編：《龍龕手鏡》，第227頁。
④ （漢）許慎撰，（宋）徐鉉校定：《說文解字》，第229頁。
⑤ （遼）釋行均編：《龍龕手鏡》，第227頁。
⑥ （五代）釋可洪撰：《新集藏經音義隨函錄》，《中華大藏經》第60冊，第176頁中欄。
⑦ （宋）陳彭年等編：《宋本廣韻》，第161頁。
⑧ （宋）丁度等編：《宋刻集韻》，第66頁。
⑨ （宋）陳彭年等編：《宋本廣韻》，第162頁。

韻》烏光切："《説文》'深廣也，一曰池也'。"① 可見"潢"屬於匣母唐韻，"汪"屬於影母唐韻，二者聲近韻同，讀音相似。在現今湘方言中，"黄""王"讀音就相同，亦可資爲證。

（3）莚蔓，上羊羨反，下音万，～～，不斷兒也。

按：該條出自《思溪藏》本《法句譬喻經》卷三隨函音義，對應經文作"莚蔓"，原文如下："爾時普安王者，我身是也；四王者，汝四人是也。前已論之，今故不解，生死莚蔓，何由休息？"而《大正藏》本對應經文則作"莚蔓"，校勘記云"莚"聖本作"延"（T04，p0595c）。那麼，爲何"莚"在此與"延"形成異文呢？所幸隨函音義給我們提供了綫索。故從上下文經義看，此處正如隨函音義所云表示"不斷兒也"，今考《龍龕手鏡·艸部》："莚，余戰反，蔓～也，又平聲，草名。"② 據此，作"延"與"莚"均與經義契合。又隨函音義所出"莚"字乃"莚"之俗字，如漢碑《靈臺碑》寫作"莚"，其下有"《隸釋》云'莚即延字'"③，可資爲證。又顧藹吉在"莚"下按："《爾雅·釋言》注'蔓莚'，《釋文》云'莚'本今作'延'，'莚'與'延'蓋通用。"④ 由此推知，"延"與"莚"因讀音相同，在經典中通用已久，故在此也形成了異文。

（4）衣變，上思叶反，正作㲲，履属也，作變，～，和也，非此用，經多作變，誤之甚矣。

按：本條出自《思溪藏》本《中阿含經》卷三七隨函音義，今查對應經文原文文字作"衣㲲"，原文如下："以裂裳巾裹頭，拄杖持繖，著白衣㲲，不從門入，至仙人住處靜室經行。"《大正藏》本對應經文文字則正如隨函音義所言作"變"，校勘記曰："變，宋、元本作㲲，明本作㲲。"（T01，p06656）故"㲲""㲲"和"變"在此形成異文，究竟何者爲是呢？從經義來看，該詞在此處表示衣服穿戴方面的事物，

---

① （宋）丁度等編：《宋刻集韻》，第66頁。
② （遼）釋行均編：《龍龕手鏡》，第261頁。
③ （清）顧藹吉編：《隸辨》，第45頁。
④ （清）顧藹吉編：《隸辨》，第45頁。

隨函音義云表示"履属也"可從,今考《廣韻·帖韻》蘇協切:"燮,和也。"①《玉篇·又部》:"燮,素協切,和也,大熟也。"② 於此與經義不協。又查《廣韻·帖韻》蘇協切:"屧,屜也,履中薦也。"③《玉篇·尸部》:"屧,先篋切,履中薦也。或作屟。"④ 故"屧""屧"均爲"屧"之俗寫形式,與經義契合。至於《大正藏》本經文原文作"變",正如隨函音義言"誤之甚矣",然而爲何會寫作"變"呢?對此,隨函音義也爲我們提供了重要的綫索,原來此處有如隨函音義詞條一樣作"燮"者,該字在《廣韻》中與"屧"同讀爲"蘇協切",故在此處產生混用,從而形成異文,其後刊經者不明所以,又進一步訛刻爲與之形近的"變"字。

第四節　印證異文

衆所周知,《大正新修大藏經》作爲現今國際最通行的佛經版本,最爲學界稱道的就是它以高麗藏爲底本,廣搜異本、勘出異同,形成了一份十分詳細的校勘記,爲漢文佛典的整理研究提供了十分珍貴的資料。而《思溪藏》隨函音義亦有不少條目對佛經異文進行列舉和判定,這些異文材料無疑可與《大正藏》校勘記的記載相得益彰,相互印證。如:

(1) 相揱,下直庚反,正作撜。

按:該條出自《思溪藏》本《諸經要集》卷七隨函音義,今查《思溪藏》本對應經文原文作"相振",原文如下:"或有以衣自覆而悲泣者,譬如大風鼓扇,林樹枝柯相振。"《大正藏》本對應經文原文則作"相敤",校勘記稱"敤"字宋、元、明本均作"振",宮本作"揱"(T54,p0063b)。據此,《思溪藏》隨函音義所出"揱"字與宮本異文

① (宋)陳彭年等編:《宋本廣韻》,第522頁。
② (梁)顧野王著,(宋)陳彭年等修訂:《大廣益會玉篇》,第33頁。
③ (宋)陳彭年等編:《宋本廣韻》,第522頁。
④ (梁)顧野王著,(宋)陳彭年等修訂:《大廣益會玉篇》,第56頁。

相合，此處的確有作"覐"者。

又從上下文經義來看，此處"相斀"表示由於大風吹而樹枝等"相互撞擊，相互接觸"，又該字大型字典未收錄，今考《可洪音義》卷一七《薩婆多部毗尼摩得勒》第六卷音義："相斀，宅耕反。"① 故竊疑"斀"爲"斀"之俗寫手書訛變體，其本字應爲"樘"字②。而隨函音義云"正作撐"中"撐"亦爲"樘"之木旁與手旁相互形成的俗字③，至於"覐"和"振"蓋爲因其讀音與"樘"相近而形成的異文形式。

（2）莲，初瘦反，齊也，充也。

按：該條出自《思溪藏》本《續高僧傳》卷一四隨函音義，今查《思溪藏》本對應經文原文有"乃度爲弟子，荷擔陪隨，遊栖宮闕，講悟談述，皆造下筵欣敘玄奧"等句，即此字所出。而《大正藏》本對應經文原文則作"筵"，校勘記稱"筵"字宋、元、明、宮本均作"造"（T50，p0532c）。今考《龍龕手鏡·竹部》："莲，初救反，薺也。"④《廣韻·宥韻》初救切："莲，莲倅，一曰齊也。"⑤ 據此，"莲"應爲"筵"之俗字，《思溪藏》隨函音義所出"莲"字與《大正藏》本經文原文相合，此處經文確有作"莲"者。又從上下文經義來看，此處表示"到筵席下位談論深奧的義理"，故該處作"造"爲宜。"莲"蓋因形體近似而在此與"造"形成異文。

（3）有伏，一本作汏，音太。

按：本條出自《思溪藏》本《續高僧傳》卷一五隨函音義，今查《思溪藏》本對應經文原文作"有伏"，原文如下："當發言訖，舌出三尺，鼻眼兩耳並皆流血，七日不語。有伏律師，聞其撥略大乘，舌即挺出，告曰：'汝大癡也。'"今《大正藏》本對應經文原文則作"有

---

① （五代）釋可洪撰：《新集藏經音義隨函錄》，《中華大藏經》第60冊，第70頁下欄。
② 韓小荊：《〈可洪音義〉研究——以文字爲中心》，第383頁。
③ 韓小荊：《〈可洪音義〉研究——以文字爲中心》，第383頁。
④ （遼）釋行均編：《龍龕手鏡》，第393頁。
⑤ （宋）陳彭年等編：《宋本廣韻》，第415頁。

汏”，校勘記曰：“宋、元、明、宫本作伏。”（T50，p0539b）據此，《思溪藏》隨函音義云“一本作汏”與《大正藏》本經文原文契合，此處確有作“汏”者。又查《可洪音義》卷二七《續高僧傳》第十四卷音義亦出“有汱”條，其下有：“音太，僧名，又古大反。”[①] 亦可資爲證。至於該處作何者爲宜，殆因該字在此處表僧名，重在表音，暫時無法判定。

（4）䕫，具惟反。

按：本條出自《思溪藏》本《續高僧傳》卷二一隨函音義，今查《思溪藏》本對應經文原文有“鴻臚蘇夔，學高前古，舉朝冠蓋，稟宗師訓，爲舟爲梁”等句，即此字所出。今《大正藏》本對應經文原文則作“䕫”，校勘記稱：“宫本作蘷。”（T50，p0590a）故該處出現了幾種異文形式，此處到底爲何字呢？《思溪藏》隨函音義給我們提供了綫索。從上下文經義來看，該字在此處表示的是人名，又據《思溪藏》隨函音義對應的經文原文及讀音“具惟反”，當爲“夔”字，故《大正藏》經文原文之“䕫”與校勘記云宫本之“蘷”，顯然均爲“夔”之俗字形体。又查《可洪音義》卷二七《續高僧傳》第二十一卷音義亦出“蘇夒”條，其下有：“其追反。”[②] 與隨函音義“具惟反”讀音相同，與隨函音義所出“䕫”字形體近似，二者均爲“夔”之訛，亦可資爲證。

（5）干消，二字正作乾痟。負責，下正作債。

按：此二條出自《思溪藏》本《五分律》卷二九隨函音義，今查《思溪藏》本對應經文原文有“女人有如是病：癩病、白癩病、乾痟病、癲狂病、癰疽、漏病、脂出病，如是等重病，汝有不？不負債不？非他婦不？”即此二條所出。今《大正藏》本對應經文原文與之相同，校勘記稱上揭經文中“乾痟”聖本作“干消”，“債”聖本作“責”（T22，p0187c）。據此，聖本異文與《思溪藏》隨函音義所出詞條詞頭

---

① （五代）釋可洪撰：《新集藏經音義隨函録》，《中華大藏經》第60册，第477頁上欄。
② （五代）釋可洪撰：《新集藏經音義隨函録》，《中華大藏經》第60册，第484頁中欄。

完全相同，二者可相互印證。至於該處作何者爲宜，因前者“干消”
爲疾病名稱，重在表音，後者“責”和“債”在古漢語中多係古今字，
故暫時難以取捨，無法判定。

（6）㰖，七乱反，正作鑽。

按：該條出自《思溪藏》本《正法念處經》卷七隨函音義，今查
《思溪藏》對應經文原文正作“㰖”，原文如下：“閻魔羅人以鐵炎㰖，
㰖置河中。彼若欲出，足則爛熟。”而《大正藏》本對應經文原文則作
“欑”，校勘記稱“欑”字宋、宮本均作“㰖”（T17，p0037c）。又
“㰖”爲“欑”之俗體①，又查《可洪音義》卷一三《正法念處經》第
七卷音義：“餤欑，上羊奄反，又音焰，下倉乱反。”② 故可洪所見經文
中此處亦作“欑”，則《大正藏》經文正文作“欑”煥然冰釋，該字爲
“欑”之常見俗寫形式，《思溪藏》隨函音義和經文原文所出“㰖”者，
爲“欑”在俗書中的進一步訛變體，與《大正藏》校勘記中宋本和宮
本相合，此処确有作“㰖”者。

（8）塵網，應師音義正作細麁。

按：此條出自《思溪藏》本《中阿含經》卷二四隨函音義，可是
遍檢現今《玄應音義》各版本的對應經卷，均未發現《玄應音義》對
應經卷中有該詞條。今查《思溪藏》本對應經文文字正作“塵網”，原
文如下：“我此身中有髮、髦、爪、齒、塵網、薄膚、皮、肉、筋、
骨、心、腎、肝。”又查現今《大正藏》本對應於經文則作“麁細”，
校勘記稱“麁細”宋本作“塵網”（T01，p0583b）。據此，《大正藏》
校勘記所載不虛，《思溪藏》隨函音義和對應經文原文中確有作“塵
網”者。

（9）薉微，上元音士敢反，正作薉。

按：此條出自《思溪藏》本《漸備一切智德經》卷一隨函音義，
今查《思溪藏》本對應經文原文有“普諸佛界廣狹麁微，大小所現，

---

① 參見本書文字章節“㰖”字條説解。
② （五代）釋可洪撰：《新集藏經音義隨函録》，《中華大藏經》第59册，第1062頁下欄。

133

有量無量”等句，即此條隨函音義所出。今查《大正藏》本對應經文原文與之同，校勘記稱“龐”字宮本作“蘓”（T10，p0462a）。又查《可洪音義》卷四中《漸備一切智德經》第一卷音義：“龘微，上倉胡反，大也，物不精也，正作龐、龗二形，渾家藏作蘓，同音龐。”① 據此，《思溪藏》隨函音義與《大正藏》校勘記中所載宮本、《可洪音義》所載渾家藏相合，此處確有作“蘓”者。

---

① （五代）釋可洪撰：《新集藏經音義隨函錄》，《中華大藏經》第59冊，第670頁中欄。

第六章 《思溪藏》隨函音義的
文字學研究

近年來，漢語俗字研究方興未艾，衆多疑難俗字紛紛得到了考證和辨析，這對於漢語俗字研究、大型字典的編纂以及相關典籍的校勘整理具有重要的意義。與此同時，佛經音義在疑難俗字的收録和整理上的價值越來越受到學界的重視，相關研究成果正源源不斷地產生，但這些成果主要集中在音義專書方面，而分布於經律論三藏中爲數衆多的隨函音義迄今尚未引起足夠的關注。其實這些隨函音義爲方便普通信衆閱讀而作，其主要內容就是對佛經中的疑難字詞進行解釋，對佛經異文進行辨析，因此《思溪藏》隨函音義中不僅保存有衆多的俗字形體、時音、時義的記載，還有對這些釋義和字形進行的辨析，這爲漢語史研究提供了一批真實而鮮活的材料。其中就文字研究而言，由於隨函音義采取隨經注釋的形式，所收録的疑難俗字都是從附載的經卷中摘録出來的，更容易還原到佛經原文中去，因此這些疑難俗字更容易識別，也更具有生命力。鑒於此，下面我們就以《思溪藏》隨函音義爲例，擬從近代漢字研究、大型字典編纂角度來揭示其價值，以便更好地發揮其作用。

第一節 《思溪藏》隨函音義與近代漢字研究

一 收録了大量近代漢字的異體俗字

《思溪藏》隨函音義隨函（卷）而作，主要目的就是爲了方便人們閱讀和理解該函（卷）佛經，因此，掃清文字障礙是隨函音義首當其衙的主要任務，收録和辨析異體俗字形體就成爲隨函音義中一個十分普遍的現象。我們在《思溪藏》隨函音義中發現，這些數量衆多的隨函音義雖然條目多有重複，但是由於其數量十分龐大，除去重複的條目，其收録的近代漢字的異體俗字形體還是非常豐富的，不僅很多條目的字頭即是近代漢字的異體俗字，而且字頭下的説解中也提到了當時隨函音義作者所見到的俗字形體，爲近代漢字的研究提供了極其豐富的材料。下面我們就略舉幾例，以窺其一斑：

【喪】

（1）《思溪藏》本《佛本行集經》卷二九隨函音義："㘧失，上蘇浪反。"

（2）《思溪藏》本《方廣大莊嚴經》卷五隨函音義："夭喪，上於小反，下蘇浪反。"

（3）《思溪藏》本《舍利弗阿毗曇論》卷五隨函音義："㘧，蘇浪反。"

（4）《思溪藏》本《六度集經》卷一隨函音義："㘧，蘇浪反。"

（5）《思溪藏》本《根本説一切有部毗奈耶》卷三五隨函音義："夭㘧，上於小反，下蘇浪反，正作喪。"

（6）《思溪藏》本《釋迦譜一卷》隨函音義："㘧，正作喪，蘇浪反，"

（7）《思溪藏》本《廣弘明集》卷一〇隨函音義："國喪，下正作㘧，蘇浪反。"

（8）《思溪藏》本《法苑珠林》卷四二隨函音義："㘧，息浪反。"

（9）《思溪藏》本《緣本致經》隨函音義："㘧㘧，二同，蘇浪反。"

（10）《思溪藏》本《佛説尸迦羅越六方禮經》隨函音義："㘧亡，上蘇浪反。"

（11）《思溪藏》本《增壹阿含經》卷三六隨函音義："㘧，蘇浪反。"

（12）《思溪藏》本《增壹阿含經》卷二六隨函音義："㘧，蘇浪反，～亡。"

（13）《思溪藏》本《手杖論》隨函音義："淪崫，上音倫，沉～；下蘇浪反，亡～。"

【完】

（1）《思溪藏》本《賢愚經》卷一〇隨函音義："兒完，二同，戶官反。"

（2）《思溪藏》本《雜寶藏經》卷二隨函音義："兒完，慧官反，二同，下正。"

（3）《思溪藏》本《經律異相》卷六隨函音義："兒完，二同，惠官反。"

（4）《思溪藏》本《諸經要集》卷八隨函音義："完具，上戶官反，～，全也，亦作兒。"

【兒】

（1）《思溪藏》本《大唐内典録》卷三隨函音義："形𥤎，下兒字。"

（2）《思溪藏》本《開元釋教録》卷一六隨函音義："相𤠔，上去聲，下兒字。"

（3）《思溪藏》本《續高僧傳》卷三一隨函音義："𤡬儀，昨來反。"

（4）《思溪藏》本《廣弘明集》卷四隨函音義："𥤎取，上兒字。"

（5）《思溪藏》本《增壹阿含經》卷三二隨函音義："𤡬𤠔，兒字。"

（6）《思溪藏》本《中阿含經》卷二隨函音義："狠，正作貌，音兒字。"

（7）《思溪藏》本《大莊嚴經論》卷八隨函音義："貌狼，兒字，上正。"

（8）《思溪藏》本《顯揚聖教論》卷一二隨函音義："𤡬狠，二兒字。"

【葬】

（1）《思溪藏》本《優婆塞戒經》卷五隨函音義："殯𡎊，上必下

137

（刃）反，下子浪反。"

（2）《思溪藏》本《長阿含經》卷三隨函音義："墊墊，子浪反，二同。"

（3）《思溪藏》本《經律異相》卷一六隨函音義："殯墊，上必刃反，下葬字。"

（4）《思溪藏》本《出三藏記集》卷一五隨函音義："窆墊，上彼驗反。"

（5）《思溪藏》本《高僧傳》卷一〇隨函音義："葬狋，上子浪反，下徒昆反，上又作墊。"

【匹】

（1）《思溪藏》本《六度集經》卷五隨函音義："正迋匹，三並疋字，匹正文。"

（2）《思溪藏》本《經律異相》卷二三隨函音義："远，正作匹，疋字。"

（3）《思溪藏》本《經律異相》卷三一隨函音義："匹疋，二同用。"

（4）《思溪藏》本《諸經要集》卷六隨函音義："远匹，疋字，下正。"

（5）《思溪藏》本《集神州三寶感通録》卷上隨函音義："远匹，疋字，上非。"

（6）《思溪藏》本《弘明集》卷四隨函音義："远，疋字。"

【瘦】

（1）《思溪藏》本《陀羅尼雜集》卷二隨函音義："瘦瘦，二同，瘦字是正。"

（2）《思溪藏》本《出三藏記集》卷一〇隨函音義："瘦哉，上所愁反，癙也。"

（3）《思溪藏》本《廣博嚴淨不退轉輪經》卷三隨函音義："瘦瘦，二同，所皺反，下正用。"

（4）《思溪藏》本《六度集經》卷五隨函音義："瘦疵，上瘦字，下即斯反，病也。”

（5）《思溪藏》本《增壹阿含經》卷四一隨函音義：“瘦瘦，二同，瘦字。”

（6）《思溪藏》本《中阿含經》卷四二隨函音義：“瘦瘦，二同。”卷二一隨函音義：“瘦瘦，二同。”卷二二隨函音義：“瘦瘦，二同。”

【叟】

（1）《思溪藏》本《廣弘明集》卷五隨函音義：“李俊，下叟字，～～，老子也。”

（2）《思溪藏》本《廣弘明集》卷六隨函音義：“凡叟，下叟字。”

（3）《思溪藏》本《十地經論》卷一隨函音義：“搜搜，二同。”

【寢】

（1）《思溪藏》本《出三藏記集》卷一一隨函音義：“寢寢，上七錦反，下尺呂反。”

（2）《思溪藏》本《增壹阿含經》卷三一隨函音義：“寢寐，上七錦反，下密二反。”

（3）《思溪藏》本《方廣大莊嚴經》卷二隨函音義：“寢寐，上七錦反，下密二反。”

二 有利於探尋俗字形成規律

如前所述，《思溪藏》收錄辨析了大量近代漢字的異體俗字，爲近代漢字的研究提供了豐富的資料，與此同時，這些多樣化的俗字形體也爲我們探尋漢語俗字的形成規律提供了許多有價值的材料。首先，俗書中有一類俗字是因某一部件的俗寫而產生的，而且這一俗寫規律導致具有共同俗寫部件的一系列俗字的產生，這種情況在《思溪藏》隨函音義俗字中十分普遍。我們先看下面這些例子：

（1）《思溪藏》本《法華經》卷六隨函音義：“殺徙，下斯紫反。”

（2）《思溪藏》本《維摩詰所説經》卷上隨函音義：“多翅，下音施，去聲。”

（3）《思溪藏》本《説無垢稱經》卷一隨函音義：“庚多，於主反。"

（4）《思溪藏》本《大乘大悲分陀利經》卷一隨函音義："㢱，丁可反，又丁賀反，通用。"

（5）《思溪藏》本《四分律》卷四三隨函音義："䣛俀，上呼兮反，下昌爾反。"

（6）《思溪藏》本《雜譬喻經一卷》隨函音義："眵，尺之反。"

（7）《思溪藏》本《思惟要略法》隨函音義："眵淚，上尺之反。"

（8）《思溪藏》本《廣弘明集》卷三隨函音義："夥，音禍，楚人云多曰～也。"

（9）《思溪藏》本《廣弘明集》卷一九隨函音義："迻之，上音移，遷也。"

（10）《思溪藏》本《增壹阿含經》卷廿八隨函音義："猥夛，上烏每反。"

（11）《思溪藏》本《中阿含經》卷二二隨函音義："牟㢱，下丁可、丁賀反通呼。"

通過上述例子可以看出，"多"在俗書中常俗寫作"夛"，帶有"多"的字形"移""㢱""㢱""眵""夥"和"迻"便類化俗寫作"䅥""㢱""俀""眵""夥"和"迻"。

又如下面這些例子：

（1）《思溪藏》本《諸經要集》卷六隨函音義："騶騶，二同，側愁反，神獸也。"

（2）《思溪藏》本《僧伽羅刹所集佛行經》卷二隨函音義："皺，責瘦反。"

（3）《思溪藏》本《大周刊定衆經目録》卷一隨函音義："郰，側愁反。"

（4）《思溪藏》本《開元釋教録》卷一隨函音義："郰，測愁反。"

我們發現，上述例子中都有一個部件"芻"，此即爲"芻"之俗寫形式，追溯其緣由，蓋因"芻"在俗書中常寫作"刍"，"刍"等形體，其中上部構件俗書或用"マ""ク"等省替符代替，於是便有了"刍"、

"甬"、"甾"等俗體①，這種寫法在《思溪藏》隨函音義的俗字中經見，因此帶有"爲"之"驪""皼"和"鄒"便類化俗寫作"騳""皼"和"鄒"。

再看下面這些例子：

（1）《思溪藏》本《衆經目録》卷五隨函音義："厷，底字。"

（2）《思溪藏》本《大周刊定衆經目録》卷七隨函音義："刄砥，下音紙。"

（3）《思溪藏》本《續高僧傳》卷三隨函音義："砥礪，旨例二音，磨石也。"

（4）《思溪藏》本《集佛道論衡實録》卷一隨函音義："砥，音紙，磨石也。"

（5）《思溪藏》本《開元釋教録》卷一隨函音義："邲鄒，上布巾反，下音底，諸經多作遲音呼。"

（6）《思溪藏》本《開元釋教録》卷一隨函音義："互羌，上音厷，或作氏，下苦良反，戎名。"

（7）《思溪藏》本《開元釋教録》卷一三隨函音義："邲鄒，上布巾反，下音底，諸經皆作直尼反。"

（8）《思溪藏》本《續高僧傳》卷五隨函音義："西鄒，下音底。"

（9）《思溪藏》本《開元釋教録》卷一二隨函音義："俱胝，下珍遲反。"

（10）《思溪藏》本《集神州三寶感通録》卷上隨函音義："拞，音底。"

（11）《思溪藏》本《集神州三寶感通録》卷中隨函音義："大拞，音底。"

（12）《思溪藏》本《雜譬喻經一卷》隨函音義："拞突，上音突。"

（13）《思溪藏》本《雜譬喻經》卷上隨函音義："厷仰，上正作厷，下魚兩反。厷昂，下正作昂，吾剛反。"

———————————

① 張涌泉：《漢語俗字研究》，商務印書館 2010 年版，第 78 頁。

　　在上述隨函音義的例子中，我們可以發現很多俗字具有一個共同的構件"玄"，即"氏"字的俗寫形式，溯其緣由，蓋因俗書"氏"常寫作"互"，如《干祿字書》："互氏，上通下正。"再進一步訛變作"玄"，这在《思溪藏》隨函音義帶有"氏"部件的俗字中很常見，因此便有了"庢""砥""邳""挋""胝""伿"等形體。

　　又如"君"字，在俗書中往往寫作"君"，如《思溪藏》本《廣弘明集》卷二五隨函音義："虐君，上魚卻反，暴。"了解了這一規律，一些疑难俗字在考辨時就能清楚地識別出來，如：

【羣】

　　《思溪藏》本《釋迦譜》卷四隨函音義："羣僚，下音寮，官~也。"今查《思溪藏》本對應經文作"羣僚"，原文如下："王聞是語，喜不自勝，躬自出迎，前爲作禮，敷施高座，請令就坐，即集羣僚，前後圍繞。"《大正藏》本對應經文則作"群僚"（T50，p0036c）。據此，"羣"乃"羣"之俗字，當是手書訛寫所致。又《思溪藏》本上揭《釋迦譜》經文同卷下亦有"爾時，諸王百官羣臣見王如是，啼哭懊惱宛轉在地"等句，其中"羣臣"即"羣臣"，亦爲同樣的俗寫形體。

【窘】

　　《思溪藏》本《續高僧傳》卷一四隨函音義："孤窘，下具殞反，急迫也。"今查《思溪藏》本對應經文原文有"釋慧瑜，姓岑氏，少孤窘，三歲二親俱喪"等句，即此條所出。《大正藏》本對應經文原文同。又如上條所考，"君"字在俗書中常寫作"君"，故該條隨函音義所出"窘"爲"窘"之俗字。

【頵】

　　《思溪藏》本《續高僧傳》卷一四隨函音義："頵，於倫反。"今查《思溪藏》本對應經文原文有"唐京師崇義寺釋慧頵傳四"，即此字所出。今《大正藏》本對應經文原文則作"頵"（T50，p0531b）。又《思溪藏》本上揭經文下同頁亦有"唐蘇州通玄寺釋慧頵傳七"，爲相同的俗寫形體。據此，"頵"爲"頵"之俗字無疑，亦爲"君"俗寫作"君"所致。

【麐】

該字形見於《思溪藏》本《弘明集》卷一隨函音義，其下曰：
"麐，俱閩反。"今《思溪藏》本對應文字作"麔"，原文如下："見者
曰：'麟麔身牛尾鹿蹄馬背。'"《大正藏》本對應經文原文亦同。據此，
"麐"當爲"麔"之俗字，亦因"君"在俗書中寫作"启"而成。

【焄】

此字見於《思溪藏》本《弘明集》卷三隨函音義，其下曰："焄，
詡云反。"今《思溪藏》本對應經文原文有"爲勸化之本，演焄蒿之
答，明來生之驗"等句，即此字所出。《大正藏》本對應經文原文亦
同。故"焄"顯然亦爲因"君"俗寫爲"启"而形成的俗字。

【捃】

此字見於《思溪藏》本《別譯雜阿含經》卷一〇隨函音義，其下
有"捃拾，上居運反"。今《思溪藏》本對應經文原文文字正作"捃"，
原文如下："貧窮捃拾活，以用養妻子，淨心割少施，其福無有量。"
《大正藏》本對應經文原文則作"捃"（T02，p0473b）。故"捃"爲
"捃"之俗字，亦爲因"君"俗寫爲"启"而成。

還有因字形的行草書寫方式而形成俗字者，如"緩"字，《思溪
藏》本《雜譬喻經》卷下隨函音義："緩，玄伴反，寬~也。"而今查
《思溪藏》本對應經文原文作"緩"，《大正藏》本對應經文則作
"緩"。又如"券"字，《思溪藏》本《十誦律毗尼序》卷下隨函音義：
"券券，丘願反，上正下俗。"而今查《思溪藏》本對應經文原文作
"佛言有手執券處界內。"《大正藏》本對應經文原文亦同。

又如，"朮"字，《思溪藏》本《高僧傳》卷五隨函音義："朮懷，
上介字。"今查《思溪藏》本對應經文原文作"介懷"。又《思溪藏》
本《續高僧傳》卷一七隨函音義："一朮，介字。"今查《思溪藏》本
對應經文原文作"一介"。在"朮"字的基礎上又有"坺""朮"字，
如《思溪藏》本《增壹阿含經》卷三〇隨函音義："垢坺，下古八反，
與坺同。"又如《思溪藏》本《中阿含經》卷三九隨函音義："朮芥，
二同。"《中阿含經》卷三六隨函音義："纖芥，上息廉反，~，細也；

143

下或作茉。"《中阿含經》卷二二隨函音義:"纖茶,上息廉反,細也;下芥字同。"

還有一些手寫體的俗字也保留在《思溪藏》隨函音義中,如:

(1)《思溪藏》本《集沙門不應拜俗等事》卷五隨函音義:"窈宾,上煙曉反,正作杳,~~,深遠之兒也。"

(2)《思溪藏》本《廣弘明集》卷八隨函音義:"斯宇,下寂字。"

(3)《思溪藏》本《歷代三寶記》卷七隨函音義:"昝,下音篤。"

(4)《思溪藏》本《歷代三寶記》卷七隨函音義:"踧踖,上子六反,下子昔反。"

其次,在俗書中,我們知道有很多偏旁由於形體近似而互混,如"氵"和"冫"、"亻"和"彳"等,這種偏旁互混往往帶有一定的規律性,從而產生許多俗字形體。《思溪藏》隨函音義中就有一些俗字是由於形體近似互混而產生的。因此,利用這些規律可對我們考辨一些俗字提供幫助,茲列舉幾例如下:

(一)【貴】與【責】

"貴"與"責"由於形體近似,在俗書中每每相亂,從而形成訛俗字。這在《思溪藏》隨函音義中經見,例如:

(1)憒鬧,上俱妹反。

按:此條出自《思溪藏》本《十誦律》卷五四隨函音義,其中"憒"音"俱妹反"令人生疑,今查《思溪藏》對應經文原文有"若亂語憒鬧時,擯比丘,得名擯不"等句,即此字所出。《大正藏》本亦與之同。故此處"憒"爲"憒"之訛。

(2)隤,徒回反。

按:此條出自《思溪藏》本《根本說一切有部毗奈耶雜事》卷四〇隨函音義,今《思溪藏》本對應經文作"隤壞",原文如下:"如第二佛入般涅槃,頓於今時法山隤壞,法船傾没,法樹崩摧。"《大正藏》本亦與之同。此處"隤"即爲"隤"字之誤,亦可資比勘。

(二)【山】與【止】

"山"和"止"旁由於形體相近,在俗書中亦容易相混,在《思溪藏》隨函音義中就有很多俗字形體是因二者相混而形成的。例如：

（1）𡐔鋼，二同，音剛，正作鋼，硬鐵也。

按：此條出自《思溪藏》本《道行般若經》卷六隨函音義，今《思溪藏》本對應經文原文有"弊魔大愁毒，言：'是菩薩心如鋼鐵不可轉'"等句，即此字所出。《大正藏》本對應經文則作"剛"，校勘記稱"剛"字宋、元、明、宮本均作"鋼"（T08，p0455c）。據此，上揭經文有"剛"和"鋼"兩種異文形式，隨函音義所出"𡐔"爲"剛"字之俗，而"鋼"則爲"鋼"字之訛。二者何以產生呢？首先來看"𡐔"字，今考《可洪音義》卷四《度世品經》第五卷音義："𡐔䩕，音硬，牢也。"①《大正藏》本對應經文原文作"剛鞞"（T10，p0646c）。其次來看"鋼"字，今考《可洪音義》卷二二《法句喻經》第三卷音義："鋼鑽，子官反。"②《大正藏》本對應經文原文作"剛鑽"，校勘記稱"剛"字宋、元、明、宮本均作"鋼"（T04，p0593b）。據此，"剛"與"鋼"在俗書中常俗寫作"𡐔"和"鋼"，因"山"與"止"易混，該字又進一步俗寫作"𡐔"和"鋼"。

（2）欹峻，二字正作㟓嶇，上去奇反，下丘俱反，～～，艱險皃。

按：此條出自《思溪藏》本《經律異相》卷一七隨函音義，今查《思溪藏》本對應經文原文作"㟓嶇"，原文如下："五百盲兒㟓嶇見佛眼明悟道十七。"《大正藏》本對應經文原文作"崎嶇"（T53，p0088a）。據此，隨函音義中"欹峻""㟓嶇"乃"崎嶇"之俗字。今考《隸辨》載漢《桐柏廟碑》"崎"即寫作"㟓"③，又《龍龕手鏡·山部》："㟓嶇，上去奇反，下去俱反。峻，俗。"④ 又《玉篇·山部》："嶇，音區，㟓嶇。峻，同上。"⑤ 根據上述佛經異文和字韻書材料，我

---

① （五代）釋可洪撰：《新集藏經音義隨函録》，《中華大藏經》第59册，第677頁上欄。
② （五代）釋可洪撰：《新集藏經音義隨函録》，《中華大藏經》第60册，第247頁上欄。
③ （清）顧藹吉編：《隸辨》，第10頁。
④ （遼）釋行均編：《龍龕手鏡》，第70頁。
⑤ （梁）顧野王著，（宋）陳彭年等修訂：《大廣益會玉篇》，第103頁。

們可以看到"崎嶇"二字在俗書中常寫作"崎""岖",又因"山"旁與"止"旁相混,故隨函音義中又進一步換旁訛變作"埼""崛"和"䳍"。至於"歂"字,蓋爲"埼"字進一步訛變所致。

(3)踃埡,上尸交反,下音哑。

按:此條出自《思溪藏》本《出三藏記集》卷一五隨函音義,今查《思溪藏》本對應經文原文作"崤嶇",原文如下:"初祖道化德聲被於數州,崤嶇關隴之西奉之若神。"《大正藏》本對應經文原文作"崤嶇"(T55,p0107a)。據此,隨函音義中"踃埡"爲"崤嶇"二字之俗字。此二字之所以形成,蓋因"山"和"止"旁相混,"崤"換旁作"踃";而"埡"字正如《大正藏》對應經文原文所示,在俗書中"嶇"常俗寫作"崛",後又進一步訛變作"埡",又因"山""止"相混,再換旁作"埡"。

(4)嶠,渠要反。

按:此條亦出自《思溪藏》本《出三藏記集》卷一五隨函音義,今查《思溪藏》本對應經文原文作"嶠",原文如下:"其有驚出絕倫首登神界,則無獨善於靈嶠。"《大正藏》本對應經文原文同。據此,隨函音義中"嶠"乃"嶠"字之俗。該字之所以產生,亦因"山"旁與"止"旁在俗書中換旁所致。

(5)峽,侯夾反,西路名。

按:此條出自《思溪藏》本《開元釋教錄》卷五隨函音義,今查《思溪藏》本對應經文原文作"峽",原文如下:"俄而出峽停止荊州,於長沙寺造立禪館。"《大正藏》本對應經文作"峽"(T55,p0524b)。據此,隨函音義中"峽"乃"峽"之俗字,亦爲"山"旁與"止"旁互混所致。

(6)聳峭,上息勇反,下七笑反,~~,山高直之皃。

按:此條亦出自《思溪藏》本《開元釋教錄》卷五隨函音義,今查《思溪藏》本對應經文原文作"聳峭",原文如下:"始興有虎市山,山形聳峭峯嶺高絕。"《大正藏》本對應經文原文亦同。據此,隨函音義中"峭"當爲"峭"換"止"旁而成的俗字。

（7）壛岏，上在丸反，下五丸反。

按：本條出自《思溪藏》本《法苑珠林》卷五六隨函音義，今查《思溪藏》本對應經文文字作"巑岏"，原文如下："鄉里既無田宅，雒陽又闕主人，浪宕隨時，巑岏度日。"《大正藏》本對應經文原文則作"巑岏"（T56，p0713a）。故依據上文所考，《思溪藏》隨函音義所出之"岏"應爲"岏"換"止"旁而成的俗字，至於"壛"字則爲"巑"換"土"旁而成的俗寫字。

（8）峻岸，上私閏反。

（9）峻，雖閏反。

按：第一條出自《思溪藏》本《正法念處經》卷五二隨函音義，今查《思溪藏》本對應經文原文有"復見異處種種鳥獸，有河平岸、有河峻岸，皆悉可愛"等句，即此條所出。《大正藏》本對應經文原文亦同。又第二條出自《思溪藏》本《正法念處經》卷五隨函音義，今查《思溪藏》本對應經文原文有"譬如林中極大山崖嶮峻之處，有大高樹名佉殊梨，有無量刺"等句，即該條所出。《大正藏》本對應經文原文亦同。故隨函音義所出之"峻"在《思溪藏》和《大正藏》經文原文中均作從山作"峻"，"峻"爲"峻"換"止"旁而成。

（10）嶮隘，下於賣反。

按：此條出自《思溪藏》本《正法念處經》卷二隨函音義，今查《思溪藏》本對應經文文字作"嶮隘"，原文如下："一切愛念，心意憐愍；第一嶮隘，怖畏惡處，無能得便。"《大正藏》本對應經文原文亦同。據此，隨函音義所出"嶮"爲換"止"旁而成的俗字。

（11）崛，其勿反。

按：該條出自《思溪藏》本《增壹阿含經》卷三二隨函音義，今查《思溪藏》本對應經文文字作"崛"，原文如下："一時，佛在羅閱城耆闍崛山中，與大比丘衆五百人俱。"《大正藏》本對應經文原文相同。據此，隨函音義所出"崛"亦爲"崛"換"止"旁而成的俗字。

（三）【目】【日】與【月】

"目"旁、"日"旁與"月"旁在俗書中亦由於形近互混而產生俗字，這在《思溪藏》隨函音義中也有很多例證，如：

（1）災眚，下所景反，～亦災也。

按：該條出自《思溪藏》本《高僧傳》卷二隨函音義，今查《思溪藏》本對應經文原文作"災眚"，原文如下："龍者陰類出入有時，而今屢見則爲災眚，必有下人謀上之變。"《大正藏》本對應經文原文亦同。又如《思溪藏》本《弘明集》卷三隨函音義亦出"眚"字，其下曰："所景反。"今《思溪藏》對應經文文字作"眚"，原文如下："至於議獄緩死眚災肆赦。"《大正藏》本對應經文則作"眚"（T52，p0016c）。據此，上述隨函音義中"眚"均爲"眚"換"月"旁而形成的俗字。

（2）胄，直又反，繼嗣也。

按：該條出自《思溪藏》本《大慈恩寺三藏法師傳》卷五隨函音義，今查《思溪藏》對應經文原文有"依毗離耶犀那三藏讀《佛使毗婆沙》、《日胄毗婆沙》記"。即此字所出。今《大正藏》本對應經文原文則作"胄"。又如《思溪藏》本《高僧傳》卷八隨函音義："胄族，上直右反，繼嗣也，下族字。"今《思溪藏》本對應經文亦作"胄族"。據此，"胄"爲"胄"之俗字，蓋因"日"與"月"發生混同所致。

（3）無朕，下直引反。

按：此條出自《思溪藏》本《十門辨惑論》卷上隨函音義，今《思溪藏》本對應經文文字作"無朕"，原文如下："孔君多識，推聖德於西方，並紛綸而有據，豈寂寞而無朕。"《大正藏》本對應經文原文亦同，校勘記稱"朕"字明本作"眹"（T52，p0552c）。據此，"眹"爲"朕"之俗字，蓋因"月"與"目"旁在手書中相混所致。

（4）脅脇，二同，虛葉反，～肋。

按：此條出自《思溪藏》本《經律異相》卷一一隨函音義，今《思溪藏》本對應經文文字作"脅"，原文如下："師子知其巨得，自以利爪毆其脅肉，以貿獼猴子。"《大正藏》本對應經文原文則作"脇"（T53，p0058a）。據此，"脅"顯然爲"脅"換旁作"目"而產生的俗字。

（5）迫脇，下虛業反，以威逼人也。正作憎。

按：此條出自《思溪藏》本《廣弘明集》卷一二隨函音義，今《思溪藏》對應經文文字作"迫憎"，原文如下："祈恩自施，非詐誘而覓財；報德出心，豈迫憎而取物。"《大正藏》本對應經文文字則作"迫脇"，校勘記稱"脇"字宋、元、明、宮本均作"憎"（T52，p0172a）。據此，隨函音義所云"正作憎"，其中"憎"亦爲"憎"字之訛，"目"與"月"在此處也發生了混同。

（6）王濬，下私閏反。

按：此條出自《思溪藏》本《廣弘明集》卷一二隨函音義，今《思溪藏》本對應經文文字作"王濬"，原文如下："自號天師，徒附數千，積有歲月，爲益州刺史王濬誅滅。"《大正藏》本對應經文原文亦同。故隨函音義所出"濬"亦爲"濬"因"目"與"月"在手書中混同產生的俗字。

（7）胥，息徐反。

按：此條出自《思溪藏》本《弘明集》卷四隨函音義，今《思溪藏》本對應經文原文有"或世人守璞受讓，王市將譯胥牽俗，還說國情，苟未照盡"等句，即此字所出。今《大正藏》本對應經文原文則作"胥"（T52，p0023a）。據此，"胥"乃"胥"換旁作"目"而成的俗寫字。

（8）膚色，上音夫。

按：本條出自《思溪藏》本《妙臂菩薩所問經》卷三隨函音義，今《思溪藏》本對應經文原文作"膚色"，原文如下："及諸骨節悉皆不現，膚色鮮白，頭頂端正，髮黑光潤，面如滿月。"《大正藏》本對應經文原文亦同。故隨函音義所出"膚"亦爲"月"與"目"混同而產生的俗字。

（9）弱脊，上音若，下音跡。

按：本條出自《思溪藏》本《十誦律》卷五一隨函音義，今《思溪藏》本對應經文原文有"如藍婆那比丘、弱脊比丘是"等句，即該條所出。《大正藏》本對應經文原亦同。故隨函音義所出之"脊"亦爲"月"與"目"混同而產生的俗字。

除了形體近似的偏旁互混而産生俗字外，俗書中還有一些俗字的産生與偏旁意義近似互混有關，這在《思溪藏》隨函音義俗字中也常常可以看到，例如，"米"旁與"禾"旁互混的例子：

（1）稟，悲品反，正作稟，承也。

按：該條出自《思溪藏》本《普曜經》卷七隨函音義，今《思溪藏》本對應經文原文有"今大道人，實妙神聖乃知我意，願得從大道人稟受經戒作沙門耶"等句，即此字所出。《大正藏》本對應經文原文作"稟"（T03，p0531c）。今考《隸辨》載漢《樊安碑》"稟"作"稟"，顧藹吉按云："碑變禾從米。"又漢《校官碑》作"稟"，顧藹吉亦按云："碑復變禾從示，今俗因之。"① 據此，隨函音義所出"稟""稟"均爲"稟"之俗字，其中"稟"爲"稟"將"禾"換爲"米"旁而成。

（2）粟䵷，下苦會反，粗糠也，正作糩。

按：該條出自《思溪藏》本《大般泥洹經》卷三隨函音義，今《思溪藏》本對應經文原文作"粟糩"，原文如下："菩薩摩訶薩住是大般泥洹者，能以須彌山王入一粟糩。"《大正藏》本對應經文原文則作"粟穬"（T12，p0870b）。今考《説文》："穬，糠也，從禾會聲。"② 又《集韻·泰韻》："糩穬，苦會切，《説文》糠也，或從米。"③ 據此，隨函音義所出"䵷""糩"均爲"穬"之俗字，其中"糩"爲"穬"換旁產生的俗字。

（3）穀，谷字。

按：此條出自《思溪藏》本《十誦律》卷三六隨函音義，今《思溪藏》本對應經文原文有"時有獵師，安穀施䋄"等句，即此字所出。《大正藏》本對應經文則作"穀"（T23，p0623a）。今考《干祿字書》入聲："穀穀，上俗下正。"④ 又《龍龕手鏡·殳部》："穀，俗；穀，

---

① （清）顧藹吉編：《隸辨》，第117頁。
② （漢）許慎撰，（宋）徐鉉校定：《説文解字》，第145頁。
③ （宋）丁度等編：《集韻》，第522頁。
④ （唐）顔元孫撰：《干祿字書》，紫禁城出版社1990年影印明拓本，第57頁。

俗。"① 據此，《思溪藏》原文所出之"穀"亦爲"穀"之俗字，由於俗書"禾""米"旁相混，則隨函音義之"𥢔"殆因"穀"換"米"旁進一步訛寫而成。

另外，還有一些因偏旁互混而産生的俗字，其互混的偏旁是兼具形體和意義相近並存這類情況的，例如，"禾"旁與"木"旁互混的例子：

（1）榜𥞷，步忙反，下正。

按：此條出自《思溪藏》本《四阿含暮抄》卷上隨函音義，今《思溪藏》本對應經文原文有"六衣：劫貝、四驎昩（葛也，青媾反）、系布、傍渠（麻布）、阿鞞駏（毦也）、賁磨（過布，庫打反）"等句，即此字所出。《大正藏》本對應經文原文則作"榜"，校勘記稱"榜"字宋、元、明本均作"毦"（T25，p0003b）。據經文可知，該字在此處是對經文中"阿鞞駏"這個譯音詞的釋義用字，從上下文經義來看，表示的是服飾和衣物類物品。今考《龍龕手鏡·毛部》："毦，俗通；毸，正，北朗反，罽～。《通俗文》云'織毛曰罽'。"② 故從經義來看，此處作"毦"爲長。至於"榜"字蓋因音近，故而與"毦"在此形成異文，又因"木"旁與"禾"旁在俗書中常常相混，"榜"又換旁俗寫作"𥞷"，又如上所述，"米"旁與"禾"旁在俗書中亦常相混，故該字後又再進一步換旁俗寫作"榜"，從而導致此處出現了"榜""𥞷"和"榜"三種俗寫形式。

（2）杵藏，上正作杵，尺吕反。

按：此條出自《思溪藏》本《説一切有部發智大毗婆沙論》卷七五隨函音義，今查《思溪藏》本對應經文原文作"杵藏"，原文如下："帝青、大青末、羅羯多。杵藏、石藏、颯頗胝迦。"《大正藏》本對應經文原文同。據經文可知，"杵藏"在上揭經文中是音譯名，重在表音，隨函音義所出"杵"蓋爲"杵"之換形旁俗字。

---

① （遼）釋行均編：《龍龕手鏡》，第194頁。
② （遼）釋行均編：《龍龕手鏡》，第135頁。

這類因某一部件俗寫或某幾個偏旁互混而導致一系列俗字產生的情況，在《思溪藏》隨函音義俗字中還是非常普遍的，利用和總結此類俗寫規律可爲我們考辨俗字提供幫助，例如：

（1）《思溪藏》本《大周刊定衆經目録》卷六隨函音義："*氐*，底字。"

按：今查《思溪藏》本對應經文原文有"求那摩底隨相論一卷"，即此字所出。今《大正藏》本對應經文原文亦同。故上揭隨函音義云"*氐*"爲"底字"，可從。根據上文所考，俗書"氐"常俗寫作"玄"，溯其產生之由，"底"蓋先俗寫作"厎"，後又進一步訛變作"*氐*"。

（2）《思溪藏》本《十地經論》卷一隨函音義："塄嵯，正作岸。"

按：今查《思溪藏》本對應經文原文有"能到一切菩薩智慧方便彼岸，能令衆生背世間道向涅槃門"等句，即此字所出。今《大正藏》本對應經文原文亦同。故隨函音義云"正作岸"可信，隨函音義所出"塄"與"嵯"均爲"岸"之俗字。又查《説文・屵部》："岸，水厓而高者。"① 又《龍龕手鏡・土部》："塄，音岸。"② 故"岸"蓋因表示"水邊高起之地"，遂增旁作"塄"。至於"嵯"則亦爲"岸"之增旁俗字，竊疑該字之所以產生，蓋因"岸"在俗書中常俗寫作"嶂"，如《可洪音義》卷三中《正法念處經》第十三卷音義："嶮嶂，音岸。"③ 據上文所考，"山"旁與"止"旁在俗書中常常相混，故"嵯"應爲"嶂"之進一步訛寫。

（3）《思溪藏》本《十地經論》卷一隨函音義："*叡*哲，上俞歲反。"

按：今查《思溪藏》本對應經文原文有"遂乃准傍大宗爰製兹論，發趣精微、根由睿哲，旨奧音殊，宣譯俟賢"等句，即此條隨函音義所出。今《大正藏》本對應經文原文亦同。據此，隨函音義所出"*叡*"字當爲"睿"字之俗。今考《碑別字新編》載《唐等慈寺碑》"睿"

---

① （漢）許慎撰，（宋）徐鉉校定：《説文解字》，第191頁。
② （遼）釋行均編：《龍龕手鏡》，第251頁。
③ （五代）釋可洪撰：《新集藏經音義隨函録》，《中華大藏經》第59册，第1064頁中欄。

作"睿"①，竊疑"睿"之所以成爲"睿"之俗字，蓋在俗書中"睿"先俗寫作"睿"，又如上文所考，"目"旁與"月"旁常常混同，後又進一步訛變作"睿"。

三 與《龍龕手鏡》、《可洪音義》所收俗字相印證

衆所周知，歷代字典辭書中以後晉可洪的《可洪音義》和遼代行均的《龍龕手鏡》搜羅佛經疑難俗字最多，這兩部辭書大量收集和解釋撰寫時代佛經中可見的疑難俗字、形體易誤字、傳抄訛誤字等，堪稱佛經用字方面最完整的彙編，但囿於其體例，很多俗字是脫離佛經經文原文從當時所見的佛經中單獨摘抄出來的，而《思溪藏》隨函音義收錄的俗字由附載經文摘錄，有時還與對應經文原文一致，這樣一方面可以證實《可洪音義》和《龍龕手鏡》中的說解，另一方面也使得這些俗字有一定的上下文語境，更具有生命力。例如：

【黏】

按：該字曾見於《龍龕手鏡·黍部》，其下云："黏，正；黏，今，女廉反，相著固合也。"② 可見，該字爲《龍龕手鏡》時通行的俗字，亦見於《思溪藏》本《佛說大方等大集菩薩念佛三昧經》卷一〇隨函音義，其下曰："黏汚，上尼沾反，俗作䊀。"今查《思溪藏》本對應經文原文正作"黏汙"，原文如下："如人穿井，若見濕土黏汙手足，或時復見水泥雜和。"即此條所出。《大正藏》本經文原文作"黏"（T13，p0869a）。據此可知，"黏""黏"均爲"黏"之俗字，當時佛經中確有如《龍龕手鏡》所言作"黏"者。

【斟】

按：該字見於《龍龕手鏡·斗部》，其下有："斟，職深反，～，酌也，益也，勺也，取也，行也。斟，俗，同上。"③ 又見於《思溪藏》本《雜譬喻經》卷下隨函音義："斟，正作斟，音針，～，酌也。"今

---

① 秦公輯：《碑別字新編》，文物出版社1985年版，第294頁。
② （遼）釋行均撰：《龍龕手鏡》，第332頁。
③ （遼）釋行均撰：《龍龕手鏡》，第333頁。

《思溪藏》本對應經文作"䣃",原文如下:"客皆來坐,列飯䣃羹。"今《大正藏》本對應經文原文則作"斟",校勘記曰:"宋、元、明本作䣃。"(T04,p0508c)據此,"斟"和"䣃"在此形成異文。隨函音義云"正作斟",可從。"斟"爲正體字,"䣃"爲其俗字,隨函音義的判定和《龍龕手鏡》的説解契合,《思溪藏》對應經文原文中"䣃"之用例亦可爲《龍龕手鏡》的説解提供例證。

【偵】

按:該字見於《龍龕手鏡·人部》,其下云:"偵價,二俗,音質,正也。"① 又《龍龕手鏡·足部》:"躓,俗;躓,正。"② 故竊疑"偵""價"當爲"質"之俗字。《思溪藏》隨函音義則可爲其提供證據。《思溪藏》本《虛空藏菩薩神呪經》:"偵,正作質。"今查《思溪藏》本對應經文原文作"質",原文如下:"覆住首楞嚴三昧者如波利質多羅樹。"《大正藏》本對應經文亦同。據此,"偵""價"爲"質"之俗字無疑,《思溪藏》隨函音義爲其提供了實際用例。

【𢉖】

按:該字《中華字海·户部》和《漢語大字典·户部》均收録,其中《中華字海·户部》下云:"同'嗣'。見《龍龕》。"③ 今查《龍龕手鏡·雜部》下確有該字,並曰:"舊藏作嗣,音寺。"④ 又該字亦見於《思溪藏》本《内身觀章句經》隨函音義,其下有:"𢉖,下正作嗣。"今查《思溪藏》本經文原文則作"嗣",原文如下:"佛以日斷嗣,彼段悉以聚,諸根以爲縫,非瘡而裹之。"《大正藏》本對應經文原文則作"嗣"(T15,p0239a)。據此,《思溪藏》經文原文中"嗣"爲"嗣"之進一步俗寫,正如《龍龕手鏡》和《思溪藏》隨函音義所云該處的確有俗寫作"嗣"者,亦可爲大型字典提供用例。

① (遼)釋行均撰:《龍龕手鏡》,第37頁。
② (遼)釋行均撰:《龍龕手鏡》,第463頁。
③ 冷玉龍等編:《中華字海》,中華書局、中國友誼出版公司1994年版,第981頁。
④ (遼)釋行均編:《龍龕手鏡》,第552頁。

【𨈲】

按：《中華字海·身部》：“𨈲，同‘妊’。字見《篇海類篇》。”①
《漢語大字典·身部》：“𨈲，rèn《龍龕手鏡》而甚反，同‘妊’。”②
今查《龍龕手鏡·身部》確有“𨈲”字，其下曰：“而甚反。”③又該
字亦見於《思溪藏》本《陀羅尼雜集》卷四隨函音義，其下有：“懷
𨈲，下而禁反，正作妊。”今查《思溪藏》本對應經文原文作“懷妊”，
原文如下：“傷害於胞胎，男女交會時，使其意迷亂，懷妊不成就。”
而《大正藏》本對應經文則作“懷妊”（T21，p0600a）。據此，“𨈲”
爲“妊”之俗字，可爲《龍龕手鏡》所出字提供明證。

【𠬳】

按：《龍龕手鏡·卜部》：“𠬳𠬳，音虔，在陀羅尼中。”④在《思溪
藏》隨函音義中我們又發現了“𠬳”字，該字與“𠬳”爲一字之變，
同爲“虔”之俗字。《思溪藏》本《陀羅尼雜集》卷六隨函音義：“𠬳
踟，上虔字，下音遲。”今查《思溪藏》本對應經文原文有“摩訶薩埵
蛇　多擲哆　虔知　富那離”等句，即此條隨函音義所出。《大正藏》
本對應經文則作“虔踟”（T21，p0614c）。又《玄應音義》卷二〇中
《陀羅尼雜集》第六卷音義亦有“虔踟”條，其下注有：“直知反。”
（C057，p0053b）據此，“𠬳”確爲“虔”字之訛，且在經文中確爲陀
羅尼用字，亦可證明《龍龕手鏡》云“𠬳”字“在陀羅尼中”之説
可信。

【鞤】

按：《龍龕手鏡·革部》：“鞤，正作𣗥（撻），打也。”⑤又該字亦
見於《思溪藏》本《大莊嚴經論》卷七隨函音義，其下有：“鞭鞤，下
他達反，正作達。”查《思溪藏》本對應經文原文有“云何彼牛而爲人

---

① 冷玉龍等編：《中華字海》，第1431頁。
② 漢語大字典編輯委員會編纂：《漢語大字典》（第二版九卷本），崇文書局、四川辭書
出版社2010年版，第4062頁。
③ （遼）釋行均編：《龍龕手鏡》，第162頁。
④ （遼）釋行均編：《龍龕手鏡》，第538頁。
⑤ （遼）釋行均編：《龍龕手鏡》，第451頁。

等繩拘、穿鼻、耕駕、乘騎，鞭撻、錐刺、種種搞打"等句，即此條隨函音義所出。據此，"撻"當爲"撻"之俗字，亦爲《龍龕手鏡》的說解提供了明證。

【謫】

按：該字見於《可洪音義》卷一一中《大莊嚴論經》第二卷，其下有："謫罰，上吒革反。"① 今《大正藏》本《大莊嚴論經》對應經文原文有"若取是寶，爲王所聞，或至於死，或被謫罰，或復繫閉，如斯等苦不可稱數"等句，即此條所出。故"謫"乃"謫"之俗字。又此字亦見於《思溪藏》本《雜寶藏經》卷二隨函音義，其下有："謫謫，音摘，二同，下正用。"今查《思溪藏》本對應經文作"謫"，原文如下："後日更會，仰將婦來，有不來者，重謫財物。"《大正藏》本對應經文相同。據此，"謫"乃"謫"之俗字無疑，《可洪音義》可與《思溪藏》本隨函音義相互爲證。

【甛】

按：該字見於《可洪音義》卷二二中《雜寶藏經》第八卷音義，其下曰："甛漿，上徒兼反，正作甜也。"② 該字乃"甜"之換旁俗字③。又該字亦見於《思溪藏》本《雜寶藏經》卷八隨函音義，其下有："甛，正作甜。"今查《思溪藏》本對應經文正作"甜"，原文如下："汝但灑掃舍內，除去糞穢，香華嚴飾，極令清淨，蒲桃、甜漿、酥乳之糜，各盛八器。"故《可洪音義》與《思溪藏》本隨函音義所見俗字在此處完全相合。

【聚】

按：該字見於《可洪音義》卷二三中《諸經要集》第十四卷音義，其下曰："一聚，自禹反，正作聚。"④ 今《大正藏》本《諸經要集》對應經文原文有"如是久後，上有一聚，卒爲水漑去，有一樹奇，逐水

---

① （五代）釋可洪撰：《新集藏經音義隨函錄》，《中華大藏經》第59册，第960頁上欄。
② （五代）釋可洪撰：《新集藏經音義隨函錄》，《中華大藏經》第60册，第229頁下欄。
③ 韓小荊：《〈可洪音義〉研究——以文字爲中心》，第210頁。
④ （五代）釋可洪撰：《新集藏經音義隨函錄》，《中華大藏經》第60册，第304頁中欄。

下流"等句，即此二字所出。故"<u>聚</u>"爲"聚"之俗寫字。又《諸經要集》經文原文中注明所出經文來自《舊雜譬喻經》，又該俗字形體亦見於《思溪藏》本《舊雜譬喻經》卷上隨函音義，其下有："一<u>聚</u>，下正作聚。"今查《思溪藏》本對應經文原文與上揭《大正藏》本《諸經要集》所引經文原文相同。據此推知，此處經文中確有如可洪和隨函音義所云"聚"作"<u>聚</u>"者，二者可以相互印證。

【感】

按：該字見於《可洪音義》卷一九中《阿毗達摩大毗婆沙論》第八十四卷音義，該卷有："次感，上直林反，正作沉。"今《大正藏》本《阿毗達摩大毗婆沙論》對應經文原文有"復次修觀行者觀不淨相，心沈感故，善品不增"等句，即此二字所出。故"感"爲"感"之俗字。又該字亦見於《思溪藏》本《法句經》隨函音義，其下有："感，倉曆反，憂也。"今查《思溪藏》本對應經文原文作"感"，原文如下："生不施惱，死而不感，是見道悍，應中勿憂。"《大正藏》本經文正文則作"感"（T04，p0562b）。據此，隨函音義所出"感"與經文所作"感"皆爲"感"字之俗，亦可與可洪所見之"感"字相印證。

【乎】

按：此字見於《可洪音義》卷二七中《續高僧傳》第二十卷音義，該卷下有："確乎，上苦角反。"今《大正藏》本對應經文作"既確乎難拔，親乃捐而放之，年二十有七"（T50，p0591c）。故"乎"乃"乎"之俗字。又該字亦見於《思溪藏》本《釋氏方誌》卷下隨函音義，其下有："乎二，經文祇作乎，更請詳看。"今查《思溪藏》本對應經文作"乎"，原文如下："豈其道閉往運數開叔葉乎？二謂後漢顯宗孝明皇帝，永平三年夜夢金人。"《大正藏》本對應經文亦同。據此，隨函音義所出"乎"字可與《可洪音義》所出"乎"相互爲證。

【忟】

按：此字見於《可洪音義》卷一二中《增壹阿含經》第卅一卷音

義，該卷有："放牧，音目，放也，正作牧。"① 今《大正藏》本對應經文有"是時，世尊尋到彼所，諸有取薪、負草、犁作之人，及牧牛羊者"等句，即此條所出。故"牧"正如可洪所云爲"牧"之俗字。又該字亦見于《思溪藏》本《陀羅尼雜集》卷六隨函音義，其下云："三牧，下音目，正作牧。"今《思溪藏》本對應經文作"牧"，原文如下："烏茶羅蜜力提　阿力奢　三牧藍那舍蛇　蜜力提。"《大正藏》本對應經文作"枚"，校勘記稱"枚"字宋、元、明本均作"牧"（T21，p0615a）。據此，隨函音義所出之"牧"亦可與《可洪音義》所出之字相互印證。

【霾】

按：此字見於《可洪音義》卷二九《弘明集》第八卷音義："霾滿，上莫皆反，《爾雅》曰'風而雨土爲□也'。"② 今《大正藏》本對應經文有"蟲氣霾滿致患非一念"等句，即此條所出。故"霾"乃"霾"之換旁俗字。又該字亦見於《思溪藏》本《出三藏記集》卷一二隨函音義，其下曰："霾霧，上莫皆反。"今《思溪藏》本對應經文原文即作"霾霧"，原文如下："駐四生之風，波燭九居之霾霧，指來際以爲期。"今《大正藏》本對應經文原文則作"霾霧"（T55，p0085b）。據此，《思溪藏》隨函音義及對應經文原文所出之"霾"可與可洪所見之"霾"互相印證。

【宬】

按：此字見於《可洪音義》卷二八中《續高僧傳》第二十四卷音義："邪宬，苦候反。"③ 今《大正藏》本對應經文有"闢樹園之福地，蕩邪寇之高鋒"等句，即此條所出。故"宬"乃"寇"之俗字。又該字亦見於《思溪藏》本《開元釋教錄》卷五隨函音義，其下曰："暴宬，下苦候反，亦作宬，～，賊也。"今《思溪藏》本對應經文原文作"暴宬"，原文如下："跋摩曰：'暴宬相攻宜須禦捍。'"今《大正藏》

---

① （五代）釋可洪撰：《新集藏經音義隨函錄》，《中華大藏經》第 60 冊，第 1003 頁上欄。

② （五代）釋可洪撰：《新集藏經音義隨函錄》，《中華大藏經》第 60 冊，第 533 頁下欄。

③ （五代）釋可洪撰：《新集藏經音義隨函錄》，《中華大藏經》第 60 冊，第 491 頁上欄。

本對應經文原文則作"暴寇"（T55，p0526a）。據此，該字形在《思溪藏》隨函音義與《可洪音義》中均出現，二者可相互爲證。

四 與世俗字、韻書所收俗字相契合

如上所述，《思溪藏》隨函音義所收錄的許多俗字形體可以與《龍龕手鏡》《可洪音義》所收俗字形體相互印證。除此之外，還有衆多俗字形體也與世俗典籍中字書、韻書所收俗字形體相契合。例如：

【䂊】

"䂊"字見載於《集韻·豪韻》"謨袍切"，其下有："䂊，丘前高後下，或從土、從石，亦作務，通作旄。"[1] 又該字亦見於《思溪藏》本《續高僧傳》卷二隨函音義，其下出"巃䂊"條，云："上音貫，出《玉篇》；下音務，山名也。"今查《思溪藏》本對應經文原文有"巃䂊"，原文如下："十二在巃䂊山誦《法華經》。"今《大正藏》本對應經文原文則作"巃嵍"（T50，p0436b）。據此，隨函音義和經文原文所出"䂊"與《集韻》所收俗字相合，可相互爲證。

【炧】

該字見於《思溪藏》本隨函音義，乃"灸"之俗字。《思溪藏》本《高僧傳》卷七隨函音義："炧灸，二同，音救。"今查《思溪藏》本對應經文原文有"帝後風疾，數加針灸，痛惱無聊"等句，即此字所出。《大正藏》本對應經文原文亦同。又查《集韻·宥韻》居又切："灸，灼也，或書作炧。"[2] 中國台灣網絡版《異體字字典》"灸"字條下錄有宋刻本《集韻·宥韻》書影，其中此處爲"或書作炧"，與隨函音義所出俗字契合。

【窑】

"窑"字見錄於《廣韻·宵韻》"餘昭切"，其下有："窯，燒瓦窯也；窑，同上。"[3] 又該字還見於《思溪藏》本《續高僧傳》卷二〇隨

---

① （宋）丁度等編：《集韻》，第191頁。
② （宋）丁度等編：《集韻》，第612頁。
③ （宋）陳彭年等編：《宋本廣韻》，第128頁。

函音義，其下出"瓦窰"條，云："下音搖。"今查《思溪藏》本對應
經文原文作"瓦窰"，原文如下："單身弔影處以瓦窰，形覆弊衣地布
草蓐。"《大正藏》本對應經文原文亦同，校勘記曰："明本作窰。"
（T50，p0592c）據此，隨函音義所出"窰"字與《廣韻》所收俗字相
同，可互相印證。

【旀】

"旀"字見載於《干禄字書》平聲，其下有："旀旌，上通下
正。"[1]亦見錄於《五經文字》，其下有："旌，從生，作旀，訛。"[2]又
該字亦見於《思溪藏》本《弘明集》卷一隨函音義，其下有"旀旗"
條，曰："正作旌，下音其。"今《思溪藏》本對應文字作"旌"，原
文如下："陳俎豆於壘門，建旌旗於朝堂。"《大正藏》本對應經文文字
則作"旀旗"，校勘記曰："宋、元、明、宮本均作旌。"（T52，
p0592c）據此，隨函音義云"旀"爲"旌"之俗字，與《干禄字書》
和《五經文字》説解相合。

【朒】

"朒"字見於《篇海類編》卷六《身體類·肉部》，其下曰："朒，
子余切，音沮，～，虫也。"[3]又該字亦見於《思溪藏》本《正法念處
經》卷六二隨函音義，下有："蛆蟲，上七徐反，與朒同。"今《思溪
藏》本對應經文原文作"蛆朒"，原文如下："如我死屍，衆蠅唼食、
蛆朒所唼，風吹日曝、雨漬濕爛。"《大正藏》本對應經文原文則作
"蛆蟲"（T17，p0366c）。據此，隨函音義所出"朒"與《篇海類編》
所收俗字相合，可爲之例證。

五　有助於了解一些俗字的來源

俗字的文獻來源、釋義和産生緣由等是我們考察這些俗字時常常面

---

① （唐）顔元孫撰：《干禄字書》，第30頁。

② （唐）張參撰：《五經文字》，《叢書集成新編》，新文豐出版有限公司1985年版，第
35冊，第645頁。

③ （明）宋濂撰，（明）屠隆訂正：《篇海類編》，《續修四庫全書·經部》，上海古籍出
版社2003年版，第230冊，第17頁。

對和思考的問題，《思溪藏》隨函音義可提供一些綫索，加深我們對這些俗字形成原因的認識，使我們能進一步總結和掌握其產生規律。例如：

【栝】

栝，《龍龕手鏡·木部》："今，五割反，伐木餘～也；又揩摩、刮拭也。"① 《漢語大字典·木部》："同'藒'。①樹木砍伐後留下的椿子。②草木砍伐後餘椿重生的枝條。"② 《中華字海·木部》略同③。從中可以看出，《龍龕手鏡》"栝"字下"揩摩、刮拭也"這個義項在現今大型字典中沒有得到承襲。又查《説文·木部》《方言》《玉篇·木部》《廣韻·曷韻》《集韻·曷韻》中"栝"字下均未見該釋義，可見該釋義前無所承，那麼，它源自何處呢？《龍龕手鏡》所收俗字大體出於佛典，故竊疑該釋義即源自佛經。我們在《思溪藏》隨函音義中找到了該釋義的來源，《蘇悉地經》卷中隨函音義："橚施，上正作栝，吾割反。"今《大正藏》本對應經文正作"橚施"，原文如下："若欲成就刀法者，取好鑌刀，量長兩肘，以小指齊闊四指，無諸瑕病，其色紺青，如橚施鳥翇。"（T18，p0689b）從文字字形來看，"枼"與"卉"形體相近，故"栝"與"橚"在此處易發生混同；又就上下文經意而言，"橚"爲動詞，作用於"鳥翇"，"揩摩、刮拭也"大體與經文意思契合，由此推知行均所見經本中"橚"確有作"栝"者，《龍龕手鏡》"栝"字下該義項極有可能出自《蘇悉地經》。

然而，"栝"字何以會有"揩摩、刮拭"義呢？今查慧琳《一切經音義》卷三五《蘇悉地經》卷中隨函音義："橚施鳥翎，歷丁反，《韻英》云：鳥羽也，或作頛，經從毛，非也；上橚字疑錯，所以不音，未詳何鳥也。"（T54，p0543b）可見，慧琳懷疑經本中所見的"橚"字爲錯字，故存疑不釋。今查該字在《大正藏》中僅慧琳《一切經音義》和《蘇悉地經》兩見，那麼，該字爲何字之訛呢？對此，《可洪音義》

---

① （遼）釋行均編：《龍龕手鏡》，第384頁。
② 漢語大字典編輯委員會編纂：《漢語大字典》，第1261頁。
③ 冷玉龍等編：《中華字海》，第743頁。

給我們留下了綫索。該書卷九《蘇悉地經》卷中音義："揉施，上五割反，正作捼，《爾雅》：'捼，餘也。'諸師作蘇、牒二音，非也。"① 據此可知，可洪所見經本中該字寫作"揉"，可洪認爲該字"正作捼"，即"捼"字，並引《爾雅》中"捼，餘也"的釋義。雖然此種釋義與上下文經意不合，但可洪認爲其"正作捼"卻爲我們提供了重要綫索，竊疑其爲"插"字之形訛。從經文意思來説，經文中"如樑施鳥翆"這個動作，行均解釋爲"揩摩、刮拭"，即穿入、插入鳥毛，該字在此處爲動詞，且爲手部動作，該字從"扌"旁應無疑問；又從字形來看，"插"在俗書中常寫作"挿""挿"等形②，與"捼"形體近似。因此，從字形和經文意思來看，竊疑此處本爲"插"字，因"插"俗書與"揉"形體近似而發生混同，又俗書中"扌""木"旁常因形近而互換，故該字又輾轉訛變作"樑"，後又進一步訛寫作"捼"。

【漖】

《漢語大字典·水部》："yù《改併四聲篇海·水部》引《搜真玉鏡》：'漖，音御字。'《字彙補·水部》：'漖，以去切，音御，義未詳。'"③《中華字海·水部》："yù 音遇。義未詳。見《篇海》。"④《漢語俗字叢考》曾根據《集韻》和《碑別字新編》中載錄的"御"的俗字形體，懷疑"漖"即"御"的俗字⑤。此説可從。對此，《思溪藏》隨函音義可爲其提供進一步的證據。《思溪藏》本《大智度論》卷一四隨函音義："漖，正作禦，音語，或作御。"今查《大正藏》本對應經文正文作"衞"，原文如下："風寒冷熱、水雨侵害，但求衞之。"即此字所出；又校勘記亦云："衞，宋、元、明、宮本作禦；石本作御。"（T25，p0168a）從上下文經意來看，此處表示"抗拒，抵擋"義，作"禦"更爲恰當，但"御""禦"二者常通用，故"漖"字極有可能也

---

① （五代）釋可洪撰：《新集藏經音義隨函錄》，《中華大藏經》第59冊，第876頁上欄。
② 參見韓小荊《〈可洪音義〉研究——以文字爲中心·下編》"插"字條，第373頁。
③ 漢語大字典編輯委員會編纂：《漢語大字典》，第1858頁。
④ 冷玉龍等編：《中華字海》，第568頁。
⑤ 張涌泉：《漢語俗字叢考》，第429頁。

是"御"之俗字。今查該字《可洪音義》《龍龕手鏡》均未載,現今大型字典亦未收録該字形。又查《集韻·語韻》:"衘,止也。或作御。"①《龍龕手鏡·彳部》:"衘,俗;御,今。"②《思溪藏》本《大智度論》卷六五隨函音義亦有:"衘,正作禦,音語,或者御。"據此,"衘"字當是"御"字在俗書中訛寫所致,又可换旁俗寫作"禦"。《碑別字新編》載"禦"字《魏敬史君碑》寫作"御",《魏元端墓誌》作"御"。③《可洪音義》卷二九中《弘明集》第十三卷音義:"禦末,上魚與反,正作禦也。"④可資比勘。又"禦"字所從的"彳"旁草書形似"氵"旁,在俗書中常發生混同,如《碑別字新編》載《魏恒州大中正于景墓誌》"御"作"淤",故"禦"進而又訛作"漱"字。

【穀】

該字《漢語大字典》未收,《中華字海·攵部》:"穀,同'穀'。見《篇海》。"⑤今查《四聲篇海·禾部》:"穀,音穀。"⑥故《中華字海》云其爲"穀"之俗字可從。然該字爲何會成爲"穀"之俗字?對此,《思溪藏》隨函音義提供了有益的綫索。《思溪藏》本《經律異相》卷六隨函音義:"穀穀,音谷,下正。"今查《思溪藏》本對應經文原文有"有勝王宫,婦女亦勝,但無穀帛錢物,還以白王"等句,即此字所出。《大正藏》本對應經文則作"穀"(T53,p0027c)。又據上引《重訂直音篇》及上揭佛經用例,"穀"爲"穀"之俗字,故"穀"亦爲"穀"之俗字無疑。該字大型字典未載,今查《碑別字新編》載《魏司空王誦墓誌》"穀"作"穀"⑦,又《可洪音義》卷二〇中《解脱道論》第十卷音義:"如穀,古木反,正作穀。"⑧亦可資比

---

① (宋)丁度等編:《集韻》,第 328 頁。

② (遼)釋行均編:《龍龕手鏡》,第 498 頁。

③ 秦公輯:《碑別字新編》,第 358 頁。

④ (五代)釋可洪撰:《新集藏經音義隨函録》,《中華大藏經》第 60 冊,第 541 頁下欄。

⑤ 冷玉龍等編:《中華字海》,第 939 頁。

⑥ (金)韓孝彦、韓道昭撰:《改併五音類聚四聲篇海》,《續修四庫全書·經部》,上海古籍出版社 2003 年版,第 229 冊,第 482 頁。

⑦ 秦公輯:《碑別字新編》,第 331 頁。

⑧ (五代)釋可洪撰:《新集藏經音義隨函録》,《中華大藏經》第 60 冊,第 167 頁下欄。

勘。據此，該字之所以成爲"穀"之俗字，竊疑是因爲"穀"先俗寫作"**穀**"，又進一步手書訛變作"**穀**"，再進一步俗變作"穀"。

【徣】

徣，《漢語大字典·彳部》："同'愆'。《龍龕手鏡·彳部》：'徣，近作愆。'"① 《中華字海·彳部》："同'愆'。見《龍龕》。"② 該字何以會成爲"愆"之俗字呢？對此，《思溪藏》隨函音義給我們留下了有益的綫索。《思溪藏》本《出曜經》卷一六隨函音義："徣愆，去乾反，下正。"今《思溪藏》對應經文文字作"愆"，原文如下："設我違父遺意者則非孝子，欲崇父教誡，故即便内劍耳。今原前愆不録其罪，欲還將王早歸國界，得至彼已，任王刑斬。"今《大正藏》本對應經文作"憸"（T04，p0693b）。據此，"徣"應爲"愆"之手書訛寫體。又在草書中"彳"旁容易練筆，與"公"形體相近，二者發生混同，如《思溪藏》本《十住斷結經》卷一隨函音義："俎沮，二同，才呂反，斷也，壞也，上非用。"今《大正藏》本對應經文有"得識辯才，常懷羞恥。堅固之行，心不可沮。覺道之力，無所不入"句，即該字所出。據此可知，"俎"與"沮"在此發生混同。由此推知，"徣"之所以成爲"愆"之俗字，蓋先俗寫作"徣"，又因"彳"與"公"旁在俗書中發生混同，進一步訛寫作"徣"。

另外，《思溪藏》隨函音義還可進一步驗證我們之前的俗字研究成果，如：

【窹】

窹，《漢語大字典·穴部》："同'窖'。《龍龕手鏡·穴部》：'窖，今；窹，正。'"③ 按：《〈可洪音義〉研究》曾據《可洪音義》的相關説解以及其《大正藏》相應經文，指明"窹"爲"覺"受"窖"之影響而産生的新構俗字④。《思溪藏》隨函音義亦有其用例，可證其説甚

---

① 漢語大字典編輯委員會編纂：《漢語大字典》，第 903 頁。
② 冷玉龍等編：《中華字海》，第 484 頁。
③ 漢語大字典編輯委員會編纂：《漢語大字典》，第 2931 頁。
④ 參見韓小荊《〈可洪音義〉研究——以文字爲中心》，第 13 頁。

確。今《思溪藏》本《正法念處經》卷一〇隨函音義：“瘄瘄，上古孝反，今作覺；下音誤，寐也。”且《思溪藏》對應經文原文正作“瘄瘄”。而《大正藏》本對應經文原文則作“瘄瘄”，校勘記稱第一個“瘄”字元、明本均作“覺”（T17，p0054b）。

第二節 《思溪藏》隨函音義與大型字典編纂

《思溪藏》隨函音義與大型字典編纂既可補正歷代大型字典漏收的形體，也可爲歷代大型字典收録的音義不詳或音義可疑的疑難俗字補充書證或例證，這對於漢語俗字研究、大型字典的完善和漢文佛典的校勘整理都具有重要價值和意義。漢文佛典流傳日久，加之版本衆多，異文紛繁駁雜，漏收也在所難免。《思溪藏》隨函音義中保存有一些獨特字形，即未被現今大型字典收録，如：

一 增補未收字
【㟧】

該字見於《思溪藏》隨函音義，乃“崖”之俗字。《思溪藏》本《十住斷結經》卷一隨函音義：“邊㟧，下音宜，～際也，又吾佳反。”今《思溪藏》本對應經文如下：“菩薩所行不可思議，智無邊崖，亦無等侶。”《大正藏》本對應經文原文亦同。“崖”何以会寫作“㟧”呢？”查《廣韻》，“崖”有兩讀，一音“魚羈切”，屬疑母支韻，意爲崖岸；一音“五佳切”，屬疑母佳韻，意爲高崖也，均與經文意思契合。而“牙”，《廣韻》音“五加切”，屬於疑母麻韻，其中“加”爲麻韻二等字，麻韻二等字和佳韻在脣牙喉音字中相混的現象早在唐五代西北方音中就有所體現①，此處“崖”換聲旁俗寫作“㟧”，蓋因這種俗讀導致。

---

① 邵榮芬：《敦煌俗文學中的別字異文與唐五代西北方音研究》，《中國語文》1963年第3期，後收入《中國敦煌學百年文庫·語言文字卷（一）》，甘肅文化出版社1999年版，第142頁。

【瘦】

此字見於《思溪藏》隨函音義，乃“瘦”字之訛。《思溪藏》本《觀佛三昧經》卷五隨函音義：“瘦，瘦字。”今《思溪藏》本對應經文原文如下：“如是罪人欲命終時，多病消瘦，昏言囈語。”即此字所出。《大正藏》本對應經文原文相同。又《龍龕手鏡·疒部》：“瘦，通；瘦，正，所救反。”①《思溪藏》本《文殊師利問菩薩署經》隨函音義：“病瘦，下瘦字。”故“瘦”當是“瘦”的手書俗訛字。又《可洪音義》卷二二《佛使比丘迦旃延說法没盡偈百二十章》音義：“病瘦，所祐反。”② 可資比勘。

【㗪】

此字見於《思溪藏》隨函音義，乃“喪”之俗字。《思溪藏》本《六度集經》卷一隨函音義：“㗪，蘇浪反。”今《思溪藏》本對應經文有“民之不善，咎在我身，願喪吾命，惠民雨澤”句，即此字所出。《大正藏》本對應經文原文亦同。今考《碑別字新編》載《魏散騎侍郎元恩墓誌》“喪”作“窀”，《唐嗣曹王妃鄭氏墓誌》作“窀”③，可資比勘。據此，“㗪”之所以會成爲“喪”之俗字，蓋是手書中上述兩種情形進一步訛寫的結果，其爲“喪”之俗字應無疑問。

【㦭】

此字見於《思溪藏》隨函音義，亦爲“喪”之俗字。《思溪藏》本《根本說一切有部毗奈耶》卷三五隨函音義：“夭㦭，上於小反，下蘇浪反，正作喪。”今《思溪藏》本對應經文原文有“女眇右目是妨不疑，仁若娶者恐遭夭喪，宜可棄之”句，即此字所出。今考《碑別字新編》載《隋吳嚴墓誌》“喪”作“㦭”，《唐嗣曹王妃鄭氏墓誌》作“窀”④，可資比勘。據此，“㦭”之所以會成爲“喪”之俗字，竊疑蓋是手書中上述兩種情形受上文“夭”字影響而進一步訛寫的結果，其

---

① （遼）釋行均編：《龍龕手鏡》，第474頁。
② （五代）釋可洪撰：《新集藏經音義隨函錄》，《中華大藏經》第60冊，第225頁下欄。
③ 秦公輯：《碑別字新編》，第193頁。
④ 秦公輯：《碑別字新編》，第193頁。

爲"喪"之俗字應無疑問。

【喪】

此字亦爲"喪"之俗字，見於《思溪藏》本《緣本致經》隨函音義，其下有："喪宦，二同，蘇浪反。"今《思溪藏》本對應經文原文有"邪增則内攝喪，内攝喪則三惡興恣"等句，即此字所出。《大正藏》本對應經文原文則作"喪"（T01，p0820c）。又《思溪藏》隨函音義中"喪"之俗寫形體多樣，如《佛本行集經》卷二九隨函音義："喪失，上蘇浪反。"又《根本説一切有部毗奈耶》卷三五隨函音義："夭喪，上於小反，下蘇浪反，正作喪。"以此推知，"喪"之所以成爲"喪"之俗字，蓋爲手書中上述兩種俗體進一步訛變的結果。

【湦】

此字未見於現今大型字典，《思溪藏》本《中阿含經》卷二三隨函音義："湦浣，胡伴反，洗～，二同。"今查《大正藏》本對應經文如下："彼染家得，或以淳灰、或以澡豆、或以土漬，極浣令淨。"（T01，p0575a）據此，"湦"乃"浣"之俗字。又《思溪藏》本《增壹阿含經》卷二二隨函音義："浣涗，胡伴反，二同。"推其致俗之由，蓋因俗書中"完"與"兒"常混用，則"浣"常俗寫作"涗"。《思溪藏》本《中阿含經》卷五三隨函音義："兒完，户官反，～，全也，二同。"《磧砂藏》本《悲華經》卷三隨函音義："完兒，二同，户官反；完，全也。"皆可證。又"兒"字常常寫作"皃"，只因"兒"《説文》篆文作"皃"，隸變作"皃""皀"等形，其中"皀"爲篆文的變體，"皀"又爲"皀"之變體，幾者常常發生混同，如《磧砂藏》本《佛本行集經》卷三三隨函音義："皀兒，二同。"可證。可見，"湦"之所以成爲"浣"之俗字，是因"浣"先俗變作"涗"，又進一步俗寫作"湦"，再進一步俗變作"湦"。

【粗】

該字見於《思溪藏》隨函音義，乃"羝"之俗字。《思溪藏》本《蘇悉地羯羅經》卷中隨函音義："部粗，下恐是羝字，音仾。"今查

《思溪藏》本對應經文原文作："佛部淨珠真言：唵（同上呼一句）遏部瓶弭惹曳悉睇（二句）。"《大正藏》本經文原文亦同。（T18，p0684c）據經文可知，此處"粗"是譯音用字，無實際意義。今考"氐"旁《説文》作"乇"，隸變作"互""互"，"玄""玄""丘""弓"旁皆爲"氐"旁的訛變體①。《思溪藏》隨函音義中"氐"旁字"瓶"作"羝"，"底"作"庌""庌"，"眂"作"呟"等等隨處可見，"氐"之手書俗寫"丘""玄"等與"且"形體近似，故"粗"當是"瓶"手書進一步訛寫的結果。

【杵】

該字形見於《思溪藏》隨函音義，乃"杵"之俗字。《思溪藏》本《佛説陀羅尼集經》卷七隨函音義："杵，昌與反。"今《思溪藏》本對應經文有"即握作拳，如金剛把杵，作大瞋面"句，即此字所出。查《廣韻·語韻》："杵，昌與切。"②又"午""牛"形近易混，故"杵"當爲"杵"之俗書訛寫字。

【肏】

該字見於《思溪藏》隨函音義，乃"炙"之俗字。《思溪藏》本《六度集經》卷四隨函音義："爲肏，下之夜反，肉~。"今《思溪藏》本對應經文有"以網收之，盡獲其衆，貢于太官，宰夫收焉，肥即烹之爲肴"句，即此字所出；又《大正藏》本對應經文原文亦同，校勘記曰："肴，宋本作肏。"（T03，p0017c）與《思溪藏》本隨函音義所言契合。溯其致誤之由，蓋因俗書"夕""夕"每多相混，又據經文可知，"炙"指烤熟的肉食，故"肏"蓋是受經文意思影響産生的换旁俗字。又"炙"俗寫作"肏"，佛經中常見，如《北山録》卷六："則何太早計，見卵而求時夜，見彈而求鴞肏歟！"（T52p0607c）又《大正藏》本《鐔津文集》卷八："彼則肏龍肉而資所贍，屠龍者彼人之事也。"（T52，0683c）可資比勘。

---

① 參見張涌泉《敦煌俗字研究》（下編）"氐"條，上海教育出版社1996年版，第351頁。
② （宋）陳彭年等編：《宋本廣韻》，第237頁。

【盤】

該字見於《思溪藏》隨函音義，乃"槃"之俗字。《思溪藏》本《一字佛頂輪王經》卷三隨函音義："盤槃，二同。"今《思溪藏》本對應經文如下："又以四銀槃，一盛燒香，一盛於花，一盛白芥子、小石子等，一盛種種末香。"即此字所出。《大正藏》本對應經文原文亦同。又"槃"何以會寫作"盤"呢？今考《説文·木部》："槃，承槃也。從木，般聲。鎜，古文，從金。盤，籀文，從皿。"段注："今字皆作'盤'。"① 可見，"盤"同"槃"，自古以來即爲"槃"之異體字。上揭經文《大正藏》校勘記亦有："槃，明本、甲本均作'盤'。"（T19，p0249a）又因古文字中"舟"與"月"形體近似，故在隸定過程中，"般"與"股"二者常常混同，如漢碑《魯峻碑陰》"般"寫作"股"，顧藹吉按："《漢書·地理志》作'般'，其字從舟，碑變從月，與'股肱'之'股'無別。"② 漢碑《劉寬碑》"槃"亦寫作"朡"③。又《可洪音義》卷三〇《法義篇第四之四》音義："朡盂，上音盤，下音于，器名也。"④ 可資比勘。據此，"盤"之所以會成爲"槃"之俗字，當是"槃"的隸書訛變體進一步訛寫的結果。

【槑】

該字見於《思溪藏》隨函音義，亦爲"槃"之俗字。《思溪藏》本《摩登伽經》卷上隨函音義："槑槃，二同，上正。"今《思溪藏》對應經文原文有"薩羅姑利毗槃頭摩帝大羅毗沙脂利彌利"等句，即此字所出。《大正藏》本對應經文原文與之同。如上條所言，在隸定過程中，"舟"旁與"月"旁常常混同，如漢《郭究碑》"槃"即寫作"槑"⑤。又如《思溪藏》本《大莊嚴經論》卷一〇隨函音義："槑槃，二同，音盤。"據此推知，"槑"之所以成爲"槃"之俗字，蓋"槑"

---

① （漢）許慎撰，（清）段玉裁注：《説文解字注》，第260頁。
② （清）顧藹吉編：《隸辨》，第42頁。
③ （清）顧藹吉編：《隸辨》，第41頁。
④ （五代）釋可洪撰：《新集藏經音義隨函録》，《中華大藏經》第60册，第575頁中欄。
⑤ （清）顧藹吉編：《隸辨》，第41頁。

在手書中進一步訛變作"腺"，後再訛寫作"睮"。

【睮】

該字亦爲"槃"之俗字，見於《思溪藏》本《中阿含經》卷二二隨函音義，其下有："睮槃，二同。"今查《思溪藏》本對應經文原文有"猶如有人或從市肆，或從銅作家，買銅槃來，塵垢所污"等句，即此字所出。《大正藏》本對應經文原文則作"槃"（T01，p0566b）。如上文所言，"舟"與"月"在俗書中常常混同，"槃"俗寫作"腺""睮""睮"等形體，故隨函音義所出之"睮"亦爲上述俗體進一步訛變的結果。

【蛑】

該字形見於《思溪藏》隨函音義，乃"蟒"之俗字。《思溪藏》本《諸佛要集經》卷上隨函音義："蛑蟒，二同，莫朗反，蛇中最大者，上非也。"今《思溪藏》本對應經文有"蟒蛇、鳥獸、麋鹿、蛟龍，承事若干殊異魍魉，是謂邪見"句，即此字所出。《大正藏》本對應經文原文相同。又"蛑"何以會成爲"蟒"之俗字呢？今查《龍龕手鏡·虫部》："蛱、蟒、蟒、蟒，四俗；蟒，正，莫朗反，最大蛇王也。"① 《可洪音義》卷二二《那先比丘經》下卷音義："大蟒，莫朗反。"② 可見，隨函音義認爲是正字的"蟒"亦爲"蟒"之俗字。如《思溪藏》本《陀羅尼雜集》卷六隨函音義："莽森，二同，母朗反。"可資比勘。又因形近，"蟒"亦俗寫作"蟒"，又進一步訛寫爲"蟒"等形體，"蛑"字竊疑爲上述形體的換聲旁俗字，抄手在抄寫過程中有可能發現"蟒"之聲旁與"蟒"讀音相去甚遠，或者"蟒"之聲旁是不成字部件，遂將"大"以下部件臆改作與"莽"讀音相近的"亡"，於是"蟒"字就寫成了"蛑"形。

【繭】

《思溪藏》本《佛說法律三昧經》隨函音義："璽，古典反，正作

---

① （遼）釋行均編：《龍龕手鏡》，第 223 頁。
② （五代）釋可洪撰：《新集藏經音義隨函録》，《中華大藏經》第 60 册，第 231 頁上欄。

繭。"今查《思溪藏》本對應經文如下:"能覺魔事,不知皆在魔羅網中,如蠶作繭,還自纏裹。"《大正藏》本對應經文原文與之相同。據此,"繭"乃"繭"之俗字,蓋是手書訛寫所致。

【頤】

該字見於《思溪藏》隨函音義,乃"頤"之俗字。《思溪藏》本《大薩遮尼乾子受記經》卷六隨函音義:"頤,正作頤,余之反。"今查《思溪藏》本經文原文作"頰",對應經文如下:"十九者,沙門瞿曇身體廣長;二十者,沙門瞿曇身圓正直如尼拘樹王;二十一者,沙門瞿曇頰如師子;二十二者,沙門瞿曇四十齒滿;二十三者,沙門瞿曇齒間明密。"即此字所出;又《大正藏》本對應經文原文與之相同,校勘記云:"頰,宋、元、明、宮本作頤。"(T09,p0342c)可見,隨函音義認爲正字的"頤"亦爲"頤"之俗字。又從上下文經義看,上文主要描述瞿曇的身體,下文主要描述瞿曇的牙齒,竊疑"頤"受下文經義的影響發生偏旁類化而產生換旁俗字"齠",後又進一步異寫作"頤"。

【猛】

該字形見於《思溪藏》隨函音義,乃"猛"之俗字。《思溪藏》本《仵真陀羅經》卷上隨函音義:"猛,猛字。"今查《思溪藏》本對應經文如下:"已無極上僧那僧涅已深法,猛若如師子。"即該字所出。《大正藏》本對應經文原文與之同。又《可洪音義》卷二六中《集今古佛道論衡一部四卷》卷甲音義:"盂軻,上音孟,下苦何反。"① 即"孟"作"盂"字例,可資比勘。據此,"猛"乃"猛"字手書俗寫所致。

【煖】

此字見於《思溪藏》隨函音義,乃"煖"之俗字。《思溪藏》本《摩訶僧祇律》卷一二隨函音義:"煴煖,上正作温,下與煥同。"今查《思溪藏》本對應經文原文正作"煴煖",原文如下:"若在冬時滅此諍事者,當於無風寒煴煖屏處治,客比丘來,當與爐火。"即此條所出。

---

① (五代)釋可洪撰:《新集藏經音義隨函錄》,《中華大藏經》第60冊,第416頁下欄。

《大正藏》本對應經文作"溫煖"，校勘記曰："溫，宋、元、明、宮本作熅。"（T22，p0327b）"煖"字何以寫作"**煖**"呢？今考《碑別字新編》載《魏郭顯墓誌》"爰"作"**爰**"①，又《可洪音義》卷一一中《大乘阿毗達磨雜集論》卷一："**爰**發，上于元反。"② 故《可洪音義》收錄有"爰"作"**爰**"之形，均可資比勘。據此，竊以爲"**煖**"之所以會成爲"煖"之俗字，極有可能是手書中上述兩種"爰"的俗寫形式進一步訛寫的結果。

【**栅**】【**珊**】

《思溪藏》本《根本說一切有部毗奈耶部耶頌》卷上隨函音義："**珊栅**，二同，叉陌反。"今《思溪藏》本對應經文正作"**栅**"，原文如下："靜謂無餘人，隱密事非一；牆**栅**夜簾障，榛叢爲第五。"《大正藏》本對應經文則作"栅"（T24，p0625c）。考《龍龕手鏡．雜部》："**册**俗；**册**，正，楚格反，古文簡～也。"③《思溪藏》本《廣弘明集》卷三隨函音義："方**册**，義（叉）陌反，亦作**册**。"據此，"**栅**"乃"栅"之俗字。推其產生之由，蓋因"册"俗寫作"**册**"。《碑別字新編》載《魏元端墓誌》"栅"作"**栅**"④，與"**栅**"形體近似，亦可資比勘。又《思溪藏》本《根本薩婆多部律攝》卷五隨函音義："**栅**，正作**栅**，叉陌反。"今《思溪藏》本對應經文作"**栅**"，原文如下："**栅**籬村者，齊何處來是其勢分？"《大正藏》本對應經文則作"栅"（T24，p0555b），亦爲其明證。

又"**珊**"字亦見於《思溪藏》隨函音義，乃"珊"之俗字。《思溪藏》本《說一切有部發智大毗婆沙論》卷二〇〇隨函音義："**珊珊**，二同，蘇干反，下正。"今《思溪藏》本經文原文作"**珊**"，原文如下："次說無因無緣等是末塞羯梨見，次說造教造等是**珊**闍夷見。"《大正藏》本則作"珊"（T27，p1001c）。又該字在此處爲譯音用字，雖無實

① 秦公輯：《碑別字新編》，第97頁。
② （五代）釋可洪撰：《新集藏經音義隨函錄》，《中華大藏經》第59册，第948頁中欄。
③ （遼）釋行均編：《龍龕手鏡》，第554頁。
④ 秦公輯：《碑別字新編》，第95頁。

際意義，但根據上揭"柵"字之考證，"珊"爲"珊"之俗字應無疑問，皆因"册"俗寫作"册"而成。

【澡】

《思溪藏》本《優婆塞戒經》卷五隨函音義："澡，音早。"今查《思溪藏》本對應經文原文作"澡"，原文如下："謂坐臥具，厠上安置淨水、澡豆、淨灰土等。"《大正藏》本對應經文亦同。據此，"澡"乃"澡"的俗字，竊疑其爲"澡"手書訛寫所致。

【奢】

《思溪藏》本《大方等大集經》卷一九隨函音義："奢，疑只是奢字。"今查《思溪藏》本對應經文原文作"奢"，原文如下："闍羅闍羅迦奢彌隸呵　奢彌隸呵　奢彌隸呵　奢彌隸呵。"即此字所出。據此，"奢"在此處爲佛經咒語用字，重在表音，並無實際意義。又異文材料亦可證明"奢"應即"奢"之俗字。今《大正藏》本上揭經文對應原文亦作"斯"，校勘記稱上述幾個"奢"字宮本均作"奢"（T13，p0133b）。可見《思溪藏》隨函音義所言不虛，此處經文中確有"奢"寫作"奢"者。"奢"何以成爲"奢"之俗字呢？今考《龍龕手鏡·虫部》："蛺、蝶、蟒、蟒，四俗；蟒，正，莫朗反，最大蛇王也。"[1] 又《可洪音義》卷二二中《那先比丘經》下卷音義："大蛟，莫朗反。"[2] 據此，"蟒"可俗寫作"蟒""蟒"和"蛟"等形，構件"共"在俗書中常與"大"混同，故"奢"在手書中俗寫作"奢"。

【俙】

《思溪藏》本《薩婆多毗尼毗婆沙》卷七隨函音義："俙斛，二同，胡谷反。"今《思溪藏》本對應經文作"斛"，原文如下："若日食一斛得周一年，應常以一斛爲限。"《大正藏》本對應經文亦作"斛"，校勘記曰："聖本作斛。"（T23，p0549c）據經文可知，"斛"在此處是量詞，是量糧食的器具，需要人去丈量，故"俙"蓋爲"斛"之後起增

---

① （遼）釋行均編：《龍龕手鏡》，第 223 頁。
② （五代）釋可洪撰：《新集藏經音義隨函錄》，《中華大藏經》第 60 冊，第 231 頁上欄。

旁字，竊疑應是"斛"受上下文經義之影響增旁而成的俗字。

【跞】

該字見於《思溪藏》隨函音義，乃"迹"之俗寫字。《思溪藏》本《衆事分阿毗曇》卷一隨函音義："跞迹，二同跡，上俗。"今查《思溪藏》本經文原文作"跡"，原文如下："道如跡乘，是故道智比智。"《大正藏》本對應經文亦同。又如《思溪藏》本《增壹阿含經》卷三一隨函音義："跞跡，二同，下正。"今查《思溪藏》本經文原文作"跡"，原文如下："猶如以火燒焚草木，永盡無餘，亦無遺跡，此亦如是。"今考"亦"字在草書中常寫作"亠""亣"[1]，故常草書楷化作"尒"，後又進一步訛變作"㸃"，如《碑別字新編》載《魏張寧墓誌》"亦"就作"㸃"[2]，又如《思溪藏》本《增壹阿含經》卷三一隨函音義："㸃亦，二同。"《大乘起信論》卷上隨函音義："㸃亦，二同。"故該字之所以成爲"迹"之俗字，蓋因"亦"字草書楷化所致，有可能先草書楷化作"跞"，後又進一步訛寫作"跞"。

【跴】

該字見於《思溪藏》隨函音義，亦爲"迹"之俗字。《思溪藏》本《賢愚經》卷九隨函音義："跴迹，二同跡字。"今查《思溪藏》本文原文作"跡"，原文如下："於時，其弟聞兄還國，心懷慙懼，逃至舍衞。發跡之後，諸親友輩，按其婦腹，墮其胎兒。"《大正藏》本對應經文亦同。如上條所言，"迹"在俗書中因草書楷化常訛寫作"跞"。據此推知，"跴"蓋爲"跞"進一步訛變的結果。

【涯】【涯】

《思溪藏》本《説一切有部發智大毗婆沙論》卷一九七："墮涯，下魚皆反，正作崖，山~也。"今查《思溪藏》本經文原文作"**涯**"，原文如下："是故無有重生功能，如人墮**涯**，隤壞所壓，欲起復壓。"《大正藏》本對應經文則作"涯"（T27，p983b）。據此，"涯""**涯**"

---

① 洪鈞陶編：《草字編》，第435頁。
② 秦公輯：《碑別字新編》，第17頁。

皆爲 "涯" 之俗字。推其致誤之由，蓋因 "涯" 先俗變作 "涯"，該俗字形體在《思溪藏》隨函音義中經見，如《思溪藏》本《出三藏記集》卷一二隨函音義："涯航，上吾皆反，一音宜，下户剛反。" 又如《可洪音義》卷二一中《撰集百緣經》第十卷："懸崖，五街反。"[①] 其中 "崖" 作 "崖" 亦可資比勘，又俗書 "厂" 與 "尸" 常因形近而互換，故 "涯" 又進一步俗變作 "涯"。

【崖】

《思溪藏》本《佛説大方等大集菩薩念佛三昧經》卷七隨函音義："邊崖，下音宜，~岸。" 今查《思溪藏》本對應經文原文正作 "崖"，原文如下："若能持心如大地，又同水、火、及與風，更等虚空無邊崖，彼人速得此禪定。" 即此條所出。《大正藏》本則作 "邊崖"，校勘記稱 "元、明本作涯"（T13，p0857c）。據此，"崖" 當爲 "崖" 之俗寫字。此種寫法在《思溪藏》隨函音義中經見，如《思溪藏》本《菩薩念佛三昧經》卷三隨函音義："崖底，又音宜，~岸。"《虚空孕菩薩經》卷上隨函音義："石崖，下魚皆反。" 又如上條考釋所言，《思溪藏》隨函音義者有 "涯" 寫作 "涯" 者，又《可洪音義》中亦有 "崖" 寫作 "崖" 者，均可與此條比勘。

【顚】

該字見於《思溪藏》隨函音義，乃 "顚" 之俗字。《思溪藏》本《立世阿毗曇論》卷九隨函音義："顚顀，下正。"《思溪藏》本對應經文作 "顚"，原文有 "起諸重病或癲或痟或顚或瘻或蟲或毒" 等句，即此條所出。《大正藏》本對應經文亦同。"顚" 何以寫作 "顚" 呢？今考 "顚"《説文》作 "顚"，隸變作 "顚" "顚" "顚" 等形體，在隸定的過程中，"顚" 字的部件 "匕" 常常與 "止" 和 "山" 混同，如 "顚"，漢碑《楊君石門頌》寫作 "顚"，漢碑《西狹頌》寫作 "顚"[②]。據此，"顚" 之所以會成爲 "顚" 之俗字，當是 "顚" 的隸書

---

① （五代）釋可洪撰：《新集藏經音義隨函録》，《中華大藏經》第 59 册，第 192 頁下欄。

② （清）顧藹吉編：《隸辨》，第 44 頁。

形體進一步訛變的結果。

【溼】

該字見於《思溪藏》隨函音義，乃"濕"之俗字。《思溪藏》本《佛說大方等大集菩薩念佛三昧經》卷一〇隨函音義："溼，濕字。"今查《思溪藏》經文原文作"濕"，原文如下："如人穿井，若見濕土黏污手足，或時復見水泥雜和。"即此條所出。《大正藏》本對應經文原文亦同。據此，"溼"乃"濕"之俗字應無疑問。又考《說文·水部》："溼，幽溼也。從水，一所以覆也；覆而有土，故溼也；省聲。"① 又《說文·水部》："濕，水出東郡，東武陽入海，從水㬎聲。桑欽雲：'出平原高唐。'"②《五經文字·水部》："經典皆以'濕'爲'溼'，唯《爾雅》用之。"③ 故據《說文》，"溼"爲幽溼義，"濕"爲水名，因其同音，經典中多相混無別。據此，"溼"亦爲"溼"之俗字，蓋因與其形近而發生訛寫，成爲"濕"字之誤。

【篌】

此字見於《思溪藏》隨函音義，乃"篌"之俗寫字。《思溪藏》本《佛說大方等大集菩薩念佛三昧經》卷一隨函音義："箜篌，二字音空矦。"今查《思溪藏》本對應經文原文即作"箜篌"，原文有"所謂象聲、馬聲、車聲、步聲、鼓聲、貝聲、箜篌聲、琴瑟、琵琶、箏"等句，即隨函音義"箜篌"二字所出。《大正藏》本經文亦同。今考《碑別字新編》載《唐台州刺史陳皆墓誌》"侯"作"矦"④，又上揭隨函音義說解中用"侯"字直音注"篌"，亦寫作"矦"，亦可資爲證。又如《思溪藏》本《開元釋教録》："峽，矦夾反，西路名。"其中反切上字"侯"亦寫作"矦"。據此推知，"篌"之所以成爲"篌"之俗字，蓋因"侯"俗寫作"矦"，其爲"篌"之俗字無疑。

---

① （漢）許慎撰，（宋）徐鉉校定：《說文解字》，第235頁。
② （漢）許慎撰，（宋）徐鉉校定：《說文解字》，第227頁。
③ （唐）張參撰：《五經文字》，《叢書集成新編》，新文豐出版有限公司1985年版，第35冊，第639頁。
④ 秦公輯：《碑別字新編》，第76頁。

【說】

該字見於《思溪藏》隨函音義，爲"說"字之訛。《思溪藏》本《佛說般舟三昧經》卷上隨函音義："譁說，上音花，喧~也。"今查《思溪藏》本對應經文作"譁說"，原文如下："但欲求名、但欲譁說，不得善師、亦不明經。"《大正藏》本對應經文原文則作"嘩説"（T13，p0907b）。據此，"說""說"和"説"皆爲"說"字。"說"之所以成爲"說"字之訛，蓋因在手書中"夕"與"八""丷"等偏旁，"口"與"厶"常常相混，故而形成上述多種寫法。

【殷】

此字見於《思溪藏》隨函音義，乃"殷"之俗字。《思溪藏》本《方廣大莊嚴經》卷一二隨函音義："殷雷，上音隱，~~，雷聲也。"今查《思溪藏》本對應經文作"殷"，原文如下："六者聲如殷雷，摧伏外道故。"《大正藏》本對應經文亦同。據此，"殷"乃"殷"的俗字，竊疑其爲"殷"手書訛寫所致。

【廏】

該字見於《思溪藏》隨函音義，爲"廏"字之訛。《思溪藏》本《十誦律》卷一隨函音義："廏廐，音救，養象馬之舍也，二同用。"今《思溪藏》本對應經文作"廐"，原文如下："復有象廐、馬廐門間食厨，有人藏物在中，是名守護。"《大正藏》本經文亦同。"廏"何以寫作"廏"呢？今查《思溪藏》本《正法華經》隨函音義："廏，音救，養馬舍也，與廐同。"考《篇海類篇·厂部》引《搜真玉鏡》："廏，音救。"[1]又伯3506號《佛本行集經難字》於卷九的位置亦出"廏"字，《敦煌經部文獻合集》考云"其當爲'廏'的訛字"[2]，皆可證。又俗書"广"旁、"疒"旁與"厂"旁因形體相近而常互混，據此《思溪藏》本《正法華經》隨函音義中"廏"亦應爲"廏"之俗字。故該字之所以成爲"廏"的俗字，蓋因"廏"字俗寫作"廏"，再進一步訛變作"廏"。

---

① （明）宋濂撰，（明）屠隆訂正：《篇海類編》，《續修四庫全書·經部》，上海古籍出版社2003年版，第229冊，第478頁。
② 張涌泉：《敦煌經部文獻合集·小學類佛經音義之屬》，第5549頁。

【怦】【怦】

此二字大型字典未收，見於《思溪藏》隨函音義，均爲“嫪”之俗字。《思溪藏》本《漸備一切智德經》卷一隨函音義：“戀怦，下正作嫪，郎到反，悋也。”《正法華經》卷五隨函音義：“不怦，郎到反，正作嫪，悋也，戀也。”① 又“恈”爲“嫪”從心、牢聲的新造俗字②，“恈”進一步訛變作“怦”“怦”，故二者俱爲“嫪”字之俗。

【𡋯】

《思溪藏》本《道行般若經》卷六隨函音義：“垢𡋯，下亦或作圿，古八反，垢，惡也，經或作坋、坏，並傳寫誤也。”今查《思溪藏》本對應經文原文有“所斐服衣被淨潔，無垢圿，無蚤蝨，身中無八十種虫”等句，即此條隨函音義所出。又《大正藏》本對應經文原文則作“垢坋”，校勘記云“坋”字宋、元、明、宫、聖本均作“圿”（T08，p0454b）。據此，“垢𡋯”即“垢坋”，“分”字草書常寫作“分”“分”③，“𡋯”乃“坋”之俗字，蓋由“分”旁草書楷化而致。

【縙】

《思溪藏》本《四分律》卷四一隨函音義：“結縙，而容反。”今《思溪藏》本對應經文原文正作“結縙”，原文如下：“時有病比丘身患瘡，污衣臥具，佛言：‘聽畜覆身衣。’或有衣毛結縙著瘡，或時患痛。”今查《大正藏》本對應經文作“結毴”，校勘記曰：“宋、元本作緝；明、宫本作縙。”（T22，p0862c）又慧琳《一切經音義》對應經卷亦出“結毴”條，其下曰：“《字林》‘而容反’，毛罽也，律文作緝，字書亦鞲字，音而用反，案毳飾也。”（T54，p0703c）考《原本玉篇殘卷·糸部》：“緝，如用反，字書亦鞲字也，[illegible]鞍，毳飾也，在革部。”④ 又《集韻·鍾韻》如容切：“鞲，韏毳飾。”⑤《集韻·用韻》而用切：

① 參見前文佛經異文章節的相關論述。

② 張涌泉：《漢語俗字叢考》，第439—440頁。

③ 洪鈞陶編：《草字編》，第326頁。

④ （梁）顧野王編撰：《原本玉篇殘卷》，第179頁。另外，該書還收録有“糸部”，亦出“緝”字，其下除“[illegible]”作“鞲”外，其餘均與此條同，見該書第388頁。

⑤ （宋）丁度等編：《宋刻集韻》，第5頁。

"鞊，窜毳飾，一曰靮也，或作靯、毦、緝。"① 據此推知，"毦""靯"
"緝"等均爲"鞊"之俗字。《思溪藏》隨函音義和經文原文中的"**繪**"
亦爲"鞊"字之訛，推其致誤之由，竊疑蓋"鞊"常俗寫作"緝"，後
又進一步訛變作"**繪**"。

【**飘**】

該字見於《思溪藏》隨函音義，爲"飄"字之訛。《思溪藏》本
《四分律》卷五一隨函音義："飘，疋苗反。"今查《思溪藏》本對應經
文原文作"飘"，原文如下："時諸外道得風雨飄濕，即入草木叢林山
谷窟中而自藏竄。"《大正藏》本對應經文亦同。據此，"飘"乃"飄"
之俗字，蓋爲"飄"手書訛寫所致。

【**廠**】

該字見於《思溪藏》隨函音義，爲"廠"之俗字。《思溪藏》本
《百喻經》卷上隨函音義："軒廠，下昌兩反，軒，檻也；廠，虛也，
闊也，或作敞，廊屋也。"今查《思溪藏》本對應經文亦作"軒廠"，
原文如下："往昔之世，有富愚人癡無所知，到餘富家見三重樓，高廣
嚴麗，軒廠踈朗，心生渴仰。"今《大正藏》本對應經文作"軒敞"。
又如《思溪藏》本《法苑珠林》卷五二隨函音義："廠**㩋**，上昌兩反，
下郎擊反。"今查《思溪藏》本對應經文原文則作"廠櫪"，原文如下：
"信兄弟等見之，悲哀相對，別爲廠櫪，養飼有同事母。"《大正藏》本
對應經文原文亦同。"廠"爲何會成爲"廠"之俗字呢？蓋因俗書中
"敝"與"敞"常形近而訛，如《思溪藏》本《雜譬喻經》卷下隨函
音義："弊草，上毗祭反。"今《思溪藏》本對應經文原文作"弊草"。
又如《思溪藏》本《雜阿含經》卷九隨函音義："**蔽**，必祭反。"今
《思溪藏》本對應經文原文作"蔽"。又如《可洪音義》卷二七中《續
高僧傳》第二卷音義："顯敝，昌兩反，正作敞。"②《可洪音義》卷一
六《根本説一切有部毗奈耶苾芻尼律》第十二卷音義："廠，上昌亮

---

① （宋）丁度等編：《宋刻集韻》，第 232 頁。
② （五代）釋可洪撰：《新集藏經音義隨函錄》，《中華大藏經》第 60 冊，第 463 頁下欄。

反。"① 此處"廠"寫作"癲"。均可資比勘。

【粹】

此字見於《思溪藏》隨函音義,爲"粹"字之訛。《思溪藏》本《付法藏因緣經》卷六隨函音義:"純粹,下私遂反。"今查《思溪藏》本對應經文原文作"純粹",原文如下:"我深達彼心所念故,登金山聚出頗梨珠,咸令一切皆悉了知,精靈純粹不假形質。"今《大正藏》本對應經文相同。"粹"何以會寫作"粹"呢?竊疑蓋因佛經刊刻時,刻工誤將"卒"中的兩個人字看成連筆,進而刻成與之相近的"辛",從而形成"粹"字。如《思溪藏》本《經律異相》卷一四隨函音義:"平卒,二同,七没反。"又如《思溪藏》本《出三藏記集》卷四隨函音義:"卆平,二同,倉没反。"又如《思溪藏》本《四分律藏》卷一四隨函音義:"憔悴,上自搖反,下才遂反,作悴同。"可資比勘。

【踋】

《雜寶藏經》卷五隨函音義:"跳踋,二同,音條。"今《思溪藏》本對應經文原文有"時有白象共師子爲伴,師子跳往壞蟒蛇腦,令諸商人得脫大難"等句,即此字所出。《大正藏》本對應經文同。據此,"踋"乃"跳"之俗字。推其致誤之由,蓋因"跳"在手書中常俗寫作"踋",如《碑別字新編》載《唐妳神頌》"跳"作"踋",《龍龕手鏡·足部》:"踋,通;跳,正。"② 均可爲證。故"踋"之所以成爲"跳"之俗字,竊疑爲俗體"踋"進一步手書訛變所致。

【碓】

《思溪藏》本《王子法益壞目因緣經一卷》隨函音義:"碓硔,上音對,下正作曰,～～,蹋春之具也。"今查《思溪藏》本對應經文原文正作"碓臼",原文如下:"將入治罪,置碓臼中,以杵擣之,斯須之間,變成爲沫。"《大正藏》本對應經文亦同。據經文可知,"碓臼"

① (五代)釋可洪撰:《新集藏經音義隨函錄》,《中華大藏經》第60册,第3頁下欄。
② (遼)釋行均編:《龍龕手鏡》,第458頁。

指用來蹋和舂的工具，"碻"則當爲"臼"受上文"碓"影響而產生的增旁俗字。

【𡉉】

《思溪藏》本《王子法益壞目因緣經一卷》隨函音義："丘𡉉，下塚字。"今查《思溪藏》本對應經文原文作"丘塚"，原文如下："從禽中來，性無返復，喜殺害蟲，獨樂丘塚。"《大正藏》本對應經文亦同。據此，"𡉉""塚"與"塚"顯然均爲"冢"之俗字。《敦煌俗字研究》已疑"𡉉"爲"冢"字俗體①，又敦煌寫本伯3438號《大般涅槃經音》第三袟第十卷、伯3823號《大般涅槃經難字》、北6286、北6308、斯2115、斯2869號《大般涅槃經》經文中皆有"冢"作"𡉉"之用例②，皆可證"𡉉"即爲"冢"之俗體。竊疑該字之所以成爲"冢"的俗字，是因"冢"先增旁俗變作"塚"，又進一步俗寫作"𡉉"，在刻經中再進一步俗變作"𡉉"。

【𡉉】

《思溪藏》本《陀羅尼雜集》卷一隨函音義："坵𡉉，上音丘，下塚字。"今查《思溪藏》本對應經文原文有"其有書寫讀誦之者，所至到處，國邑、聚落、山林、坵塚"等句，即此字所出。《大正藏》本對應經文則作"丘塚"（T21，p0581b）。據此，"𡉉"亦爲"冢"字之訛。就字形而言，上文列舉的"冢"字之俗體均可資比勘。該字之所以產生，竊疑蓋因"冢"先增旁作"塚"，後又進一步俗寫作"𡉉"，其爲"冢"之俗字應無疑問。

【𡧛】【𡧛】

大型字典未收錄此二形，見於《思溪藏》隨函音義，皆爲"嵩"之俗寫字。《思溪藏》本《釋氏方誌》卷上隨函音義："𡧛，都浪反。"今查《思溪藏》本對應經文原文作"𡧛"，原文如下："此河於蒲昌伏流南而少西數千里，入積石山，在羌燒𡧛中。"《大正藏》本對應經文

---

① 張涌泉：《敦煌俗字研究》（下編）"冢"條，第69頁。
② 張涌泉：《敦煌經部文獻合集·小學類佛經音義之屬》，第5230、5764頁。

則作"甑"，校勘記曰"甑"字宋、元、明本均作"甍"（T51，p0949c）。今查《可洪音義》對應經卷亦出"燒甑"條①，其中"甑"寫作"甍"，亦可資比勘。據此，"甍""甍"皆爲"甑"之俗寫字。推其致誤之由，此殆由於"兀""瓦"二字俗書皆作"乜"，又"乜"與"几"形近易訛，三者每多相亂所致。如《思溪藏》本《續高僧傳》卷二九隨函音義："屋甍，下音萌，屋檐也。"而《思溪藏》本對應經文原文則作"屋甍"。又如敦煌寫本斯 2414 號背《大寶積經難字》中"柉""机"皆即"杌"的俗字②。又如《磧砂藏》本《大寶積經》卷三六隨函音義云："株杌，吾骨反，樹無枝曰株杌也。"（76/48b）且《磧砂藏》本對應經文原文正作"杌"（76/43b），但《慧琳音義》卷一二《大寶積經》第三十六卷音義中卻作"株柉"條（T54，p0381c），影印日本獅谷白蓮社本對應條目亦作"株柉"③，上兩處"柉"均爲"杌"字之誤也。又如"株机"一詞在《大正藏》中凡三見，此三處均未出校勘記，但亦均爲"株杌"之誤。據此，"瓦"與"兀"、"几"常因形近而互換，"甍""甍"爲"甑"之俗字無疑。

【屖】

此字見於《思溪藏》隨函音義，乃"犀"之俗字。《思溪藏》本《釋氏方誌》卷上隨函音義："屖，音西，正犀，～牛。"今查《思溪藏》本對應經文作"南當池大嶺，名婆羅犀羅，南北三四百里。山地極高"。《大正藏》本對應經文亦同。據此，該字雖爲譯音用字，重在表音，但隨函音義云其爲"犀"之俗字可從，當爲手書訛寫所致。

【寰】

此字見於《思溪藏》隨函音義，乃"寰"字之訛。《思溪藏》本《釋迦譜一卷》隨函音義："寰寓，上音還，王者所屬之地也，下宇字同。"今查《思溪藏》本對應經文作"君臨寰寓，長源遠嗣難以測知，

---

① （五代）釋可洪撰：《新集藏經音義隨函錄》，第 60 冊，第 260 頁上欄。
② 張涌泉：《敦煌經部文獻合集·小學類佛經音義之屬》，第 5079 頁。
③ （唐）釋慧琳：《一切經音義》，影印日本獅谷白蓮社刻本，上海古籍出版社 1986 年版，第 472 頁。

至若兩漢諸帝非嫡者多"。《大正藏》本對應經文則作"寰㝢"（T50，p0086c）。據此，"寏"乃"寰"之俗字。推其產生之由，竊疑蓋因"寰"在俗書中常俗寫作"㝑"，後又進一步訛變作"寏"所致。

【㤟】

該字見於《思溪藏》隨函音義，乃"懊"之俗字。《思溪藏》本《經律異相》卷一七隨函音義："㤟㤠，二字正作懊惱。"今查《思溪藏》本對應經文作"在羅漢衆中先受供養，是莊嚴不？大德方悟，啼泣懊惱"。《大正藏》本對應經文亦同。"懊"何以會寫作"㤟"呢？今考"懊"在俗書中常俗寫作"怓"，如《思溪藏》本《經律異相》卷三一隨函音義："怓懊，二同，恢，古之用也。"《思溪藏》本《開元釋教錄》卷一三隨函音義："怓惱，上烏考反，與懊同。"又如《可洪音義》卷二三《經律異相》第六卷音義："怓懁，二字正作懊惱。"① 故竊疑"㤟"應爲"怓"字進一步手書訛變所致。

【禍】

該字見於《思溪藏》隨函音義，爲"禍"之俗字。《思溪藏》本《經律異相》卷一七隨函音義："禍，禍字。"今《思溪藏》本對應經文有"奴婢死亡，六畜不孳，爲妖孽神師所迷，云'當有福而禍重至'"等句，即此字所出。《大正藏》本對應經文亦同。今考《碑別字新編》載《唐張琮碑》作"禍"②，又《龍龕手鏡·礻部》："祸祸，二俗；祸禍，二正，胡果反，災禍也。"③ 亦可資比勘。據此，竊疑"禍"應爲上述"禍"之俗字形體進一步訛變的結果。

【祸】

《思溪藏》本《陀羅尼雜集》卷二隨函音義："祸，禍字。"今查《思溪藏》本對應經文原文有"譬如轉輪聖王得如意寶珍，是珠神氣消伏災禍"等句，即此字所出。《大正藏》本對應經文亦同。今考《可洪

---

① （五代）釋可洪撰：《新集藏經音義隨函錄》，《中華大藏經》第60冊，第264頁下欄。
② 秦公輯：《碑別字新編》，第294頁。
③ （遼）釋行均編：《龍龕手鏡》，第111頁。

音義》卷二三《經律異相》第三十二卷音義："斯裲，音禍。"① 又
《可洪音義》卷三〇《廣弘明集》第二十七卷音義："衆裲，户果反，
灾也。"② 可資比勘。據此，竊疑"裲"爲"禍"之俗字形體"裲"、
"裲"進一步手書訛變所致。

【齅】

此字見於《思溪藏》隨函音義，乃"齅"之俗字。《思溪藏》本
《經律異相》卷三三隨函音義："齅齅，二同，許救反。"今《思溪藏》
本對應經文有"我於七日中，不見不聞聲，不嗅嘗美味，亦不覺諸觸"
等句，即此字所出。《大正藏》本對應經文亦同。今考《玉篇·鼻部》：
"齅，喜宥切，以鼻就臭，亦作嗅。"③《龍龕手鏡·口部》："嗅齅嗅，
三俗，許救反，正作齅字。"④ 又《思溪藏》本《諸經要集》卷四隨函
音義："齅，許救反，正作齅。"據此，"齅"之所以成爲"齅"之俗
字，竊疑蓋因該字俗書中常寫作"嗅"，又進一步俗寫作"齅""齅"，
再進一步訛變作"齅"。

【寐】

此字見於《思溪藏》隨函音義，乃"寐"之俗字。《思溪藏》本
《陀羅尼雜集》卷七隨函音義："那寐，下密二反。"今《思溪藏》本對
應經文有"我鬼子母字那寐卑，今當説神呪擁護衆生"等句，即此二
字所出。《大正藏》對應經文原文作"寐"（T21，p0623a）。今據清顧
藹吉《隸辨·至韻》載漢《李翊夫人碑》中"寐"即寫作"寐"⑤，又
考《可洪音義》卷一中《大般若經》第五十七帙："寢寐，上七朕反，
下弥二反，正作寢寐。"⑥ 據此，"寐"在俗書中常寫作"寐"，以此推
之，竊疑該字之所以成爲"寐"之俗字，蓋因"寐"先俗寫作"寐"，

① （五代）釋可洪撰：《新集藏經音義隨函録》，《中華大藏經》第 60 册，第 276 頁上欄。
② （五代）釋可洪撰：《新集藏經音義隨函録》，《中華大藏經》第 60 册，第 587 頁下欄。
③ （梁）顧野王著，（宋）陳彭年等修訂：《大廣益會玉篇》，第 21 頁。
④ （遼）釋行均編：《龍龕手鏡》，第 273 頁。
⑤ （清）顧藹吉編撰：《隸辨》，第 124 頁。
⑥ （五代）釋可洪撰：《新集藏經音義隨函録》，《中華大藏經》第 59 册，第 565 頁下欄。

後又進一步訛寫作"寐"。這種兩橫並列,第一橫往往增一撇的情形在俗書中非常普遍,如"虞"字,《思溪藏》本《廣弘明集》卷二六隨函音義:"䮝虞,上側愁反,仁獸也。"即在第一橫中增撇俗寫作"虞"。又如《思溪藏》本《大智度論》卷二九隨函音義:"蜈蚣,二字音吳公。"此處"蜈"和"吳"均增撇俗寫作"蜈"和"吳",亦可資比勘。

【寐】

此字見於《思溪藏》隨函音義,乃"寐"之俗字。《思溪藏》本《雜譬喻經》卷上隨函音義:"臥寐,下眉二反。"今查《思溪藏》本對應經文原文作"臥寐",原文如下:"一者洗浴使淨;二者乳哺令飽;三者臥寐安穩。"今《大正藏》本對應經文則作"臥寐"(T04,p0502a)。據此,"寐"爲"寐"之俗字。該字何以產生,蓋因俗書中"宀"與"㒳"旁常互混,如《思溪藏》本《方廣大莊嚴經》卷二隨函音義:"寢寐,上七錦反,下密二反。"今《思溪藏》本對應經文原文有"每於寢寐時,諸天來讚我"句,其中"寐"即俗寫作"寐"。竊疑"寐"爲"寐"進一步俗寫所致。

【將】

《思溪藏》本《陀羅尼雜集》卷七隨函音義:"將,正作漿。"今《思溪藏》本對應經文原文有"各一銖末和蜜漿,若葡萄漿"等句,即此字所出。《大正藏》本對應經文原文作"漿"(T21,p0622a)。今考《玉篇·水部》:"漿,子羊切,飲也。"[1]《廣韻·陽韻》郎良切:"漿,漿水。"[2]據此,"漿"爲"漿"之俗字經見,"將"蓋爲"漿"在俗寫中進一步發生偏旁易位而產生的俗字。

【洸】

《思溪藏》本《諸經要集》卷一九隨函音義:"昏洸,下音忙,正作盳,~~,不明也。"今《思溪藏》本對應經文作"昏茫",原文如

---

① (梁)顧野王著,(宋)陳彭年等修訂:《大廣益會玉篇》,第90頁。
② (宋)陳彭年等修訂:《宋本廣韻》,第155頁。

下:"凡有含靈,並皆祇響,致使神爽冥昧,識慮昏茫,至於瘖瘂,多有恐怖。"《大正藏》本對應經文原文亦同。據此,"㳒"乃"茫"之俗字,蓋爲"茫"手書訛寫所致。

【愆】

該字見於《思溪藏》隨函音義,乃"豁"之俗字。《思溪藏》本《諸經要集》卷一九隨函音義:"愆然,上呼括反,達也,大也。"今《思溪藏》本對應經文原文有"佛以金剛之手洗病比丘身體,地尋震動,豁然大明,莫不驚肅"等句,即此二字所出。《大正藏》本對應經文原文亦同。據此,"愆"乃"豁"之增旁俗字。又《可洪音義》卷二一中《出曜經》第十六卷音義:"愆然,上呼活反,正作𧮫也。"其中"豁"寫作"愆",可資比勘。

【秎】

該字見於《思溪藏》本隨函音義,乃"嵇"之俗字。《思溪藏》本《出三藏記集》卷一五隨函音義:"秎康,上音兮。"今查思溪藏本對應經文有"以祖比嵇叔夜,其見稱如此"等句,即此條所出。《大正藏》本經文正文無此句,在校勘記中將含有此句的異文列出。今考《碑別字新編》載《隋楊秀墓誌》中"嵇"作"秎"[1],故竊疑隨函音義所出之"秎"爲俗書中"秎"進一步發生偏旁位移所致。

【㝵】

該字形見於《思溪藏》隨函音義,乃"寱"之俗字。《思溪藏》本《十誦律》卷一五隨函音義:"㝵,音義。"今查《思溪藏》本對應經文作"寱",原文如下:"年少比丘及諸沙彌,在說法堂中宿,不一心臥,鼾眠寱語,大喚掉臂。"即此字所出。《大正藏》本對應經文則作"寱"(T23,p0105b)。"寱"何以會寫作"㝵"呢?推其產生之由,竊疑蓋因俗書"爿"旁、"亻"旁常互混,如據《可洪音義》卷一《大般若經卷第五會序》音義:"夜寱,上七朕反,下彌二反,正作寢寱。"[2]"寢"

---

① 秦公輯:《碑別字新編》,第199頁。

② (五代)釋可洪撰:《新集藏經音義隨函錄》,《中華大藏經》第59冊,第565頁下欄。

在此俗寫作"夜"。又《思溪藏》本《方廣大莊嚴經》卷二隨函音義：
"寢寐，上七錦反，下密二反。"今《思溪藏》本對應經文原文有"每
於寢寐時，諸天來讚我"句，即此二字所出，其中"寢"俗寫作
"寢"，亦可資比勘。可見"寐"成爲"寐"之俗字，殆因"寐"先訛
寫作"寐"，如《思溪藏》本《根本説一切有部毗奈耶》卷三九隨函音
義："寐，音藝。"後又進一步換旁作"寐"。

【聟】

此字見於《思溪藏》隨函音義，乃"壻"之俗字。《磧砂藏》本
《舍頭諫經》隨函音義："聟，音細。"今查《思溪藏》本對應經文作
"聟"，原文如下："其我母者持大神咒，令斯仁者爲吾夫聟。"而《大
正藏》本對應經文則作"聟"（T21，p0410b）。又《思溪藏》本《六
度集經》卷四隨函音義："排聟，上步皆反，推～也。"今查《思溪藏》
本對應經文亦作"排聟"，原文如下："婦睹山高谷深，排聟落之，水邊
有神，神接令安。"而《大正藏》本對應經文則作"排壻"（T03，
p0018b）。據此，"聟"乃"壻"之俗字。"聟"之所以成爲"壻"之
俗字，蓋爲"聟"字訛寫，而"聟"則是"壻"之俗字[1]。考《干祿
字書》去聲："聟聟壻：上俗中通下正。"[2] 斯388號《正名要録》"右
正行者楷，脚注稍訛"類"聟聟"下脚注"聟"，皆爲其明證。

【胥】

《思溪藏》本《順權方便經》卷下隨函音義："胥，音細，女夫
也。"今查《思溪藏》本對應經文作"胥"，原文如下："於是，須菩提
謂女言：'姊寧出門有夫胥乎？'"《大正藏》本對應經文作"婿"
（T14，p0926a）。又《思溪藏》本《經律異相》卷三一隨函音義亦有：
"胥，音細，夫～也。"今查《思溪藏》本對應經文均作"胥"，原文如
下："歸向其胥，具陳是事，若無奴使，吾去子矣。胥曰：'吾貧，何緣

---

① 張涌泉：《敦煌俗字研究》（下編）"婿"條，第218頁；張小豔：《敦煌書儀語言研
究》，商務印書館2007年版，第204頁。
② （唐）顏元孫撰：《干祿字書》，第48頁。

卒獲給使乎？'"《大正藏》本對應經文均作"婿"（T53，p0164c）。今考《説文·士部》："壻，夫也。从士，胥聲。……讀與細同。婿，壻或从女。"① 故"胥"應即"壻"在俗寫中發生偏旁易位而産生的俗字。

【闢】

該字見於《思溪藏》隨函音義，乃"闢"之訛。《思溪藏》本《佛説菩薩行方便境界神通變化經》卷下隨函音義："牖嚮，下音向，窓也，正作闢。"《思溪藏》本對應經文作"牖嚮"，原文如下："有百千萬閻浮檀金網，以爲莊嚴而遍覆之，有百千萬摩尼之寶間錯觀臺，有百千萬過師子摩尼寶，莊嚴牖嚮。"《大正藏》本對應經文則作"牖響"，校勘記稱"聖、宮、宋、元、明本作嚮"（T09，p0313c）。據經文可知，"牖嚮"的意思是"窗户"，如《荀子·君道》："便嬖左右者，人主之所以窺遠、收衆之門户牖嚮也。"② 而隨函音義云"正作闢"，蓋因"闢"亦有"窗户"之義，如《廣雅·釋宮》："窗、牖，闢也。"③ 据此，"闢"應爲"闢"偏旁類化而産生的俗字。

【揷】

《思溪藏》本《佛本行集經》卷二八隨函音義："揷插，楚夾反，二同。"今《思溪藏》本對應經文正作"揷"，原文如下："奇異摩尼爲寶鬘，作花持以揷其上。"《大正藏》本對應經文則作"插"，校勘記曰"聖本作捶"（T03，p0782a）。考《龍龕手鏡·手部》："插，俗；挿，正；揷，今；初洽反，刺入也。"④ 據此，"揷"乃"插"之俗字，推其産生之由，蓋因"插"俗寫作"挿"，後又進一步訛變作"揷"，故《大正藏》校勘記云"聖本作捶"，蓋亦爲"挿"字之訛。又《思溪藏》本《蘇婆呼童子經》卷下隨函音義亦有："揷挿，二同，楚夾反。"今《思溪藏》本對應經文作"插"，原文如下："及以五寶并赤蓮花諸雜草花香者皆充供養，果樹嫩枝等皆插瓶内。"《大正藏》本對應經文

---

① （漢）許慎撰，（宋）徐鉉校定：《説文解字》，第14頁。

② （清）王先謙撰，沈嘯寰、王星賢點校：《荀子集解》，中華書局1988年版，第244頁。

③ （清）王念孫著，鍾宇訊整理：《廣雅疏證》，中華書局2004年版，第210頁。

④ （遼）釋行均編：《龍龕手鏡》，第216頁。

則作"插"（T18，p0724c），亦爲其明證。

【疑】

此字見於《思溪藏》隨函音義，《思溪藏》本《説無垢稱經》卷一隨函音義："疑，魚陵反。"今查《思溪藏》本對應經文作"疑"，原文如下："佛以一音演説法，或有恐畏或歡喜，或生厭離或斷疑，斯則如來不共相。"今《大正藏》本對應經文亦同。據此，"疑"乃"疑"之俗字，爲"疑"發生部件類化所致。

【鑿】

此字形見於《思溪藏》隨函音義，乃"醫"字之訛。《思溪藏》本《大方廣寶篋經》卷下隨函音義："明鑿，下疑是醫字，書誤也。"今查《思溪藏》經文原文有"有大明醫飲彼人酥，熱病即愈止，不妄説"句，即此字所出。《大正藏》本亦同。"醫"在俗書中常換旁寫作"鑿"，如《可洪音義》卷二中《菩提資糧論》第五卷隨函音義："鑿論，上於其反。"① 又如《可洪音義》卷二六中《大唐西域記》第十卷音義："善鑿，於其反，正作醫、鑿二音。"② 皆是其證。又"鑿"在俗書中還常與"鑿"混同，如《可洪音義》卷一一中《大乘莊嚴經論》音義："掘鑿，上巨月反，下自作反。"③ 且"鑿"在俗寫中還可誤寫作"鑿"，如《可洪音義》卷二中《勝天王般若經》第六卷音義："鑿，音昨。"④ 據此，隨函音義所言不虛，"鑿"應是"醫"字訛寫形成的俗字。推其致誤之由，蓋"醫"常換旁俗寫作"鑿"，又因"鑿"與"鑿"在俗書中同爲"鑿"之俗字，故"鑿"在此處與"鑿"發生混同，成爲"醫"之俗字。

【歎】

此字見於《思溪藏》隨函音義，《思溪藏》本《大智度論》卷三五隨函音義："歎，正作央字。"今查《思溪藏》本對應經文原文有"善

---

① （五代）釋可洪撰：《新集藏經音義隨函録》，《中華大藏經》第59册，第957頁下欄。
② （五代）釋可洪撰：《新集藏經音義隨函録》，《中華大藏經》第60册，第413頁下欄。
③ （五代）釋可洪撰：《新集藏經音義隨函録》，《中華大藏經》第59册，第958頁下欄。
④ （五代）釋可洪撰：《新集藏經音義隨函録》，《中華大藏經》第59册，第586頁下欄。

男子、善女人聞菩薩不從一世、二世而得成道，無央數世往來生死"句，即此字所出。《大正藏》本對應經文原文亦同，校勘記稱"石本作鞅"（T25，p0316a）。據此，"革"旁蓋受字形內部構件"央"之影響，類化訛寫作"𦫼"，"鞅"應爲"鞅"之俗字。

【孙】

此字見於《思溪藏》隨函音義，乃"彌"之俗字。《思溪藏》本《入楞伽經》卷六隨函音義："浮孙，下正作弥。"今《思溪藏》本對應經文作"彌"，原文如下："譬如釋提桓因、帝釋、王、不蘭陀羅，手抓、身體、地、浮彌、虛空、無礙，如是等種種名號名異義一。"《大正藏》本亦同。"彌"何以會寫作"孙"呢？今考《宋刻集韻·支韻》："彌，或作弥。"① 又《碑別字新編》載"彌"字《魏𡨋法端造像》寫作"弥"②，《可洪音義》卷二中《阿閦佛國經》上卷隨函音義中作"弥"③，均爲"彌"之手書訛寫字，故"彌"之所以俗寫作"孙"，竊疑蓋因"彌"常俗寫作"弥"，又訛變作"弥"、"弥"，在隨函音義刊刻過程中進一步訛變作從"子"旁的"孙"。

【蝐】

該字見於《磧砂藏》隨函音義，乃"蝱"之俗字。《思溪藏》本《摩訶僧祇律》卷二三隨函音義："蚊蝐，上音文，下莫庚反，又正作蝐。"今《思溪藏》本對應經文原文作"蚊蝐"，原文如下："沙門出家修梵行在樹下苦，晝則風吹日炙，夜則蚊蝐所螫。"《大正藏》本對應經文原文則作"蚊虻"（T22，p0414a）。今考《宋刻集韻·庚韻》："蝱虻，《說文》齧人飛蟲，或省。"④《正字通·虫部》："蝐，俗蝱字。"⑤ 又《思溪藏》本《摩訶僧祇律》卷三八隨函音義："蝐，莫庚反，正作蝱。"《思溪藏》本《彌沙塞部五分律》卷一二隨函音

---

① （宋）丁度等編：《宋刻集韻》，中華書局1979年版，第10頁。

② 秦公輯：《碑別字新編》，第379頁。

③ （五代）釋可洪撰：《新集藏經音義隨函錄》，《中華大藏經》第59冊，第609頁上欄。

④ （宋）丁度等編：《宋刻集韻》，第67頁。

⑤ （明）張自烈，（清）廖文英編：《正字通》，中國工人出版社1996年版，第996—997頁。

義："蚊蝱，上音文，下莫庚反，正作蝱，又蚩、虻。"據此，"強"
爲"蝱"之俗字。然"蝱"爲何會寫作"強"呢？考《玉篇·蚰
部》："蝱，俗作蚩。"① 又《字彙補·虫部》："螱，音義與蚩同。"②
竊疑隨函音義刊刻者蓋由"螱"聯想到"強"字，遂將"蝱"字誤
刻作"強"。

【睊】【𥄂】

大型字典未收錄此二字形，見於《思溪藏》隨函音義，均爲"眵"
之俗字。《思溪藏》本《佛真陀羅經》卷下隨函音義："頿睊，上烏割
反，下正作眵，昌之反。"今《思溪藏》本對應經文原文如下："隨其
習俗語祝曰：'……波利𥄂陀那尼䷀睊波跢散那呀和呀和惟利頿𥄂姐𥄂姐
摩羅伊陀。'"據此，"睊"爲佛經咒語譯音專用字，在《思溪藏》這段
經文中共出現四次，有"𥄂""睊""𥄂"三種寫法，推其產生之由，
竊以爲"睊"當爲"眵"之手書俗寫，蓋因"多"俗寫作"彐"所致，
如《思溪藏》本《大樹緊那羅王所問經》卷二隨函音義："彐，多字。"
即其明證。

至於"𥄂"字，之所以成爲"眵"之俗字，蓋因在俗書中"彐"亦
爲"匆"之俗字，該字在漢朝前後隸變作"𢑑"，六朝前後省變作
"彐"，"𢑑""彐"上部構件俗書或用"マ""ク"等省替符代替，於是
便有了"彐""𢁑""匃"等俗體③。故"睊"進一步訛變作"𥄂"和
"𥄂"，《龍龕手鏡·目部》："𥄂，女洽反，舊藏作眵。"④ 亦可資比勘。

【跳】

《思溪藏》本《普曜經》卷六隨函音義："跳𨆁，正作跳碟，上音
條，下音蹀。"今查《思溪藏》本對應經文作"跳蹀"，原文如下：
"十二、迭相捻挃。十三、正住羊聽。十四、在前跳蹀。"今《大正藏》
本對應經文亦同。據此，"跳"乃"跳"之俗字。今考《碑別字新編》

---

① （梁）顧野王著，（宋）陳彭年等修訂：《大廣益會玉篇》，第 119 頁。
② （清）吳任臣主編：《字彙補》，清康熙年間影印本，第 9 冊，第 23 頁上。
③ 張涌泉：《漢語俗字研究》，第 78 頁。
④ （遼）釋行均編：《龍龕手鏡》，第 424 頁。

載《隋造龍華碑》"兆"作"**兆**",《隋□順墓誌》作"**兆**"①,可資比勘。由此推知,"**跳**"之所以會成爲"跳"之俗字,蓋是手書中上述兩種情形進一步訛寫的結果,其爲"跳"之俗字應無疑問。

【**緤**】

現今大型字典亦未收該字形,《思溪藏》本《六度集經》卷一隨函音義:"系髮,上正作緤。"今查《思溪藏》本對應經文作"絲髮",原文如下:"今爾鬼物絲髮之邪力,焉能過吾正真之勢乎?"《大正藏》本對應經文作"系髮",校勘記稱"系"字宋、元、明本均作"絲"(T03,p0004c)。據經文可知,"絲"爲"絲"之俗字,"緤"則當爲"絲"受"系"之影響而產生的俗字。又《可洪音義》卷二六《集沙門不應拜俗等事》第四卷:"絲桐,上息慈反。"② 其中"絲"俗寫作"絲",亦可資比勘。

【**釆**】

該字未見於現今大型字典,見於《思溪藏》隨函音義,乃"釆"之俗字。《思溪藏》本《悲華經》卷一隨函音义:"**釆**,元音云力對反,又疑作力加反,又莫可反,正作**釆**。"今《思溪藏》本對應經文原文有"爾時,世尊復說章句:'……烏頭都羅兜藍阿興三釆伊提多婆'"句,即此字所出。《大正藏》本對應經文原文作"乘",校勘記曰"宋、元、明本作釆"(T03,p0169c)。據經文可知,此處"釆"爲譯音用字,無實際意義。溯其致誤之由,蓋由於楷定過程中手書訛寫造成。考"釆"字《說文》篆文作"**素**",隸變作"**釆**""**釆**"等形,在楷化中易訛寫作"**釆**",而《思溪藏》經文和隨函音義中"**釆**"應爲其隸書手寫體。

【**漚**】

該字未見於現今大型字典,《思溪藏》本《根本說一切有部毗奈耶》卷三六隨函音義:"**漚**濕,二同,失入反。"今查《思溪藏》本對

---

① 秦公輯:《碑別字新編》,第19頁。
② (五代)釋可洪撰:《新集藏經音義隨函錄》,《中華大藏經》第60冊,第429頁中欄。

應經文如下："若得食時，是濕飯者以鉢受之，若是乾飯，置鉢巾內。既得食已，所有濕飯當日食之。"《大正藏》本對應經文與之相同。據經文可知，此處"濕"表示潮濕，與"乾燥"相對。今考《説文·水部》："湮，幽湮也。從水，一所以覆也；覆而有土，故湮也；省聲。"①又《説文·水部》："濕，水出東郡，東武陽入海，從水㬎聲。桑欽云：'出平原高唐。'"②《五經文字·水部》云："經典皆以'濕'爲'湮'，唯《爾雅》用之。"③故據《説文》，"湮"爲幽湮義，"濕"爲水名，因其同音，二者相混已久。據此，"遏"乃"湮"之俗字。推其致俗之由，竊疑蓋因隨函音義作者聯想到"湮"之"覆而有土"，故在"濕"下增旁寫作"遏"。

【鄙】

該字未見於現今大型字典，《思溪藏》本《根本説一切有部毗奈耶》卷四二隨函音義："鄙惡，上碑美文（反）。"今查《思溪藏》本對應經文作"鄙惡"，原文如下："苦哉！痛哉！鄙惡之極，從今已往，可宜改悔。"《大正藏》本與之同。據此，"鄙"乃"鄙"之俗字，蓋因手書訛寫所致。

【曓】

此字《可洪音義》《龍龕手鏡》未收，亦未見於現今大型字典，見於《思溪藏》隨函音義，乃"暴"之俗字。《思溪藏》本《根本説一切有部毗奈耶》卷四三隨函音義："曓暴，蒲報反，下正。"今查《思溪藏》本對應經文作"暴"，原文如下："大天大髻珠，醫人僧衆腹；梯受用兩倍，暴惡及童年。""暴"何以會寫作"曓"呢？推其致誤之由，蓋因楷定過程中手書訛寫所致。今考"暴"字《説文》篆文作"㬥"，隸變作"暴""暴""暴"等形體，在楷書中易訛寫作"曓"

① （漢）許慎撰，（清）段玉裁注：《説文解字注》，第 235 頁。
② （漢）許慎撰，（清）段玉裁注：《説文解字注》，第 227 頁。
③ （唐）張參撰：《五經文字》，《叢書集成新編》，新文豐出版有限公司 1985 年版，第 35 冊，第 639 頁。

"暴"等形體,如《龍龕手鏡·日部》:"暴、暴,俗;暴,正。"① 可資比勘。故竊疑"暴"之所以成爲"暴"之俗字,蓋爲手書中上述兩種情形進一步訛寫的結果。

【版】

該字未見於現今大型字典,《思溪藏》本《根本說一切有部毗奈耶雜事》卷一三隨函音義:"版,板字。"今查《思溪藏》本對應經文原文有"上布平版,版上布甎,於上復以碎甎和泥"句,即此字所出。《大正藏》本對應經文原文與之同。據此,"版"爲"版"之俗字。推其致誤之由,蓋因"片""爿"意義相近,如段玉裁《說文解字注》:"爿,反片爲爿,讀若牆。"②"版"換形旁而俗寫作"版"。

【扈】

此字見於《思溪藏》本隨函音義,乃"扈"之俗字。《思溪藏》本《根本說一切有部毗奈耶雜事》卷一四隨函音義:"扈從,上音户,下去聲。"今查《思溪藏》經文作"扈從",原文如下:"時王聞已,便與太子及内宫人、扈從,相隨至長者宅,共申隨喜。"《大正藏》本與之同。"扈"何以會成爲"扈"之俗字呢?今查《可洪音義》卷二九中《廣弘明集》第十一卷音義:"扈多,上音户,正作扈。"③ 據此,"扈"成爲"扈"之俗字,蓋因在手書中"扈"容易訛寫作"扈",又因"卢"旁与"户"旁形近,後又進一步換旁作"扈"。

【郗】

該字也未見於現今大型字典,《思溪藏》本《彌沙塞部五分律》卷一二隨函音義:"郗絺,丑知反,上非。"今查《思溪藏》本對應經文原文有"若比丘,三衣竟,捨迦絺那衣已,長衣乃至十日"句,即此字所出。《大正藏》本對應經文原文與之同。據經文可知,此處"絺"爲譯音用字,無實際意義。今查《龍龕手鏡·邑部》:"郗,俗;郗,

---

① (遼)釋行均編:《龍龕手鏡》,第 429 頁。

② (漢)許慎撰,(清)段玉裁注:《說文解字注》,第 319 頁。

③ (五代)釋可洪撰:《新集藏經音義隨函録》,《中華大藏經》第 60 册,第 556 頁下欄。

正，丑脂反，邑名也，又姓，又音希。"① "鄩"與"綌"音同，故隨函音義作者所見經文版本中有作"鄩"者，又據清顧藹吉《隸辨·脂韻》："綌，即綌字。綌從希，碑則變希爲帝。"② "帝"蓋爲"鄩"之"希"旁或"綌"之"帝"旁進一步訛寫的結果，"鄩"爲"鄩"之俗寫應無疑問。

【趙】

此字見於《思溪藏》隨函音義，乃"趨"字之訛。《思溪藏》本《修行道地經》卷二隨函音義："趙趨，二同，趍字。"今查《思溪藏》本對應經文作"趨"，原文如下："溫多污皮薄身臭，毛髮稀疎多白多皺，不好長鬚白齒趨行。"《大正藏》本對應經文作"起"，校勘記稱"起"字宋、元、明、宮本均作"趨"（T15，p0192b）。該字何以成爲"趨"之俗字呢？推其産生之由，蓋因"芻"在俗書中常寫作"芻"③，如《思溪藏》本《諸經要集》卷六隨函音義："騶騶，二同，側愁反，神獸也。"此處"騶"寫作"騶"。又如《思溪藏》本《大周刊定衆經目錄》卷一隨函音義："鄒，側愁反。"今《思溪藏》本對應經文原文作"鄒"，原文如下："幻師阿夷鄒呪經一卷。"《大正藏》本對應經文原文則作"鄒"（T55，p0376b）。故"鄒"在俗書中常寫作"鄒"。皆可資比勘。據此推知，竊疑"趨"在俗書中常作"趙"，佛經刊刻者蓋不認識這個俗寫形體，則進一步臆改作與之相近的常見字形"趙"。

【睿】

此字大型字典未收録，見於《思溪藏》隨函音義，爲"睿"之俗字。《思溪藏》本《廣弘明集》卷五隨函音義："睿哲，上羊歲反，～～，明聖也。"今查《思溪藏》本對應經文文字作"睿哲"，原文如下："所以濠上英華，著方生之論，柱下叡哲，稱其鬼不神。"《大正藏》本對應經文原文亦同。今考《可洪音義》卷二九中《廣弘明集》第三十卷音義：

---

① （遼）釋行均編：《龍龕手鏡》，第452頁。

② （清）顧藹吉編：《隸辨》，第12頁。

③ 參見上文中有關"芻"字俗寫之論述。

"睿后，上以芮反，下户豆反。"①《大正藏》本對應經文原文作"睿后"（T52，p0352b）。其中"睿"俗寫作"睿"，亦可資比勘。據此，"睿"爲"睿"之俗字，蓋手書俗寫所致。

【溶】【潜】

《思溪藏》本《出三藏記集》卷一二隨函音義："溶，私閏反。"今查《思溪藏》本對應經文原文有"郗與法潜書"等句，即此字所出。今《大正藏》本對應經文原文則作"潜"（T55，p0083a）。今考《説文·谷部》："𧮉，古文容。"②《原本玉篇殘卷·水部》："溶，《説文》古文容字也。"③ 又今本《玉篇·水部》："浚，私閏切，深也。潜，同上。溶，古文。"④ 又《廣韻·稕韻》私閏切："潜，深也。"⑤據此，現今之"潜"字乃是從古文楷定而成，"潜"爲其異體字，《思溪藏》隨函音義所出"溶"及經文原文之"潜"均爲其俗字。此二字之所以成爲"潜"之俗字，蓋手書俗寫所致，如上文所考，"睿"爲"睿"之俗字，《碑別字新編》載《唐劉玄豹夫人高氏墓誌》中"潜"即寫作"溶"，《唐龐德威墓誌》中"潜"亦寫作"潜"⑥，俱可資比勘。

【鏽】【鑼】

《思溪藏》本《出三藏記集》卷一二隨函音義："鏽毫，上側心反，正作錙。"今查《思溪藏》本對應經文原文作"鑼毫"，原文如下："刹那之息徒積，鑼毫之勤未基。"《大正藏》本對應經文原文則作"錙毫"（T55，p0087a）。今考《碑別字新編》載《唐蕭勝墓誌》作"鑼"⑦，又"回"在俗書中常寫作"囬"，故竊疑隨函音義所出之"鏽"即對應經文原文所作之"鑼"，蓋爲"鑼"之進一步俗寫，此二

---

① （五代）釋可洪撰：《新集藏經音義隨函錄》，《中華大藏經》第60冊，第598頁下欄。
② （漢）許慎撰，（宋）徐鉉校定：《説文解字》，第240頁。
③ （梁）顧野王編撰：《原本玉篇殘卷》，第371頁。
④ （梁）顧野王著，（宋）陳彭年等修訂：《大廣益會玉篇》，第90頁。
⑤ （宋）陳彭年等修訂：《宋本廣韻》，第374頁。
⑥ 秦公輯：《碑別字新編》，第383頁。
⑦ 秦公輯：《碑別字新編》，第371頁。

字爲"錙"之俗字無疑。

【筭】

該字見於《思溪藏》本隨函音義，乃"算"之俗字。《思溪藏》本《出三藏記集》卷一二隨函音義："筭笇，筭字，二同。"今查《思溪藏》本對應經文原文有"筭"，原文如下："拔出幽旨，妙盡纖典，乃躬筭縑素，手寫方等，所書大經凡有十部。"《大正藏》本對應經文原文則作"算"（T55，p0086b）。該字何以會成爲"算"之俗字呢？今查《玉篇・竹部》："算，桑管切，數也，擇也。"①又《玉篇・竹部》："筭，蘇亂切，計筭也，數也。笇，同上，亦竹器也。"②據此，竊疑"筭"乃"算"進一步訛寫的結果。

【齟】

該字見於《思溪藏》隨函音義，乃"齬"之俗字。《思溪藏》本《歷代三寶記》卷七隨函音義："齟齒，上音雨。"今查《思溪藏》本對應經文原文有"齟齒呪一卷或云呪虫齒或云呪齒"等句，即此條所出。《大正藏》本對應經文原文作"齬齒"（T49，p0074c）。據此，"齟"爲"齬"之俗字，蓋因手書訛寫所致。至於隨函音義直音爲"上音雨"，蓋因俗讀，只讀其聲旁，誤也。

【龔】

此字大型字典未收録，見於《思溪藏》隨函音義，乃"龔"之俗字。《思溪藏》本《大唐内典録》卷三隨函音義："龔龔，二同，音恭。"今查《思溪藏》本對應經文原文有"沙門釋道龔"等句，即此字所出。《大正藏》本對應經文原文亦同。又查《隸辨》載漢《義井碑陰》"龔"作"龔"，漢《唐扶頌》作"龔"③，可資比勘。據此，"龔"爲"龔"偏旁發生位移而產生的俗字。

【澁】

該字大型字典未載，見於《思溪藏》隨函音義，乃"澀"之俗字。

---

① （梁）顧野王著，（宋）陳彭年等修訂：《大廣益會玉篇》，第70頁。
② （梁）顧野王著，（宋）陳彭年等修訂：《大廣益會玉篇》，第70頁。
③ （清）顧藹吉編：《隸辨》，第6—7頁。

《思溪藏》本《開元釋教録》卷七隨函音義："澀多，上所立反，俗作**澁**。"今查《思溪藏》本對應經文原文有"僧澀多律一卷"，即此條所出。《大正藏》本對應經文原文亦同。據此，"**澁**"當爲"澀"之俗字。又"**澁**"字何以產生呢？今考《隸辨》載漢《楊君石門頌》中"澀"作"䟴"，顧藹吉按云："《説文》作'歰'，不滑也，從四止，二正二倒，後人加水於旁，碑省上一止而復不倒，今俗因之，'澀'遂作'澁'。"①又《玉篇·水部》："澀，所立反，不滑也；澁，俗，同上。"②《廣韻·緝韻》色立切："歰，《説文》曰'不滑也'；澀，同上；澁，俗。"③由此可知，"澀"爲"歰"之異體字相承已久，其在俗書中又進一步俗寫作"澁"。"**澁**"字蓋爲"澁"在手書中進一步訛寫所致。

【鐢】【鐢**】**

《思溪藏》本《開元釋教録》卷八隨函音義："鐢川，上音煩，地名。"今查《思溪藏》本對應經文原文作"鐢"，原文如下："至總章元年四月八日。有勅改葬鐢川北原。"今《大正藏》本對應經文原文則作"鐢"（T55，p0557b）。據上揭經文原文可知，"鐢"在此處表示的是玄奘大師歸葬的地名，故"鐢"和"鐢"均爲"樊"的增形旁俗字。表示地名的字常增"邑"旁經見，如"費"，《廣韻·至韻》兵媚切："鄪，邑名，在魯。費，同上。"④又《可洪音義》卷二六中《大慈恩寺法師傳》第十卷音義："焚川，上音煩，鄉名，在西京，正作鐢、樊二形也。"⑤亦可資比勘。

【毦】

該字見於《思溪藏》隨函音義，乃"聚"之俗字。《思溪藏》本《佛説方等泥洹經》卷上隨函音義："陳㢘，二字正作聚，又作**毦**。"今查《思溪藏》本對應經文原文作"聚"，原文如下："是間飢饉，乞求

① （清）顧藹吉編：《隸辨》，第192—193頁。
② （梁）顧野王著，（宋）陳彭年等修訂：《大廣益會玉篇》，第92頁。
③ （宋）陳彭年等修訂：《宋本廣韻》，第513頁。
④ （宋）陳彭年等修訂：《宋本廣韻》，第331頁。
⑤ （五代）釋可洪撰：《新集藏經音義隨函録》，《中華大藏經》第60册，第440頁中欄。

198

難得，汝等宜分部行，別到維耶及越祇諸聚邑，可以無乏。……佛獨與阿難俱，到衛沙聚。"又《大正藏》本對應經文原文中第一個"聚"作"隊"，校勘記稱"隊"字宋、元、明本均作"聚"（T01，p0180a）。第二個則與之同作"聚"。今考《可洪音義》卷一三中《佛說泥洹經》上卷音義："隊邑，上音聚，佛般泥洹經作聚。沙㴲，同上。"① 可資比勘。據此推知，隨函音義所出之"隊"在此處蓋爲"聚"之增旁俗字，該字在手書中或訛變作與之形近的"㴲"，或受前文"沙"之影響類化作"㴲"。至於"𨛁"字，蓋如上所言，表示地名的字時增"邑"旁，或誤將"聚"與下文"邑"合爲一字而成。

【窰】

此字大型字典未收，見於《思溪藏》隨函音義，《思溪藏》本《集神州三寶感通錄》卷上隨函音義："窰，音搖，燒瓦竈也。"今查《思溪藏》本對應經文原文作"窰"，原文如下："塔側古窰三十餘所，猶有熟甎填滿。"今《大正藏》本對應經文原文則作"窯"（T52，p0409a）。今考《廣韻·宵韻》餘昭切："窯，燒瓦窯也；窰，同上。"② 據此，該字乃"窯"之俗字，之所以產生此種寫法，蓋因俗書中"灬"與"山"旁相混所致。

【截】

該字見於《思溪藏》隨函音義，乃"截"之俗字。《思溪藏》本《集沙門不應拜俗事》卷六隨函音義："截截，二同，在節反。"今查《思溪藏》本對應經文原文有"且濡霈不拜爲容節之失，矧乃割截非束帶之儀"等句，即此字所出。今《大正藏》本對應經文原文亦同。"截"何以會寫作"截"呢？今查《廣韻》，"隹"音"職追切"，屬於章母脂韻，"至"音"脂利切"，屬於章母至韻，故二者聲同韻近。又考《說文·戈部》："截，斷也，從戈雀聲。"③ 故"截"爲形旁爲戈，聲旁爲雀的形聲字。竊疑俗書中誤以"隹"爲其聲旁，故在手書中將

---

① （五代）釋可洪撰：《新集藏經音義隨函錄》，《中華大藏經》第59冊，第1019頁中欄。

② （宋）陳彭年等修訂：《宋本廣韻》，第128頁。

③ （漢）許慎撰，（宋）徐鉉校定：《說文解字》，第266頁。

"截"之聲旁換成"至",從而産生了"載"字。

【骭】

該字見於《思溪藏》隨函音義,乃"膏"之俗字。《思溪藏》本《集沙門不應拜俗事》卷四隨函音義:"骭腴,高俞二音,脂肥也;今謂詞翰美潤也。"今查《思溪藏》本對應經文原文作"膏腴",原文如下:"然樞紐經典疇咨故實,理例鋒穎詞韻膏腴。"今《大正藏》本對應經文原文作"膏腴"(T52,p0464b)。據此,"骭"蓋爲"膏"之手書訛寫俗字。

【挃】

該字見於《思溪藏》隨函音義,《思溪藏》本《集神州三寶感通録》卷中隨函音義:"挃,音剛,舁也。"今查《思溪藏》本對應經文有"梁鄱陽王爲荆州,屢請入城,建大功德,及病迎之,倍挃不起,少日而薨"等句,即此字所出。今《大正藏》本對應經文原文則作"扛"(T52,p0415b)。又《龍龕手鏡·扌部》:"挃,俗;摡,正,古浪、古郎二反,梢~,舁,舉也。"據此,"挃"爲"摡"之俗字。該字之所以産生,竊疑蓋因在俗書中"摡"先俗寫作"挃",又因"正"和"疋"形體相近,再進一步訛變作"挃"。

【舤】

此字見於《思溪藏》隨函音義,乃"帆"之俗字。《思溪藏》本《集神州三寶感通録》卷下隨函音義:"舤柂,上正作帆,下徒可反,正船木也。"今查《思溪藏》本對應經文原文作"舤柂",原文如下:"但閉舫聽往,不勞舤柂也。"今《大正藏》本對應經文原文則作"帆"(T52,p0423b)。該字之所以成爲"帆"之俗字,蓋因俗書中"帆"常寫作"舤",如《思溪藏》本對應經文原文即寫作"舤",又《可洪音義》卷二六《集神州三寶感通録》對應經卷亦出"舤柂"條,其下云:"上扶嚴反,下徒我反。"[1] 又如《可洪音義》卷四中《大方廣普賢菩薩所說經》第四卷音義:"舉舤,符嚴反,船上幔也,正作

---

① (五代)釋可洪撰:《新集藏經音義隨函録》,《中華大藏經》第60冊,第424頁下欄。

帆、颿二形也。"① 皆可證。其後又進一步訛變作"舤"。

【颩】

此字見於《思溪藏》本隨函音義，乃"颱"之俗字。《思溪藏》本《集神州三寶感通錄》卷下隨函音義："颩颩，所愁反，正作颱。"今查《思溪藏》本對應經文原文亦作"颩颩"，原文如下："於即依言，但聞颩颩風聲。"今《大正藏》本對應經文則作"颱颱"（T52，p0423b）。今考《可洪音義》中《集神州三寶感通錄》對應經卷亦出"颩ㄟ"條，其下有："使愁反，風吹物聲也，正作颱、颩二形也。"② 據此，"颩"蓋爲"颱"發生偏旁位移產生的俗字。

【盥】

該字見於《思溪藏》隨函音義，乃"盥"字之訛。《思溪藏》本《續高僧傳》卷三一隨函音義："盥漱，貫瘦二音。"今查《思溪藏》本對應經文文字作"盥漱"，原文如下："沙門寶慧又聞空中鼓樂，至七月一日中夜跏坐，盥漱整服，曰'有人請講菩薩戒也'。"今《大正藏》本對應經文作"盥嗽"（T50，p0701c）。據此，蓋因"水"和"米"形近，在俗書中易發生混同，故"盥"在此處訛寫作"盥"。

【肇】【肇】

該字見於《思溪藏》隨函音義，《思溪藏》本《續高僧傳》卷三一隨函音義："肇，音趙。"今《思溪藏》本對應經文原文有"每使京邑諸集塔寺肇興，費用所資，莫匪泉貝"等句，即此字所出。今《大正藏》本對應經文原文亦同。據此，"肇"乃"肇"之俗字，當爲手書訛寫所致。今查《可洪音義》卷二七中《高僧傳》第七卷音義："僧肇，音趙。"③ 又"攴"和"攵"本爲一體之變，此處"肇"寫作"肇"，可資比勘。

【鱐】

此字見於《思溪藏》隨函音義，《思溪藏》本《辯正論》卷二隨函

---

① （五代）釋可洪撰：《新集藏經音義隨函錄》，《中華大藏經》第59冊，第671頁下欄。
② （五代）釋可洪撰：《新集藏經音義隨函錄》，《中華大藏經》第60冊，第424頁下欄。
③ （五代）釋可洪撰：《新集藏經音義隨函錄》，《中華大藏經》第60冊，第451頁下欄。

音義："鯆，正作羑，音酉，～里，商獄名。"今《思溪藏》本對應經文原文有"若救而得者，其文昌釋牖，武發疾瘳，復應是齋力所致乎"等句，即此字所出。今《大正藏》本對應文字作"羑"，校勘記稱"羑"字宋本作"牖"（T52，p0497b）。據此，"鯆"當爲"牖"之俗字，蓋手書訛寫所致。今考《碑別字新編》載《齊司馬遵業墓誌》"牖"作"牖"①，竊疑"鯆"爲"牖"進一步訛寫所致。

【舺】

該字見於《思溪藏》隨函音義，乃"聃"字之訛。《思溪藏》本《辯正論》卷二隨函音義："老舺，下他甘反，老子名。"今《思溪藏》本對應文字作"老聃"，原文如下："孔子行年五十有一。而不聞有道。乃南從清沛見老聃。"今《大正藏》本對應經文則作"老聃"（T52，p0498c）。又《可洪音義》卷二七中《辯正論》第二卷音義亦出"老聃"條，其下有："他甘反。"②據此，"舺"爲"聃"之俗字。該字何以會產生呢？今考《龍龕手鏡·身部》："舺舺，二俗，他甘反，老子名也。"③竊疑"舺"爲手書中上述兩種俗體進一步訛寫的結果。

【禝】

此字見於《思溪藏》本隨函音義，爲"稷"之俗字。《思溪藏》本《廣弘明集》卷一二隨函音義："社禝，下音即。"今查《思溪藏》本對應經文文字正作"社禝"，原文如下："聚合徒衆，誑誘愚民，謀危社禝。"《大正藏》本對應經文則作"社稷"（T52，po170a）又《廣弘明集》卷七隨函音義："禝偰，上音即，后～也；下音薛，殷祖也。"今《思溪藏》本對應經文文字作"稷偰"，原文如下："若反於此不名爲僧，豈得以賊臣虐主，等稷偰與唐虞。"《大正藏》本對應經文亦同。又《思溪藏》本《弘明集》卷二隨函音義："禝，音即。"今《思溪藏》本對應經文原文有"苟無以了，則文禝之靈不可謂之滅矣"等句，即此字所出。《大正藏》本對應經文原文則作

① 秦公輯：《碑別字新編》，第327頁。
② （五代）釋可洪撰：《新集藏經音義隨函錄》，《中華大藏經》第60冊，第502頁下欄。
③ （遼）釋行均編：《龍龕手鏡》，第161頁。

"稷",校勘記稱"稷"字宮本作"襖"（T52，p0009b）。考漢《袁良碑》"稷"作"**禝**"，顧藹吉按："碑復變從示。"① 又《干祿字書》入聲："襖稷，上俗下正。"② 據此，"**襖**"顯然爲"稷"字之俗，蓋因俗書"禾"旁與"礻"旁常互混，"稷"常換旁作"襖"。又因"礻"旁與"衤"旁形體近似，在手書中二者常相亂，則"襖"又進一步訛寫作"**襖**"，從而導致"禾"旁與"衤"旁相混，如《思溪藏》本《辯正論》卷二隨函音義："有裕，下或作稌。"其中"裕"有寫作"稌"者，亦可資比勘。

【旇】

該字見於《思溪藏》隨函音義，乃"旌"之俗字。《思溪藏》本《弘明集》卷六隨函音義："旇，正作旌。"今查《思溪藏》本對應經文文字作"旌"，原文如下："存乎周易，非胡書所擬，便謂素旗已舉，不復申檢，玄旌爲素麾，異乎曹子之觀旗。"《大正藏》本對應經文原文則作"旀"（T52，p0042b）。如前文所考，"旀"爲"旌"之俗字，故隨函音義此處所出之"**旇**"蓋爲"旀"之進一步俗寫，則"**旇**"爲"旌"之俗字應無疑問。

【軓】

此字見於《思溪藏》隨函音義，爲"範"之俗字。《思溪藏》本《弘明集》卷一一隨函音義："師軓，下音犯。"今查《思溪藏》本對應經文文字作"師**範**"，原文如下："法逮道人，力兼萬夫，幾亂河渭，面縛甘死，以赴師**範**。"《大正藏》本對應經文則作"師阸"，校勘記稱"阸"字宋、明、宮本作"範"，元本作"厄"（T52，p0069a）。據此，"軓"爲"範"之俗字。溯其產生之由，蓋因"範"在手書中常俗寫作"軓"，如《龍龕手鏡·竹部》："軓，音犯，法也，常也，式也，則也，模也。"③ 由於"九"和"几"形體近似在俗書中常常混同，則"軓"又進一步訛變作"軓"。

---

① （清）顧藹吉編：《隸辨》，第189頁。
② （唐）顏元孫撰：《干祿字書》，第65頁。
③ （遼）釋行均編：《龍龕手鏡》，第391頁。

【𡰪】

該字見於《思溪藏》隨函音義，乃"屍"字之俗。《思溪藏》本《廣弘明集》卷二隨函音義："停𡰪，下正作屍。"今查《思溪藏》本對應經文文字作"停屍"，原文如下："僧徒滿側，凝泊而絶，停屍十日，容色如一。"《大正藏》本對應經文原文亦同。又從經文原文以看出，"屍"在此處和下文"十"相鄰，竊疑隨函音義所出"𡰪"字，蓋因"屍"與下文"十"相連，故刻工不明所以，將此二字合爲一字，遂産生了"𡰪"。

【妬】

此字見於《思溪藏》隨函音義，乃"妒"之俗字。《思溪藏》本《十地經論》卷一隨函音義："妬妒，上正作妬，下俗用。"今查《思溪藏》本對應經文原文有"咸恭敬者，示敬重法，非妒心故"等句，即此字所出。《大正藏》本對應經文原文亦同。今考《龍龕手鑑·女部》曰："妬，俗；妬，通；妒，正。當故反，害色也。"[1] 故《思溪藏》本對應經文原文所出之"妒"亦爲"妒"之俗字。據此，隨函音義所出之"妬"亦爲"妒"字之俗。該字之所以産生，竊疑蓋因"妒"俗書常寫作"妬"，如《可洪音義》卷五中《悲華經》第五卷音義："嫉妬，上自疾二音，下都故反，正作嫉妒。"[2] 再進一步訛寫作"妬"。

【𡘖】

此字見於《思溪藏》隨函音義，爲"秦"之俗字。《思溪藏》本《廣弘明集》卷九隨函音義："傖𡘖，上助庚反，楚人別稱曰～。"今查《思溪藏》本對應經文原文作"傖秦"，原文如下："三年能言，各在一方，故有傖秦夷羌，五情合德，五法自然。"《大正藏》本對應經文原文亦同。據此，隨函音義所出"𡘖"當爲"秦"之俗字，爲其在手書中進一步訛寫所致。

【苞】

《思溪藏》本《普曜經》卷六隨函音義："苞，必交反，～含。"今

---

① （遼）釋行均編：《龍龕手鏡》，第282頁。
② （五代）釋可洪撰：《新集藏經音義隨函録》，《中華大藏經》第59冊，第719頁中欄。

查《思溪藏》本對應經文原文有"高而無上，廣不可極，淵而無下，深不可測，大包天地，細入無間"等句，即此字所出。《大正藏》本對應經文原文則作"大苞"（T03，po522c）。而《可洪音義》對應經文亦出"大苞"條，下曰："布交反。"① 據此，隨函音義所出"苞"字當爲"苞"之俗字。該字之所以產生，蓋因"宀"與"勹"在俗書中常常相混所致，如"軍"字，《説文》作"𠣪"，隸變作"軍""軍"等，顧藹吉按云："《説文》作𠣪，從車從包省，隸變作軍，從宀，亦作軍。"② 可資爲證。

【瓜瓜】

此字見於《思溪藏》隨函音義，乃"瓜"之俗字。《思溪藏》本《廣弘明集》卷一四隨函音義："瓜瓜，上正作瓜，古花切。"今查《思溪藏》本對應經文文字作"瓜"，原文如下："瓜州於崇教寺起塔。"《大正藏》本對應經文文字作"瓜州"（T52，po216b）。據此，"瓜瓜"當爲"瓜"之偏旁類化而成的增旁俗字。

【蕉】

該字見於《思溪藏》隨函音義，乃"蒹"之俗字。《思溪藏》本《廣弘明集》卷二〇隨函音義："蕉葭，魚加二音，草名也。"今查《思溪藏》本對應經文原文作"蒹葭"，原文如下："雖玉杯繁露若倚蒹葭，金壺鑿榲似吞雲夢。"《大正藏》本對應經文原文則作"蒹葭"（T52，po242c）。今考《龍龕手鏡・艸部》所出"蒹"字與《思溪藏》本經文原文所出文字形體一樣，其下有："古添反，荻未秀者也。"③ 又查《碑別字新編》載"蒹"《隋楊厲墓誌》作"蒹"④，故竊疑隨函音義所列之"蕉"蓋爲上述兩種形體進一步訛變的結果。

【襃】

此字見於《思溪藏》隨函音義，爲"褒"字之俗。《思溪藏》本

---

① （五代）釋可洪撰：《新集藏經音義隨函録》，《中華大藏經》第 59 册，第 701 頁中欄。
② （清）顧藹吉編：《隸辨》，第 35—36 頁。
③ （遼）釋行均編：《龍龕手鏡》，第 255 頁。
④ 秦公輯：《碑別字新編》，第 302 頁。

《廣弘明集》卷一四隨函音義："襃德，上博毛反，亦作褒。"今查《思溪藏》本對應經文原文則作"褒德"，原文如下："而百王賞善而刑淫，六經褒德而貶過，則爲虛勸於不益，妄戒於無損。"《大正藏》本對應經文亦同。今考"褒"《説文》作"襃"，後隸變作"褒"和"襃"，如《玉篇·衣部》出"襃"字①，《廣韻·豪韻》博毛切亦出"褒"字以爲正字②。隨函音義所出"襃"字，竊疑應爲"褒"在俗書中訛變所致。

【襃】

此字見於《思溪藏》隨函音義，乃"奰"之俗字。《思溪藏》本《廣弘明集》卷二九隨函音義："襃怒，上音備，～亦怒也。"今查《思溪藏》本對應經文原文作"奰怒"，原文如下："波旬翫習小道，頗有才辯，愎諫飾非，好是奰怒，不用順子之言，專從佞臣之計。"據經文可知，此處正如隨函音義所言"奰"與"怒"同義連文，表示"發怒"。今考《玉篇·大部》："奰，皮秘切，不醉而怒也，壯也。"③ 據此，"奰"在此處與經義吻合，隨函音義所出之"襃"則爲"奰"在俗書中訛變所致。

【亹】

該字見於《思溪藏》隨函音義，乃"亹"之俗字。《思溪藏》本《比丘尼傳》卷二隨函音義："亹亹，音尾，美也，上正用。"今查《思溪藏》本對應經文文字作"亹亹"，原文如下："及辯析名實，其辭亹亹。"今《大正藏》本對應經文原文則作"亹亹"（T50，p0939a）。今查《龍龕手鏡·亠部》："亹，或作。《玉篇》音尾，美兒。"④ 故《思溪藏》正文原文之"亹"字亦爲"亹"之俗字。又查《可洪音義》卷二九中《廣弘明集》第八卷音義："亹亹，音尾，斐亹，文彩兒也。"⑤ 竊疑隨函音義所出"亹"字蓋爲"亹"之進一步訛寫而成。

---

① （梁）顧野王著，（宋）陳彭年等修訂：《大廣益會玉篇》，第 128 頁。
② （宋）陳彭年等編：《宋本廣韻》，第 137 頁。
③ （梁）顧野王著，（宋）陳彭年等修訂：《大廣益會玉篇》，第 99 頁。
④ （遼）釋行均編：《龍龕手鏡》，第 129 頁。
⑤ （五代）釋可洪撰：《新集藏經音義隨函錄》，《中華大藏經》第 60 冊，第 553 頁下欄。

【醐】

該字見於《思溪藏》隨函音義，乃"酣"之俗字。《思溪藏》本《法苑珠林》卷五五隨函音義："醐，胡甘反，中酒。"今查《思溪藏》本對應經文文字作"酣酒"，原文如下："時名僧盛集，顯居末座，酣酒大醉，昂兀而坐。"《大正藏》本對應經文原文亦同。據此，"醐"蓋爲"酣"在俗書中發生偏旁位移而產生的俗字。

【朁】

此字見於《思溪藏》隨函音義，乃"替"之俗字。《思溪藏》本《大方廣菩薩藏文殊師利根本儀軌經》卷八隨函音義："朁，替字。"今查《思溪藏》本對應經文文字正作"朁"，原文如下："我今爲汝及末世衆生略而説之：'唵（引）囕（引）訖（切身）朁（引）惹藥。'"《大正藏》本對應經文原文則作"替"（T20，p0863b）。據此，"朁"爲咒語用字，應爲"替"字在俗書中訛寫所致。

【餮】

此字見於《思溪藏》隨函音義，乃"饕"之俗字。《思溪藏》本《根本説一切有部毗奈耶》卷三一隨函音義："貪餮，下音鐵。"今查《思溪藏》本對應經文原文有"食是他物，腹豈他耶？多食貪餮，飽悶而臥"等句，即此字所出。《大正藏》本對應經文文字則作"饕"（T23，p0807a）。據此，"餮"殆爲"饕"在俗書中訛變所致。

【簹】

該字見於《思溪藏》本隨函音義，乃"簷"字之訛。《思溪藏》本《根本説一切有部毗奈耶》卷三九隨函音義："簷簹，音盐，下非。"今查《思溪藏》本對應經文原文有"於四邊安壁，中間竪柱，四簹内入，或低或平"等句，即此字所出。《大正藏》本對應經文文字則作"檐"（T23，p0840b）。據此，"簹"應爲"簷"之俗字無疑。

【欑】

該字見於《思溪藏》隨函音義，乃"鑹"之俗字。《思溪藏》本《正法念處經》第七卷隨函音義："欑，七乱反，正作鑹。"今查《思溪藏》對應經文原文正作"欑"，原文如下："閻魔羅人以鐵炎欑，欑置

河中。彼若欲出，足則爛熟。"而《大正藏》本對應經文原文則作
"欑"，校勘記稱"欑"字宋、宮本均作"欙"（T17，p0037c）。又
"欙"爲"欑"之俗體①，如《可洪音義》卷一三中《正法念處經》第
一卷音義："欙鉾，上倉亂反，下莫浮反，正作欑矛。"②又查《可洪音
義》卷一三中《正法念處經》第七卷音義："餤欑，上羊奄反，又音
焰，下倉乱反。"③故可洪所見經文中此處作"欑"，則《大正藏》經
文正文之"欑"爲"欑"常見俗寫形式。據此推知，"欙"之所以成爲
"欑"之俗字，殆"欑"先假借作"爨"，又進一步俗寫作"欙"，其
後在俗書中又進一步訛變作"欙"。

【顉】

此字見於《思溪藏》隨函音義，乃"額"之俗字。《思溪藏》本
《釋摩男本經》隨函音義："顉，吾客反。"今查《思溪藏》本對應經文
原文作"額"，原文如下："或以火燒之，或以大椎椎其額，或斬其
腰。"《大正藏》本對應經文原文與之同。據此，隨函音義所出之
"顉"，蓋因"客"與"容"形體近似，在俗書中相混所致，其爲
"額"之俗字無疑。

【奘】

此字見於《思溪藏》本《攝大乘論釋》卷一隨函音義，其下有：
"奘，慈朗反，法師名。"今查《思溪藏》本對應經文原文有"三藏法
師玄奘奉詔譯"等字樣，即該字所出。又《大正藏》本對應經文原文
同。據此推知，蓋因"庄"爲"莊"之俗字，在俗書中易與"壯"混
用，故隨函音義中此處法師名"奘"應爲"奘"換旁而成，其爲"奘"
之俗字無疑。

【脈】

此字見於《思溪藏》本《大莊嚴經論》卷五隨函音義，其下曰：

---

① 參見鄭賢章《〈新集藏經音義隨函錄〉研究》，湖南師範大學出版社 2007 年版，第
192 頁。
② （五代）釋可洪撰：《新集藏經音義隨函錄》，《中華大藏經》第 59 冊，第 1062 頁中欄。
③ （五代）釋可洪撰：《新集藏經音義隨函錄》，《中華大藏經》第 59 冊，第 1062 頁下欄。

"脙瘦，應師音義云合作葰，於去反，萎蔫也。今詳論意，恐作𩪊，於許凡，肩骨也，一云𩪊骨。"今查《思溪藏》本對應經文原文有"比丘聞已，即答之言：'汝頗見汝家内諸小兒等脙瘦、腹脹、面目腫不？'婆羅門言：'我先見之。'"等句，即此條隨函音義所出。今《大正藏》本對應經文原文亦同。又"脙"在此處亦或"𩪊"的俗字①。俗書"方"與"扌"因形近而常常混同，故"脙"當爲"𢶎"之進一步俗寫，其亦爲"𩪊"之俗字。

【𢬷】

此字見於《思溪藏》本《金剛般若波羅蜜經論》卷下隨函音義，下有："𢬷擔，丁淡反，上非。"今查《思溪藏》本對應經文原文有"如是人等，則爲荷擔如來阿耨多羅三藐三菩提者，謂肩負菩薩重擔故"等，即此字所出。《大正藏》本對應經文原文亦同。據此推知，"𢬷"之所以成爲"擔"之俗字，蓋因手書訛變所致。如《可洪音義》卷二七中《續高僧傳》第二十七卷音義："儋食，上都甘反，負也，正作擔、儋二形。"② 可資比勘。

【𤺄】

此字見於《思溪藏》本《寶髻經四法優婆提舍一卷》隨函音義，下曰："黶𤺄，衣撿反，面上黑子也，下非。"今查《思溪藏》本對應經文原文有"腹脇不卓，離於惡欲，身無黑黶，無有垢惡，外圓而利"等句，即該字所出。《大正藏》本對應經文亦同。故"黶""𤺄"二者均爲"黶"之俗字。今考《龍龕手鏡·厂部》："黶，伊琰反，黑一也，正從厂作。"③ 以此推知，"𤺄"之所以成爲"黶"之俗字，蓋在俗書中其先換旁俗寫作"黶"，後又進一步發生偏旁位移俗寫作"𤺄"。

【爈】

此字見於《思溪藏》本《十地經論離垢地》卷四隨函音義，下云："爈爇，之與反，（此）二皆非，正作爇。"今查《思溪藏》本對應經文

---

① 參見拙書《〈磧砂藏〉隨函音義研究》，第124—126頁。

② （五代）釋可洪撰：《新集藏經音義隨函錄》，《中華大藏經》第60冊，第485頁中欄。

③ （遼）釋行均編：《龍龕手鏡》，第300頁。

原文有"今於此地，復置礬石中煮，除自體明垢故"等句，即此條隨函音義所出。《大正藏》本對應經文原文作"煮"（T26，p0153a）。據經文可知，此處表示把東西放在礬石中燒，故産生了一個從火暑聲的新造形聲字"煸"和"暴"，二者均爲"煮"之俗字。又"暴"這種俗寫形式在《可洪音義》中經見①，可資爲證。

【㿺】

此字見於《思溪藏》本《大智度論》卷八〇隨函音義，其下有："㿺皴，二同，側瘦反，上非下俗，正作皴。"今查《思溪藏》本對應經文文字作"皴"，原文如下："又年壯而白、老年而黑者，羸瘦、皴曲亦爾。"《大正藏》本對應經文則作"皴"（T25，p0622b）。故"㿺""皴"均爲"皴"之俗字。又"芻"在俗書中常寫作"刍""㑉""刍"等俗體②，"皴"是"皴"在俗書中的一種常見俗寫形式，至於"㿺"則蓋爲其進一步訛變形體。

【虗】

此字見於《思溪藏》本《大智度論》卷四〇隨函音義，下有："凌虗，上音陵。"今查《思溪藏》本對應經文文字作"凌虛"，原文如下："如行空中，履水如地，凌虛如鳥，出沒地中，如出入水。"《大正藏》本對應經文原文亦同。據此，"虗"當爲"虛"在俗書中發生訛變產生的俗字。

另外，《思溪藏》隨函音義中如"效"的俗體"効"（《文殊師利現寶藏經》卷上隨函音義》）、"郭"的俗體"羁"（《普超三昧經》卷四隨函音義）等字形都未被《可洪音義》《龍龕手鏡》和現今大型字典收錄，類似的例子還有一些，茲不一一列舉。

二　增添同形字

《思溪藏》隨函音義所收俗字衆多，其中有些俗字還是已有疑難俗

---

① 參見韓小荊《〈可洪音義〉研究——以文字爲中心》，第835頁。
② 張涌泉：《漢語俗字研究》，第78頁。

字的同形字體，這種同形異字的現象值得我們關注。例如：

【洼】

"洼"，《漢語大字典·氵部》："ní①水的邊際。《集韻·齊韻》：'洼，水際也。'②同'倪'。端；邊際。《集韻·佳韻》：'極崖也。'或作洼。"[①]《中華字海·氵部》："ní 水的邊際。見《集韻》。"[②] 而在《思溪藏》隨函音義中，"洼"還可以"浣"之俗字。《思溪藏》本《四分律》卷四一隨函音義："浣洼，攜伴反，二同。"今《思溪藏》本對應經文作"浣"，原文如下："佛言：'不應用竟，舉置不浣，應浣。'彼浣已，不絞去水，爛壞虫生。佛言：'應絞去水。曬令乾。'"推其致俗之由，蓋因俗書中"完"與"兒"常混用，如《思溪藏》本《賢愚經》卷一〇隨函音義："兒完，二同，戶官反。"又《思溪藏》本《雜寶藏經》卷二隨函音義："完兒，慧官反，二同，下正。"則"浣"常俗寫作"洼"，如《思溪藏》本《雜寶藏經》卷五隨函音義："洼浣，二同，玄伴反。"《思溪藏》本《衆經撰雜譬喻經》卷下隨函音義："浣洼，玄伴反，洗～也，二同。"皆可證。蓋又因"兒"與"兒"形體近似，則"洼"又進一步俗寫作"洼"，從而與"浣"混同。故大型字典"洼"下應補"同浣"之義項。

【鞣】

"鞣"字，《漢語大字典·韋部》："shè，①扱指。②通'渫'。"[③]《中華字海·韋部》："shè，古代射箭時戴在手上的扱指。"[④] 而根據《思溪藏》隨函音義，"鞣"字還可以是"鞣"之俗字。《思溪藏》本《說一切有部發智論》卷二〇隨函音義："鞣鞣，先帖反，下正。"今查《思溪藏》本經文原文作"鞣"，原文如下："醫泥及謎泥，蹋鋪達鞣鋪，勿希應喜寂，遍離至苦邊。"即此條所出。而《大正藏》本對應經文原文正作"鞣"（T26，p1030c）。推其產生之由，蓋因俗

① 漢語大字典編輯委員會編纂：《漢語大字典》，第 1770 頁。
② 冷玉龍等主編：《中華字海》，第 549 頁。
③ 漢語大字典編輯委員會編纂：《漢語大字典》，第 4801 頁。
④ 冷玉龍等主編：《中華字海》，第 1635 頁。

書"革""韋"旁常因義近而互混,如《集韻．肴韻》:"鞘鞘,《博雅》:鞘謂之鞘,或從韋。"① 又如《思溪藏》本《法句譬喻經》卷一隨函音義:"跣韈,上先典反,赤～也;下亡發反,正作韈,腳衣也。"因此"韈"或換旁作"韢",大字典"韢"字下未及"同韈"之義項。

【憤】

憤,《漢語大字典・忄部》:"(一) cè①情。《玉篇・心部》:'憤,情也。'②耿介;正直。《玉篇・心部》:'憤,耿介也。'(二) zé 同'責'。《字彙・心部》:'憤,與責同。'《經律異相》卷四十三:'時辟支佛心愍此人,欲令改悔,爲現神足,於時獵師心懷敬仰,恐怖自憤,歸誠謝過。'"《中華字海・忄部》:"(一) cè①情。見《玉篇》。②耿直。見《廣韻》。(二) zé 同'責'。見《字彙》。"但"憤"還可以是"憒"的俗字。《思溪藏》本《十誦律》卷五四隨函音義:"憤鬧,上俱妹反。"今《思溪藏》本對應經文原文有"若亂語憤鬧時,擯比丘,得名擯不"句,即此字所出。"憒"何以會寫作"憤"?蓋因"責"和"貴"形近,在俗書中每每相亂,如《思溪藏》本《根本説一切有部毗奈耶雜事》卷四〇:"隤,徒回反。"今《思溪藏》本對應經文作"隤壞",原文如下:"如第二佛入般涅槃,頓於今時法山隤壞,法船傾没,法樹崩摧。"《大正藏》本與之同。此處"隤"即爲"隤"字之誤,亦可資比勘。

【愼】

愼,《汉语大字典・忄部》:"同'順'。《集韻・稕韻》:'順,古作愼。'"② 《中华字海・忄部》:"同'順'。字見魏《世宗嬪李氏墓誌》。"③ 但"愼"還可以作"煩"之俗字。《思溪藏》本《六度集經》卷八隨函音義:"愼煩,下同用,上誤也。"《思溪藏》對應經文作"煩",原文如下:"吾女微賤,獲聖雄之婿,思歸養親,煩爲送之"

---

① (宋)丁度等編《集韻》,第187頁
② 漢語大字典編輯委員會編纂:《漢語大字典》,第2491頁。
③ 冷玉龍等主編:《中華字海》,第600頁。

《大正藏》本經文原文亦同。"煩"何以會寫作"憤"呢？蓋因俗書"火"旁、"忄"旁常常相亂，如"憤"，《字彙補·忄部》："與爐同，吹火爐也。"① 故"煩"在此處換形旁俗寫作"憤"。

【仵】

仵，《漢語大字典·亻部》："wǔ①同等；匹敵。②逆，違背。③用同'伍'。④用同'捂'。⑤姓。"②《中華字海·亻部》："wǔ①同，同等。②逆，違。③姓。"③ 但"仵"也可以是"弄"的俗字。《思溪藏》本《普曜經》卷六隨函音義："仵晴，上正作挵，音弄，傳寫誤也。"今《思溪藏》本對應經文原文有"女聞魔言，即詣佛樹，住菩薩前，綺言作姿三十有二：一曰張眼仵精；二曰舉衣而進"句，即此字所出。今《大正藏》本對應經文原文則作"弄睛"，校勘記亦稱"宋本作仵精"（T03，p0519b）。"弄"爲何會寫作"仵"？《思溪藏》隨函音義解釋爲"傳寫誤也"，此言不虛也。今考"弄"字在手書中還有多種俗寫形式，如《龍龕手鏡·廾部》："弄弄弄，音弄，三。"④ 可資比勘。又查《碑別字新編》載《魏西陽男高廣墓誌》作"徕"⑤，而其俗寫形體"㐌"在手書中進一步訛變，如《碑別字新編》亦載《隋馬稱心墓誌》作"弄"⑥，又《龍龕手鏡·雜部》："㐌爷㐌，三古文，靈貢反。"⑦ 上述幾種形體俱爲"弄"的俗寫形式。據此，"仵"之所以會成爲"弄"之俗字，竊疑蓋是手書中"彳""亻"每多混同，"徕"換旁從"亻"，後"㐌"旁進一步訛寫作"午"的結果。

【狙】

狙，《漢語大字典·犭部》："dàn①見'獡'。②戲曲行當名。③我

① （清）吳任臣主編：《字彙補》，清康熙年間匯賢齋影印本，第4冊第8頁。
② 漢語大字典編輯委員會編纂：《漢語大字典》，第154—155頁。
③ 冷玉龍等主編：《中華字海》，第67頁。
④ （遼）釋行均編：《龍龕手鏡》，第527頁。
⑤ 秦公輯：《碑別字新編》，第37頁。
⑥ 秦公輯：《碑別字新編》，第37頁。
⑦ （遼）釋行均編：《龍龕手鏡》，第552頁。

國舊時少數民族之一。"① 《中華字海・犭部》："dàn①見'獢'。②同'旦'。戲曲裡扮演婦女的角色。"② 但"狙"還可以是"獺"的俗字。《思溪藏》本《十誦律》卷二五隨函音義："獺狙，二同，他達反。"今《思溪藏》本對應經文作"獺"，原文如下："六群比丘爾時畜大皮、師子皮、虎皮、豹皮、獺皮、狸皮。"今《大正藏》本經文亦同。又《思溪藏》本《四分律》卷三九隨函音義亦有："獺狙，二同，他達反。"今《思溪藏》本對應經文作"獺"，原文如下："時六群比丘，畜大皮、師子皮、虎皮、豹皮、獺皮、野猫皮、迦羅皮。"《大正藏》本經文亦同。然"獺"何以會寫作"狙"呢？竊疑蓋因語音相近所致，"獺"，《廣韻・鎋韻》："獸名，他鎋切，又他達切。"③ 故"獺"可讀作透母曷韻和透母鎋韻，均屬於入聲韻。而"狙"，《廣韻》中記錄有三種讀音，除"多旱切""得按切"讀爲陽聲韻外，還有一個入聲韻，即《廣韻・曷韻》當割切："獦狙，獸名，似狼而赤，出《山海經》。"④ 其中"當割切"屬於"端母曷韻"，而"獺"的讀音之一"他達切"屬於透母曷韻，二者聲近韻同，讀音相似，在俗書中往往相混，"狙"蓋爲"獺"之換聲旁俗字。故大型字典"狙"下應補"同獺"之義項。

【洂】

洂，《漢語大字典・水部》："xí 露光。《玉篇・水部》：洂，露光也。"⑤ 《中華字海・氵部》："xí 露光。見《玉篇》。"⑥ 但"洂"亦可作"法"之俗字。《思溪藏》本《文殊師利現寶三藏經》卷上隨函音義："洂，法字。"今《思溪藏》本對應經文原文如下："如來所生，爲法所進，過於弟子、緣覺之上，則非其類。"即此字所出。"法"爲何會寫作"洂"呢？據《龍龕手鏡・水部》："浍，古文法字。"⑦ 《思溪藏》

---

① 漢語大字典編輯委員會編纂：《漢語大字典》，第 1436 頁。
② 冷玉龍等主編：《中華字海》，第 493 頁。
③ （宋）陳彭年等編：《宋本廣韻》，第 470 頁。
④ （宋）陳彭年等編：《宋本廣韻》，第 464 頁。
⑤ 漢語大字典編輯委員會編纂：《漢語大字典》，第 1723 頁。
⑥ 冷玉龍等主編：《中華字海》，第 539 頁。
⑦ （遼）釋行均編：《龍龕手鏡》，第 237 頁。

本《大乘廣五蘊論·序》隨函音義亦有："𣲖，古文法字。"又《可洪音義》卷一七中《曇無德部四分律刪補隨機羯磨》音義："之𣲖，音法。"① 今《大正藏》本對應經文文字作"之法"（T40，p0492a）。可見，行均、可洪和《思溪藏》隨函音義作者所見經本中"法"就有寫作"𣲖""𣲖"與"洼"者，爲"法"之手書訛寫字。又因俗書"缶"常寫作"𦈢"，與"𣲖""𣲖"和"洼"的右邊部件形近，故"法"又進一步訛變作《思溪藏》隨函音義中的"㳒"。

【塴】

塴，bèng《漢語大字典·土部》："同'堋'。落葬。"②《中華字海·土部》："bèng 把棺材放入墓穴。"③ 但"塴"也可以是"崩"的俗字。《思溪藏》本《中阿含經》卷五〇隨函音義："塴崩，二同，下正。"今《思溪藏》本經文原文有"唯有一屋，崩壞穿漏，烏鳥所栖，弊不可居，不能捨離"句，即該字所出。據經文可知，"崩壞"指房屋的塌毀，而"塴"則是受下文"壞"影響而產生的增旁俗字。

【酟】

酟，《漢語大字典·酉部》："tiān①摻和；調味。②同'沾'。溢。"④《中華字海·酉部》："tiān①摻和；②增添。"⑤ 但"酟"還可以是"店"的俗字。《思溪藏》本《未曾有因緣經》卷下隨函音義："酒酟，下疑是店字，更請詳察。"今查《思溪藏》本對應經文原文如下："復次世尊察見世間窮貧小人、奴客婢使、夷蠻之人，或因節日，或於酒店，聚會飲酒"等句，即此字所出。據此，"酟"當爲"店"之換旁俗字。竊疑該字受上文"酒"字影響而產生。大型字典"酟"下可補入該義項。

---

① （五代）釋可洪撰：《新集藏經音義隨函錄》，《中華大藏經》第 60 冊，第 57 頁上欄。
② 漢語大字典編輯委員會編纂：《漢語大字典》，第 516 頁。
③ 冷玉龍等主編：《中華字海》，第 240 頁。
④ 漢語大字典編輯委員會編纂：《漢語大字典》，第 3815 頁。
⑤ 冷玉龍等主編：《中華字海》，第 1373 頁。

【㥍】

"㥍",《漢語大字典·心部》:"同'愔'。《正字通·心部》:'㥍,俗愔字。'"① 《中華字海·心部》:"同'愔'。見《正字通》。"②
而根據《思溪藏》隨函音義,該字亦可作"懵"之俗字。《思溪藏》
本《成實論》卷五隨函音義:"㥍等,上正作懵,莫登反。"《思溪
藏》本對應經文原文有"若病、若差、身利、身鈍、嬾重、迷悶、蠚
蕳、疼痺、頻伸、飢渴、飽滿、嗜樂、不嗜樂、懵等"句,經文中
"懵等"即隨函音義中"㥍等"。《大正藏》本對應經文原文亦同。又
《可洪音義》卷二五《一切經音義》第十七卷音義:"瞪㥍,見藏作
瞪瞢,與矇矒字同,又上音澄,下音冒,並悞也。"③ 據此,可洪雖然
認爲"瞪㥍"不正確,但可證明可洪當時所見的經文中"懵"有作
"㥍"者。"㥍"與"愔"形體相近,亦可資比勘。大型字典"㥍"
字下未及"同懵"之義項。

【猇】

猇,《漢語大字典·犬部》:"yì《改併四聲篇海·犬部》引《搜真
玉鏡》:'猇,音亦。'《字彙補·犬部》:'猇,兩弼切。義未詳。'"④
《中華字海·犭部》:"猇,yì 義未詳。見《篇海》。"⑤ 然而,"猇"在
《思溪藏》隨函音義中亦可作"猛"之俗字。《思溪藏》本《大周刊定
衆經目錄》卷一隨函音義:"猇,猛字。"今查《思溪藏》本對應經文
原文有"猛施經一卷 一名猛施道經",即此字所出。《大正藏》本對應
經文原文亦同。又《思溪藏》本《佛真陀羅經》卷上隨函音義:"猇,
猛字。"可資比勘。竊疑"猇"之所以成爲"猛"之俗字,蓋因"猛"
俗書可寫作"猛",後又進一步訛寫作"猇"。現今大型字典"猇"下
未及"同猛"之義項。

---

① 漢語大字典編輯委員會編纂:《漢語大字典》,第 2479 頁。
② 冷玉龍等主編:《中華字海》,第 598 頁。
③ (五代)釋可洪撰:《新集藏經音義隨函録》,《中華大藏經》第 60 冊,第 380 頁中欄。
④ 漢語大字典編輯委員會編纂:《漢語大字典》,第 1462 頁。
⑤ 冷玉龍等主編:《中華字海》,第 501 頁。

【盌】

盌，《漢語大字典·皿部》："同'盜（饛）'。《玉篇·皿部》：
'盌'，同'盜'。《集韻·東韻》：'饛，《說文：'盛器滿貌。'引
《詩》：'有饛簋飧。'或作盜、盌。"① 《中華字海·皿部》："同'饛'。
字見《玉篇》。"② 然而在《思溪藏》隨函音義中，該字還可以作"盌"
之俗字。《思溪藏》本《集神州三寶感通錄》卷上隨函音義："覆盌，
上方復反，下正作盆。又作盌，音椀。"今查《思溪藏》本對應經文原
文作"覆盆"，原文如下："乃捨金三百兩共諸信者，更造露盤，既成
拆下，至覆盆，香氣蓬敦，如雲騰涌，流芳城邑，十日乃歇。"據上下
文經義，此處經文表示將"露盤"這種容器傾覆。又《龍龕手鏡·皿
部》："盌，古文烏管反，小盂也，今俗椀。"③ 《龍龕手鏡·木部》：
"椀，烏管反，器物。"④ 隨函音義所出"盌"當爲"盌"之俗寫，故
無論是"覆盆"還是"覆盌"均與經義契合，隨函音義云此處又作
"盌"，可從。至於"盌"爲何寫作"盌"字，蓋因俗書中"夗"與
"叩"常互混，如"貿"字，《碑別字新編》載《隋宮人卜氏墓誌》中
載"貿"作"貿"⑤，《可洪音義》中也經見"貿"作"貿"⑥。均可資
比勘。

【楤】

楤，《漢語大字典·木部》："①sǒng 木名。楤木，俗稱'鵲不踏'。
②cōng 尖頭擔。"⑦ 《中華字海·木部》："sǒng 楤木，又叫'鵲不
踏'。"⑧ 而在《思溪藏》隨函音義中該字還可以是"窗"的俗字。《思
溪藏》本《根本說一切有部毗奈耶雜事》卷一三隨函音義："楤櫺，上

---

① 漢語大字典編輯委員會編纂：《漢語大字典》，第 2741 頁。
② 冷玉龍等主編：《中華字海》，第 1067 頁。
③ （遼）釋行均編：《龍龕手鏡》，第 328 頁。
④ （遼）釋行均編：《龍龕手鏡》，第 380 頁。
⑤ 秦公輯：《碑別字新編》，第 227 頁。
⑥ 韓小荊：《〈可洪音義〉研究——以文字爲中心》，第 582 頁。
⑦ 漢語大字典編輯委員會編纂：《漢語大字典》，第 1344 頁。
⑧ 冷玉龍等主編：《中華字海》，第 765 頁。

窻字，正作牎，下音靈。"今查《思溪藏》本對應經文文字作"牎櫺"，原文如下："佛言：'應置牎櫺，勿令得入，風雨飄灑，應安牎扇。'""窗"何以會寫作"牎"呢？蓋因"窗"常俗寫作"牎"，又"片"與"木"在俗書中常因意義相近而互換，故又進一步換旁作"牎"。大型字典"牎"下應增補"同'窗'"之義項。

【壟】

壟，《漢語大字典·土部》："lǒng①墳墓。②高丘。也作"隴"。《集韻·腫韻》："壟，通作隴。"③田界，田埂。④在地裡陪成的種植農作物的土埂。"① 該字《中華字海》未收錄。而在《思溪藏》隨函音義中，該字也可作表示甘肅簡稱，帶有地理位置義的"隴"之俗字。《思溪藏》本《高僧傳》卷八隨函音義："壟西，上力勇反，正作隴。"今查《思溪藏》本對應經文原文作"隴西"，原文如下："釋法瑗，姓辛，隴西人。"《大正藏》本對應經文亦同。又《思溪藏》本《高僧傳》卷一二隨函音義下亦有"壟西"條，其下有："上呂勇反，又正作隴字。"今查《思溪藏》本對應經文原文亦作"隴西"，原文爲："跨有隴西，西接涼土。"據此，大型字典"壟"下應增補"同甘肅簡稱'隴'"之義項。

【洰】

洰，《漢語大字典·水部》："（一）xiàn 古水名；（二）jiǎn 小溝。"②《中華字海·水部》："xiàn 古河名。"③ 但該字在《思溪藏》隨函音義中還可以作"浣"的俗字。《思溪藏》本《十誦律》卷四一隨函音義："浣洰，攜伴反，二同。"今查《思溪藏》本對應經文原文作"浣"，原文如下："洗腳瓮、常用水瓶皆著水，持革屣至水邊浣，拭革屣物挼曬已。"《大正藏》本對應經文原文亦同。今考俗書中"完"與"兒"常常混同，如《思溪藏》本《雜寶藏經》卷二隨函音義："兒完，慧官反，二同，下正。"又《思溪藏》本《經律異相》卷六隨函音

---

① 漢語大字典編輯委員會編纂：《漢語大字典》，第538頁。
② 漢語大字典編輯委員會編纂：《漢語大字典》，第1740頁。
③ 冷玉龍等主編：《中華字海》，第543頁。

義："皃完，二同，惠官反。"故竊疑"浣"之所以寫作"涀"字，蓋因"浣"俗書中常寫作"涚"字，後又進一步訛變作"涀"。

【坋】

坋，《漢語大字典·土部》："fèn①塵。②粉末狀的物質揚起或著於他物。③大堤。"①《中華字海·土部》："（一）bèn同'坌'。①塵埃。②塗粉末；撒粉末。（二）fèn地名用字。"②但該字在《思溪藏》隨函音義中還可以作"坅"的俗字。《思溪藏》本《增壹阿含經》卷二六隨函音義："垢坋，下古八反，或作坅同。"今查《思溪藏》本對應經文文字作"垢坋"，原文如下："云何爲五？一者華萎；二者衣裳垢坋；三者身體污臭。"《大正藏》本對應經文原文相同，校勘記稱"坋"字元、明本作"坅"（T02，p0693c）。今考俗書"介"常俗寫作"朩"，如《思溪藏》本《高僧傳》卷五隨函音義："朩懷，上介字。"今查《思溪藏》本對應經文原文作"介懷"。又如《思溪藏》本《續高僧傳》卷一七隨函音義："一朩，介字。"今查《思溪藏》本對應經文原文作"一介"。又"分"字草書常寫作"么"、"分"③，與"介"的俗寫形式形體近似，故"坅"和"坋"在俗書中常常混同，如《思溪藏》本《道行般若經》卷六隨函音義："垢坅，下亦或作坋，古八反，垢，惡也，經或作坅、坏，並傳寫誤也。"又如《思溪藏》本《增壹阿含經》卷三〇隨函音義："垢坅，下古八反，與坋同。"亦可資爲證。故隨函音義云"或作坅同"。大型字典"坋"下應增補"同'坅'"之義項。

三 提供適當用例

字典的用例包括書證和例證兩個方面。《思溪藏》中有一部分隨函音義與佛經經文一同付諸刊刻，屬於"同時材料"，故這部分隨函音義是以佛經原文用字作爲字頭，可兼具書證和例證雙重作用，成爲大型字典用例的可靠來源。例如：

---

① 漢語大字典編輯委員會編纂：《漢語大字典》，第456頁。
② 冷玉龍等主編：《中華字海》，第221頁。
③ 洪鈞陶編：《草字編》，第326頁。

【𣏸】

"𣏸"，該字《中華字海》未收録，《漢語大字典·木部》："同
'欙'。"① 惜無例證。"枼"在手書中常俗寫作"𣎆"，該字的手書形式
"𣏸"見於《思溪藏》隨函音義，《思溪藏》本《説一切有部發智論》
卷二〇隨函音義："𣏸𣏸，先帖反，下正。"今查《思溪藏》本經文原
文作"𣏸"，原文如下："醫泥及謎泥，蹋鋪達𣏸鋪，勿希應喜寂，遍
離至苦邊。"即此條所出。而《大正藏》本對應經文原文正作"欙"
（T26，p1030c）。據此，此條隨函音義和佛經原文用例可爲大型字典
"欙"字條提供確證和書證。

【𠔌】

"𠔌"，《漢語大字典》未收録此字，《中華字海·八部》："同
'盥'。字見唐《張藥墓誌》。"② 該字亦見於《思溪藏》隨函音義，亦
爲"盥"之俗字。《思溪藏》本《修行道地經》卷三隨函音義："𠔌，
音貫。"今《思溪藏》本對應經文原文作"盥"，原文如下："其修行
者假使睡眠，當念無常不久趣死。想於衆苦生死之惱，澡手盥面瞻視四
方。"《大正藏》本經文原文亦同。又《思溪藏》本《續高僧傳》卷二
二隨函音義："𠔌手，上音貫，亦作盥。"今《思溪藏》和《大正藏》
本對應經文原文作"盥手"。據此，上述兩條隨函音義可爲大型字典
"𠔌"字條提供書證。

此外，大型字典中的例證一般力求找到最早用例，但由於各種原
因，往往難以做到這點。《思溪藏》隨函音義中的某些用例便可作爲大
型字典的書證或例證。如：

【𧏗】

𧏗，《漢語大字典·虫部》："同'蝦'。《康熙字典》引《字義
總略》：'𧏗，同蝦。'"③《中華字海·虫部》："同'蝦'。見《字義

---

① 漢語大字典編輯委員會編纂：《漢語大字典》，第 1408 頁。
② 冷玉龍等主編：《中華字海》，第 116 頁。
③ 漢語大字典編輯委員會編纂：《漢語大字典》，第 3069 頁。

總略》。"①《思溪藏》本《經律異相》卷二八隨函音義："𪒮蟇，上正作蝦，音退，下音麻。"今查《思溪藏》本對應經文原文作"𧏙蟆"，原文如下："故人相轉滅遂成畜生，形如𧏙蟆。"《大正藏》本對應經文則作"蝦蟇"（T53，p0153c）。據此，"𪒮"爲"蝦"之偏旁發生位移形成的俗字，此條隨函音義可爲大型字典提供又一例證，且作爲書證，早於明代成書的《字義總略》。

【𡼋】

𡼋，《漢語大字典・山部》："同'嶺'。清金之俊《遊天目山》：'亭後一石橋，名子芳橋，劈𡼋而鋸。'"②《思溪藏》本《攝大乘論序》："葱𡼋，下正作嶺。"今查《思溪藏》本對應經文原文作"葱嶺"，原文如下："故迹隱葱嶺以西，教祕滄海之外。"《大正藏》本對應經文則作"葱嶺"（T31，p0112b）。據此，"𡼋"當爲"嶺"產生偏旁位移而形成的俗字，此條隨函音義亦可爲大型字典提供早於原本爲清代的書證。

四 推進原有説解

佛經俗字是近代漢字的重要組成部分。近年來，佛經俗字研究越來越受到學界關注，佛經俗字的考釋工作得到了長足的發展。因此，大型字典近期在編纂過程中也收錄了大量的佛經俗字，吸取了不少前輩學者的考釋成果，而《思溪藏》隨函音義中關於佛經俗字的記載和説解亦能推進大型字典中佛經疑難俗字的研究工作，其中對於前賢們已經做出的考釋，對大型字典中關於佛經俗字的説解，《思溪藏》隨函音義記載的俗字形體和相關説解可進一步驗證其説，增加確證；對於存有爭議或者釋義尚未完善的考釋，《思溪藏》隨函音義則可爲其提供另外的説解甚至更準確的解釋，有利於大型字典今後的再次編纂與完善。例如：

【𧉁】

"𧉁"，現今大型字典失收，前輩學者曾考證其爲"蛆"之俗字③，

---

① 冷玉龍等主編：《中華字海》，第 1207 頁。
② 漢語大字典編輯委員會編纂：《漢語大字典》，第 830 頁。
③ 鄭賢章：《疑難字考釋》，《語言科學》2015 年第 4 期。

但該字亦可作"沮"的俗字。《思溪藏》本《十住斷結經》卷一隨函音義:"𧤤沮,二同,才吕反,斷也,壞也,上非用。"今《大正藏》本對應經文有"得識辯才,常懷羞恥。堅固之行,心不可沮。覺道之力,無所不入"句(T10,p0968a),即該字所出。從字形來看,"沮"左邊的形旁"氵"在草書中很容易連筆,與"公"形體近似,二者容易發生混同,如《龍龕手鏡·彳部》:"徽徝,二俗,去乾反,正作愆,過也。"① 又《思溪藏》本《出曜經》卷一六隨函音義:"徝愆,去乾反,下正。"其中"徝"與"徽"均爲"愆"之俗字,爲其明證。故"𧤤"蓋爲"沮"的手書訛寫字。

【炟】

"炟",未見於《漢語大字典》,見於《中華字海·火部》,其下曰:"音未詳。烟。見《龍龕》。"② 《漢語俗字叢考》根據《龍龕手鏡·火部》中"炟,義合作烟",《篇海》中"烟"俗寫作"炟",認爲"炟"蓋爲"炟"字訛變而成,又校按曰:《弘明集》卷十人名有"何炟","炟"異文有作"炟"的,慧琳《音義》謂"炟"爲"炟"之誤,可洪《音義》又以爲宜作"炅""炯",《考正》據以認爲,就人名而言,"炯""炟""烟"都是可以的,但以前二説較長③。而該字亦見載於《思溪藏》隨函音義,爲"炅"之俗字。《思溪藏》本《弘明集》卷一〇隨函音義:"何炟,桂囧一(應爲二之誤也)音,或作炅。"今查《思溪藏》本對應經文原文有"庫部郎中何炟答 炟和南辱所賜書并垂示答"等句,即此條隨函音義所出。《大正藏》對應經文作"何炟",校勘記云"何炟"宋、宮本作"炟",元本作"炯"(T52,p0064b)。今考《可洪音義》對應經卷亦出"何炟"條,其下有:"宜作炅、炯,二同,古迥反,又音迥,人名也。"④ 據此,隨函音義云"或作炅"可信,此處"何炟"在上揭經文中表示人名,"炟"爲"炅"之俗字,《大正藏》本經文正文"炟"當

---

① (遼)釋行均編:《龍龕手鏡》,第497頁。
② 冷玉龍等主編:《中華字海》,第950頁。
③ 張涌泉:《漢語俗字叢考》,中華書局2020年版,第440—441頁。
④ (五代)釋可洪撰:《新集藏經音義隨函録》,《中華大藏經》第60冊,第538頁下欄。

爲"炟"之訛變，校勘記中元本之"炯"蓋與"炟"同音而在此產生異文。又考《紹興重雕大藏音·火部》："炅，古永、古慧二反，炟非。"（C59，p0537c）亦可證明"炅"在大藏經經文中確有寫作"炟"者。

另外，大型字典在編纂的過程中多沿用以往辭書的説解，但由於數量衆多，編者往往難以一一覈究原有辭書的相關條目，因此往往導致辭書原有訓釋或引文出處的疏失。利用《思溪藏》隨函音義便可對其中一些佛經俗字考釋中的疏失加以訂正，例如：

【䲷】

"䲷"，《漢語大字典》未收該字，《中華字海·鳥部》："'䏶'的訛字。見《龍龕》。"① 今遍檢《龍龕手鏡·身部》與《龍龕手鏡·鳥部》均未見"䲷"爲"䏶"之訛的説解，故《中華字海》關於"䲷"之説解有誤，此字當爲"鴆"之訛也。對此，《思溪藏》隨函音義給了我們明確的證據。《思溪藏》本《高僧傳》卷一二隨函音義："䲷鴆，直禁反，食虵鳥，最毒也。以羽畫酒飲而殺人，上非下正。"今查《思溪藏》本對應經文原文作"鴆"，原文如下："晉鎮北將軍司馬恬惡其不節，招而鴆之，頻傾三鍾，神氣清夷。"今《大正藏》本對應經文原文則作"鴆"（T50，p0406c）。又考《龍龕手鏡·鳥部》："鴆，俗；鴆，正，直禁反，～，鳥也。"② 據此，"䲷"當爲"鴆"字之訛，應爲"鴆"發生偏旁異位所致。至於《中華字海》云其爲"䏶"之訛字，今查《龍龕手鏡·身部》："䏶䏶，俗；䏶，正。"③ 竊疑蓋因"鳥"旁與"身"旁形似，故《中華字海》誤將"䏶"之俗字形體"䏶"或"䏶"認作"䲷"。

【庥】

"庥"，《漢語大字典》未收該字，《中華字海·广部》："同屎。字見《龍龕》。"④ 今遍检《龙龛手鏡·广部》和《龙龛手鏡·尸部》均

---

① 冷玉龍等主編：《中華字海》，第1680頁。
② （遼）釋行均編：《龍龕手鏡》，第288頁。
③ （遼）釋行均編：《龍龕手鏡》，第160頁。
④ 冷玉龍等主編：《中華字海》，第517頁。

未見"床"字。竊疑該字應爲"糜"之俗字。對此,《思溪藏》隨函音義爲我們提供了有用的綫索。《思溪藏》本《續高僧傳》卷二九隨函音義出"亂床"條,其下有:"下密碑反,～,黍之類,作麻誤也。"今查《思溪藏》本對應經文作"亂床",原文如下:"仰面悲號,遂見屋甍一把亂床,用塞明孔,挽取抖揀,得穀十餘,按以成米。"今《大正藏》本則作"亂床",校勘記稱"床"字宋、宮本作"床",元、明本作"床"(T50,p0681a)。今考《龍龕手鏡・广部》:"糜,正,美爲反,～,粥也;床,俗。"① 故從上下文經義來看,此處正如隨函音義所云,表示"黍之類"可食用的物品,"糜"在此處與經義契合;又從語音來看,"糜"《廣韻》音"靡爲切",《龍龕手鏡》音"美爲反",隨函音義"密碑反"與之讀音完全相同;又從異文情況來看,此處有"床""床""床""麻"等几種情形,又如上文所述,"禾""木""米"旁在俗書中常常互混②,故竊疑此處"糜"字先俗寫作"床",再換旁作"床""床",或再進一步訛寫作"麻"。

---

① (遼)釋行均編:《龍龕手鏡》,第299頁。
② 參看上文關於"禾""木""米"旁相混的例子。

第七章 《思溪藏》隨函音義的
音韻學研究

　　《思溪藏》和其他宋元時代江南私刻大藏經一樣，卷末附有的這類隨函音義在注音來源上大體上分爲兩類：一類直接注明出處，標明來自何處，如前文文獻徵引章節中提及的《唐韻》《玉篇》《江西謙大德經音》《西川厚大師經音》和玄應《一切經音義》等，此種類型音注的來源是非常容易識別的，如《金光明最勝王經》卷七隨函音義："頒，江西音'胡骨反'。"又如《觀佛三昧海經》卷四隨函音義："稽，公八反，出《玉篇》。"但在整個《思溪藏》隨函音義中僅占少數。另外，在這其中還有少數標明"舊音"的音切，如：

　　（1）《決定藏論心地品》卷下隨函音義："鮭鯘，上舊音古攜反，下去魚反。"

　　（2）《瑜伽師地論》卷二三隨函音義："穳矛，上子亂反，舊音麁鸞反。"

　　（3）《瑜伽師地論》卷三隨函音義："八凷，下舊音古浪反。"

　　此處"舊音"不詳，竊疑此"舊音"蓋爲《思溪藏》隨函音義作者所見前代大藏經卷末附載的隨函音義，例如比《思溪藏》刊刻更早的《崇寧藏》和《毗盧藏》等江南大藏經隨函音義。

　　而另一類則是在釋文中未標明出處的，這種類型從數量上來講占絕大多數，下面我們以《思溪藏》本《說一切有部發智大毗婆沙論》卷一九七和卷一九八隨函音義爲例，將其音注與《廣韻》或《集韻》（括號內有"集"標示）對應音切進行比較（歧異條目以粗體字標示）：

表7—1　《思溪藏》本《説一切有部發智大毗婆沙論》卷一九七
和卷一九八隨函音義音注與《廣韻》《集韻》對應音切比較

序號	字	隨函音義音注	《廣韻》音切	序號	字	隨函音義音注	《廣韻》音切
1	涯	魚皆反	五佳切；魚羈切	15	祀	音似	詳里切
2	隤	徒回反	杜回切	16	藉	才夜反	慈夜切
3	壤	汝兩反	如兩切	17	騝	去乾反	去乾切
4	壓	音押	烏甲切	18	轝	音余	以諸切
5	脇	虛業反	虛業切	19	肘	知柳反	陟柳切
6	弊	毗祭反	毗祭切（集）	20	燼	徐刃反	徐刃切
7	疣	于休反	羽求切	21	若	汝者反	人者切
8	僻	疋亦反	芳辟切	22	縷	吕主反	力主切
9	阨	於鬲反	乙革切（集）	23	斛	胡谷反	胡谷切
10	撾	竹瓜反	張瓜切（集）	24	褐	胡割反	胡葛切
11	捶	之委反	之累切	25	謙	苦兼反	苦兼切
12	隙	泣逆反	綺戟切	26	屠	音徒	同都切
13	翅	音施去	施智切	27	膾	古會反	古外切
14	祠	音詞	似兹切	28	蹉	倉何反	七何切

從上表可以看出，《説一切有部發智大毗婆沙論》卷一九七和卷一
九八隨函音義共有28條，但其中與《廣韻》或《集韻》不同者，僅有
一條，所占比例非常少，而且在這裏面還有一些隨函音義音注儘管和
《廣韻》（或《集韻》）的注音方式不同或者注音方式相同而反切上下
字不同，但最終讀音基本相同。對此，高田時雄曾指出"音義這種素
材一般來説其保守性是難以否定的，……儘管現實中音韻變化在一直不
斷地進行，但在音義中，根據韻書的反切所作的音注只要不與現實的字
音發生大的矛盾，直接援用韻書的反切也是極其自然的。畢竟反切的創
作並不簡單"①。根據全面調查，我們發現《思溪藏》隨函音義音注和

---

① ［日］高田時雄：《可洪〈隨函録〉與行瑫〈隨函音疏〉》，第429頁。

之前我們全面調查過的《磺砂藏》隨函音義音注一樣，絕大部分的讀音都與《廣韻》《集韻》相同。另外，從之前章節我們將《思溪藏》和《磺砂藏》隨函音義某些相應部分進行比較的情況來看，這些《思溪藏》隨函音義的音注大體或參考了比《思溪藏》更早的大藏經隨函音義，或者也可以說這種宋代私刻大藏經的隨函音義在注音時，大體都受《廣韻》《集韻》等《切韻》系韻書的影響，雖有一些注音方式或反切上下字與《切韻》系韻書不同，其嘗試着做了某些改良，但真正脫離這一系統的音注還比較少見，這其中真正能反映當時語音變化的音注材料則需要我們從數量龐大的隨函音義中做大量的剝離工作才能得出來。

第一節 《思溪藏》隨函音義音注
反映的語音特徵

如前所述，《思溪藏》隨函音義規模龐大，收詞衆多，音注來源廣泛，像前代大藏經隨函音義、佛經音義專書、《切韻》系韻書、佛經自帶音切、宋代韻書等皆爲其來源，但這些音注絕大多數並不能反映《思溪藏》隨函音義刊刻時代的實際語音。儘管如此，我們還是從中剝離出少量能反映《思溪藏》隨函音義刊刻時代語音變化的音注，其中的某些音注還或多或少地反映了漢語語音史中的一些演變現象和規律，甚至保存有某些尚未見於現存字書和韻書的讀音。

需要說明的是，《思溪藏》隨函音義的音注數量特別龐大，條目也多有重複，而且與《切韻》系韻書讀音不同的音切又僅占極少數，因此我們不采用反切繫聯法，而是將其直接與《廣韻》或《集韻》逐條比對，即比較反切上下字，歸納出音注所反映的主要語音特徵。另外，由於《思溪藏》很多經卷後面沒有明確的刊經題記記載刊刻的準確時間，因此這些音注大多數表現的也不是某一個單一的共時語音層面，只能說是借以窺探至遲到《思溪藏》刊刻的南宋初年的某些語音現象及規律。此外還需要說明的是，隨函音義中有一部分音切是爲音譯詞與咒語所作的音注，這類音切我們一般不予選取，但如果音注後還有隨函音義作者的自注音切，則酌情進行考察。下面本書就從聲母、韻母、聲調三方面對其分別加以分析：

一　聲母

（一）濁音清化

濁音清化是聲母最受關注的一個變化，也是一個漫長的過程，從唐五代時期《可洪音義》、敦煌俗文學中的別字異文到宋代《皇極經世書聲音圖》《九經直音》等材料都或多或少地反映了這一現象①。我們在之前討論《思溪藏》隨函音義徵引《可洪音義》的相關部分以及《思溪藏》與《磧砂藏》隨函音義進行比較的部分中就已發現多例以並切幫、以曉切匣、以精切從的例子，反映了當時濁音清化現象的普遍性。

（二）章莊相混

中古音系中章、莊二組聲母的演變是漢語語音發展中重要的環節，北宋邵雍語音反映出"照穿二母兩等同列，當讀爲一音。此自唐五代已然"②，南宋朱熹語音中章莊互注、知照互注③，在《思溪藏》隨函音義的音切中，我們也發現有一些例子反映了這種語音現象。如《陀羅尼雜集》卷八隨函音義下有"騶，章愁反"，爲章母尤韻，今查玄應《一切經音義》中《陀羅尼雜集》的對應經卷亦出"騶"字，注爲"側愁反"（C057，p0053c），爲莊母尤韻，又查《廣韻》"騶"音"側鳩切"，亦爲莊母尤韻，故該條隨函音義音切屬於章莊互注。除此之外，我們在《思溪藏》隨函音義中還發現多例昌初混切的例子：

（1）《思溪藏》本《那先經》卷中隨函音義："草蒭，下正作芻，昌俱反。"

（2）《思溪藏》本《根本説一切有部苾蒭尼毗奈耶》卷一一隨函音義："苾蒭，上頻必反，又步結反，下昌俱反。"

（3）《思溪藏》本《起世因本經》卷八隨函音義："測，昌側反。"

---

① 王力：《漢語語音史》，中國社會科學出版社 1985 年版，第 261 頁。
② 周祖謨：《問學集》，中華書局 1996 年版，第 595 頁。
③ 王力：《漢語語音史》，第 261 頁。

（4）《思溪藏》本《彌勒菩薩所問經論》卷三隨函音義："測，昌側反。"

（5）《思溪藏》本《顯揚聖教論》卷一九隨函音義："創，昌狀反。"

（6）《思溪藏》本《瑜伽師地論》卷三七隨函音義："創，昌狀反。"

（7）《思溪藏》本《瑜伽師地論》卷一隨函音義："册，昌革反。"

（8）《思溪藏》本《妙法蓮花經優婆提舍》卷上隨函音義："閦，昌六反。"

（9）《思溪藏》本《大智度論》卷九三隨函音義："閦，昌六反。"

（10）《思溪藏》本《妙法蓮花經論》一卷隨函音義："閦，昌六反。"

（11）《思溪藏》本《大智度論》卷六七隨函音義："閦，昌谷反。"

上引音切中條目字"蒭""測""創""閦"在《廣韻》中均爲初母，而在《思溪藏》隨函音義中俱注爲昌母，數量也較多，似可説明昌初混切在當時的普遍性。又宋代《盧宗邁切韻法》有"知照合一、非敷合一、徹穿合一"圖，且從圖中列舉的若干代表字看，當是莊章先合，再與知合；初昌先合，再與徹合①。從上引音切來看，似與《盧宗邁切韻法》指出的發展軌迹相合。

（三）精章相混

宋代福建方音中也有精章互注的例證②，我們在《思溪藏》隨函音義中也發現有二者互注的例子，如《思溪藏》本《大智度論》卷四隨函音義下有"毳，昌歲反"，屬於昌母祭韻，又如《可洪音義》中"毳"注爲"尺稅"反③，亦爲昌母祭韻，今查"毳"字《廣韻·祭

---

① 魯國堯：《盧宗邁切韻法述論》，《魯國堯語言學論文集》，江蘇教育出版社2003年版，第366頁。

② 王曦：《宋代福建音釋研究》，碩士學位論文，湖南師範大學，2001年。

③ 儲泰松：《可洪音義研究》，復旦大學，博士後出站報告，2002年。

韻》音"此芮切又楚稅切",屬於清母祭韻和初母祭韻,而《王三》中僅有"此芮切",即僅清母音,故此條隨函音義中精章二母形成了混切。

（四）船禪相混

船禪二紐相混由來已久,《顏氏家訓·音辭篇》就記載有當時南方人以石爲射、以是爲舐,而且"劉宗昌《周官音》讀乘（船母）若承（禪母）……必須考校"①。又唐守溫《歸三十字母例》中禪母之下有"乘常神諶"四字,乘神爲船母字,常諶爲禪母字,可見守溫的語音中也是船禪無別。又據邵榮芬研究,敦煌俗文學中的別字異文亦表明船禪相混是唐五代西北方音的一個特點②。在隨函音義中我們也發現了二者相混的例子,《思溪藏》本《十地經論》卷三隨函音義下有"車乘,下時證反",屬於禪母證韻,而今查《廣韻》"乘"音"實證反",爲船母證韻,故此條隨函音義中船禪二母發生了混同。

二　韻母

（一）佳皆相混

佳皆二韻的混切在唐五代西北方音和《可洪音義》中常見,在《思溪藏》隨函音義中也可見到"崖"和"涯"的注音中出現佳皆相混的情形,如:

（1）《思溪藏》本《正法念處經》卷五四隨函音義:"山崖,下吾皆反。"

（2）《思溪藏》本《正法念處經》卷五〇隨函音義:"崖,吾皆反"

（3）《思溪藏》本《起世因本經》卷一〇隨函音義:"崖龕,上吾皆反,下苦含反。"

（4）《思溪藏》本《大般涅槃經》卷中隨函音義:"涯岸,上吾皆

---

① 顏之推著,王利器點校:《顏氏家訓集解》,中華書局1993年版,第530、545頁。
② 邵榮芬:《敦煌俗文學中的別字異文和唐五代西北方音》,《中國語文》1963年第3期。

反，一音宜。”

（5）《思溪藏》本《説一切有部發智大毗婆沙論》卷一九七隨函音義：“墮涯，下魚皆反，正作崖，山～也。”

“崖”和“涯”在《廣韻》音“五佳切”和“魚羈切”二音，其中“五佳切”屬於疑母佳韻，而隨函音義注云“吾皆反”“魚皆反”均屬於疑母皆韻，故佳皆二韻存在互混的情形。

除此之外，我們在其他字的注音中也發現佳皆互混的例子，如《妙法蓮華經》卷六隨函音義下有“咼，口淮切”，今《廣韻》“咼”音“苦緺切”，爲溪母佳韻，而隨函音義注爲“口淮切”，爲溪母皆韻，佳皆二韻在此條隨函音義中也發生了混同。

（二）鄰韻互注

《廣韻》中真諄、陽唐相鄰二韻同用，二者在《經典釋文》、玄應《一切經音義》中就多有混用，在《思溪藏》隨函音義中我們也發現了混同的情況。

1. 真諄相混

《思溪藏》本《成唯識論》卷一〇隨函音義下有“賮，辝進反”，今查《思溪藏》本對應經文原文有“神化潛通，九仙賮寶，玄猷旁闡，百靈聳職”等句，即該字所出。今查《集韻》“賮”音“徐刃切”，爲邪母稕韻，而隨函音義云“辝進反”，爲邪母震韻，故在此條隨函音義音切中真諄二韻相混。

2. 陽唐相混

《思溪藏》本《大勇菩薩分別業報略經》隨函音義：“讒謗，上士咸反，下補望反。”今查《思溪藏》本對應經文原文如下：“陷人以非道，兩舌離親友，讒謗及妄語，死墮黑繩獄。”今查《廣韻》“謗”音“補曠切”，爲幫母宕韻，而隨函音義注爲“補望反”，爲幫母漾韻，故陽唐二韻在此處相混。

3. 麥陌相混

麥陌相混的情況在後晉《可洪音義》、宋代的《龍龕手鏡》《紹興重雕大藏音》等典籍的注音中經見，《思溪藏》隨函音義中也有一些音切反映這一語音現象，如《思溪藏》本《辯正論》卷二隨函音義：
"簎，叉陌反，簡～也。""簎"爲"册"之增旁俗字，"叉陌反"屬於
初母陌韻；又如《思溪藏》本《根本説一切有部毗奈耶》卷四六隨函
音義："册，楚陌反。"其中"楚陌反"亦屬於初母陌韻；今查《廣韻》
"册"音"楚革切"，屬於初母麥韻，故上述兩例均屬於麥陌相混的
情況。

（三）鼻音韻尾相混

在宋代，雖然官修韻書《廣韻》中鼻音韵尾 - m、- n、- ng 界限
分明，但在實際語音中卻時有混同，如江西新喻"三劉"古體詩中三
尾混叶①，南宋吳文英、張炎等浙南詞人的用韻中三者兩兩合用和三者
一起混用的情況也十分普遍②。在《思溪藏》隨函音義中，我們也發現
了 - ng 韻尾與 - n 韻尾相混的用例，如：

（1）《思溪藏》本《十住毗婆沙論》卷第一隨函音義："拯，之
忍反。"

（2）《思溪藏》本《根本説一切有部毗奈耶》卷一三隨函音義：
"拯，之忍反。"

在《廣韻》中"拯"音"蒸上切"，屬章母拯韻，而隨函音義注爲
"之忍反"，屬章母軫韻，而在現今的很多方言中，仍然也存在 - ng 韻
與 - n 韻相混的情況，故竊疑此處混切有可能是受作者方音的影響。

另外，在《思溪藏》隨函音義中，我們還發現了一例 - m 韻尾
與 - n 韻尾互注的例子，在《思溪藏》本《十門辨惑論》卷上隨函音
義中有"無朕"條，其中"朕"當爲"朕"之訛，注曰"下直引反"，
屬於澄母軫韻或震韻，爲 - n 韻尾；而"朕"《廣韻》音"直稔切"，
屬于澄母寢韻，爲 - m 韻尾。- m 韻尾從動搖到消失是近代漢語語音史
中一個重要現象，我們在《思溪藏》隨函音義中發現的這個例子，或
也是這一語音變化真實的反映。

---

① 杜愛英：《"新喻三刘"古体诗韵所反映的方音现象》，《语文研究》2001 年第 2 期。
② 胡运飚：《吴文英张炎等南宋浙江词人用韵考》，《西南师范大学学报》1987 年第 4 期。

（四）入聲韻與上聲韻相混

入聲的變化是近代漢語語音史上的一個重要語音現象，在《思溪藏》隨函音義中也有一例反映這樣的變化，在《思溪藏》本《薩婆多部毗尼摩得勒伽經》卷一隨函音義中有"三藐"條，其下注爲"下借聲彌藥反"。今查《思溪藏》本對應經文原文有："佛言：'有。如來、阿羅呵、三藐三佛馱。'"《大正藏》本對應經文原文亦同。故"三藐"在此處爲常見的佛經術語，又查《廣韻》"藐"音"亡沼切"，爲明母小韻，隨函音義云"借聲"爲"彌藥反"，而"藥"則屬於入聲藥韻，又《中原音韻》中藥韻字派入"蕭豪"部，與"藐"同歸一部，竊疑這條隨函音義反映出在隨函音義刊刻的宋代二者當時的讀音中就已經十分接近了。

三 聲調

（一）濁上與去聲相混

濁上變去是漢語語音史中一個重要的聲調變化，儲泰松曾考察出《可洪音義》全濁上聲與去聲混切的例子多達58條，且指出"濁上變去是晚唐北方地區的普遍現象，李涪《（切韻）刊誤》卷下'切韻'條表明其方音裏濁上已變去聲，……《慧琳音義》、敦煌俗文學中的別字異文濁上均與去聲相混，而南方朱翱反切無此類變化"[1]。《思溪藏》隨函音義也有一些例子反映這一變化，如：

（1）《思溪藏》本《大方等大集經》卷二五隨函音義："嬾墮 定果合一上，上郎罕反，下徒臥過反。"

（2）《思溪藏》本《佛説大方等大集菩薩念佛三昧經》卷七隨函音義："怠墮 定果合一上，上音待，下徒臥過反。"

（3）《思溪藏》本《根本説一切毗奈耶雜事》卷一二隨函音義："嬾墮 定果合一上，上郎罕反，下徒臥過反。"

以上的例子均爲"墮"字，除此之外，還有其他隨函音義記録的

---

[1] 儲泰松：《可洪音義研究》，第110—111頁。

例字也有這種變化，如《思溪藏》本《開元釋教録》卷一六隨函音義：
"裸形，上玄卦反，篇韻只云魯果反，赤體也。"其中"裸"注爲"玄
卦反"，爲匣母卦韻，而在《思溪藏》隨函音義中，"裸形"一詞還曾
出現過多次①，如：

（1）《思溪藏》本《大方等大集經》卷三〇隨函音義："裸形，上
魯果反，赤體也，又玄瓦反，篇韻即不出。"

（2）《思溪藏》本《阿育王經》卷三隨函音義："裸形，上玄瓦
反，～，露也；篇韻作魯果反。"

（3）《思溪藏》本《諸經要集》卷六隨函音義："裸形，上玄瓦
反，赤露也；篇韻只出魯果反，亦作倮也。"

（4）《思溪藏》本《集神州三寶感通録》卷下隨函音義："裸形，
上玄瓦反，赤體也，篇韻只出魯果反。"

（5）《思溪藏》本《中阿含經》卷六〇隨函音義："裸形，上玄瓦
反，篇韻只出魯果反，赤體也。"

以上五處"裸"均注爲"玄瓦反"，屬於匣母馬韻，又如上文所
言，佳麻二韻在宋代語音中常混同，故從此例也可看出該條注爲"玄
卦反"隨函音義也切實反映了濁上與去聲相混的情況。

另外，還有其他一些例子，如：

（1）《思溪藏》本《續高僧傳》卷一〇隨函音義："藹，爲改反。"

按："藹"字《廣韻》音"於蓋切"，屬於影母泰韻，爲清聲母去
聲；而隨函音義注音"爲改反"則屬於云母海韻，爲濁聲母上聲；韻
母方面還屬於泰韻與海韻相混。

（二）上聲與去聲相混

在《思溪藏》隨函音義中還偶有上聲與去聲相混的情況，如《攝
大乘論無性菩薩釋》卷一隨函音義："拯，蒸字去聲。"又"拯"在
《思溪藏》隨函音義中經常見"音蒸上聲"這樣的音注，此處注爲"去
聲"，有可能是其作者方音的反映，正如儲泰松在《唐五代關中方音研

---

① 該詞條曾在本書文獻章節中用來討論"篇韻"。

究》中曾指出"上聲與平、去混切，並不是三類聲調調型、調值的相混，而是不同方言的讀音習慣差異造成的。這種差異，從共時角度説，有南北之異；從歷時角度説，則有古今之别"①。

第二節 《思溪藏》本《大佛頂首楞嚴經音》所見宋代語音

一 《思溪藏》本《大佛頂首楞嚴經音》概要

如前所述，《思溪藏》是南宋初年由湖州王永從家族舍資刊刻的一部私刻大藏經，但在此間我們發現《大佛頂首楞嚴經》十卷與其他《思溪藏》經卷不同，在該經卷首，"趙宋泉南沙門釋祖派"和"前雄武軍節度推官許洞"分别爲該經作序。據《卍續藏》第一四八册《枯崖漫録》載："慈慧祖派禪師，温陵張氏子，祝髮於開元羅漢寺，參文關西之嗣宗岱餘。"（卍87/0024c）《枯崖漫録》其書三卷，其書序言落款爲南宋咸淳八年（1272）。而許洞《宋史》有載，北宋吴郡人，曾任雄武軍推官，精於兵學，有文才，卒於北宋大中祥符八年（1015）②。又在該經卷一末尾有"大宋杭州大中祥符寺天宮經藏院沙門智海、可孜先募四衆，雕造《大佛頂首楞嚴經》十卷，印板今已畢工，復召信人，印一萬部流傳天下"的刊經題記。據此推知，該經係單獨刻版而成，其刊刻年代在宋代應無疑問。

又在該經第十卷末尾附載有《大佛頂首楞嚴經音》③，爲《思溪藏》隨函音義中非常特殊的形式，該經音首尾皆題"大佛頂首楞嚴經音"，每卷經音右側大字單行標列"第一并序""第二""第三"……"第十"的經音卷數，卷數旁爲音注內容，字頭單行大字，注文雙行小字，以注音爲主，不涉及字形字義，在"第一并序"下有雙行小字"凡有

---

① 儲泰松：《唐五代關中方音研究》，安徽大學出版社 2005 年版，第 93 頁。
② （元）脱脱等撰：《宋史》卷四四一《文苑傳·許洞傳》，中華書局 1977 年版，第13044 頁。
③ 《思溪藏》本《大佛頂首楞嚴經經音》即在國圖藏《思溪藏》膠卷的第 1994 册末尾。

上去入字者以四聲紐之"。又該經音共有音注 282 條，其中反切 84 條，切語多不標"切"，如"揣，測委"；又有直音 198 條，這些直音分爲兩類，一類是用同音字標注，另一類則比較少見，采用的是用同聲紐和韻紐的字"以四聲紐之"，如"豁，歡入""趼，仙上"。

二 《思溪藏》本《大佛頂首楞嚴經音》反映的語音變化

如上所述，該經音爲《大佛頂首楞嚴經》十卷難字的集中注音，通過對比經音注音與《廣韻》《集韻》相關反切的異同，我們發現這些音注相當一部分與《切韻》系韻書的注音吻合，但音韻地位不同的注音共 37 條，從中可窺探出宋代的某些語音變化，如濁音清化、入聲韻相混、尤虞唇音相混、曾梗二攝合流等等。下面我們將從聲母、韻母和聲調三個方面來分別加以分析：

（一）聲母

1. 濁音清化

1）滂並相混

磅滂唐開一平，旁並。

2）幫並相混

磚並鐸開一入，博幫。

3）曉匣相混

喝曉曷開一入，胡匣葛。

濁音清化是聲母最受關注的一個變化，從唐五代西北方音到南宋朱熹的音注均常有發生，如南宋朱熹的反切全濁聲母全部消失，表現於"並母平聲併入了幫滂兩母；奉母併入了非敷兩母；澄母併入了知徹兩母，……匣母併入曉母"[1]。上述例子也是對濁音清化這一現象的記錄。

2. 船禪相混

舐船紙開三上，時禪上。

逴禪仙合三平，船船。

---

① 王力：《漢語語音史》，中國社會科學出版社 1985 年版，第 261 頁。

宋代像《集韻》這樣的官修韻書船禪兩母也不免相混①，隨函音義上述音切反映了宋代語音的這一現象，是當時時音的流露。

3. 從邪相混

彗邪祭合三去，疾從惠。

從邪不分也是南方方音現象，顏之推在《顏氏家訓·音辭篇》中就曾指出他所處的時代"南人以錢爲涎，……以賤爲羨"②，又據《可洪音義》卷二五中《新華嚴經音義》卷下："霑漬，疾賜反，……又似賜反者，吳音也，吳人呼寺爲字。"③ 可見當時南方人從邪不分年代已久，現代吳方言中亦"從、邪合一"④，上揭隨函音義也是這一語音現象的反映。

4. 精章相混

毳，昌衛。

《大佛頂首楞嚴經》卷六有"及是此土靴履裘毳"句，故《思溪藏》本經音卷六有"毳，昌衛"條。如上文所言，"毳"字雖在《廣韻·祭韻》音"此芮切又楚税切"，屬於清母祭韻和初母祭韻，但在《王三》中僅有"此芮切"，即僅清母音，而經音注爲"昌衛"，屬於昌母祭韻。又精章二組聲母互注，在中古的音義反切和方音中比較常見，在現今一些南方方音中，這些現象仍有存在，上揭音切也反映了這種語音現象。

（二）韻母

1. 鄰韻互注

（1）尤侯相混

貿侯，矛尤去。

愁侯，矛尤去。

---

① 魯國堯：《〈盧宗邁切韻法〉述論》，《魯國堯語言學論文集》，江蘇教育出版社2003年版，第347頁。

② （隋）顏之推著，王利器點校：《顏氏家訓集解》，中華書局1993年版，第530頁。

③ （五代）釋可洪撰：《新集藏經音義隨函録》，《中華大藏經》第60冊，第404頁下欄。

④ 魯國堯：《〈南村輟耕録〉與元代吳方言》，《魯國堯語言學論文集》，第224頁。

（2）删山相混

盼_襉，攀_{删去}。

（3）庚耕相混

鏗_耕，坑_庚。

（4）先仙相混

盱_銑；霰，面_綫。

以上幾組鄰韻互注均屬於《廣韻》中規定可以"同用"的範圍，而以下兩條混切將本是"獨用"的韻與同攝中的其他韻互注：

（5）真文相混

殞_軫，云_{文上}。

（6）廢祭相混

吠_廢，肥袂_祭。

《廣韻》規定文韻和廢韻"獨用"，此處以文切軫，以祭切廢反映了"獨用"的韻越出了《廣韻》規定的這個界限，與宋代詩文用韻相類似①。

2. 卦夬相混

隘_{影卦開二去}，烏邁_夬。

按，從敦煌本《字寶》的注音來看，唐五代西北方音中卦、怪、夬已相混②。又《可洪音義》卷一六《根本説一切有部尼陀那目得迦》第五卷音義云"話話，又胡卦胡快二反，談言語話也"③，"話"字中古音屬於夬韻字，此處可讀爲"胡卦、胡快二反"，説明其時卦夬相混。又宋處觀《紹興重雕大藏音》中三韻的混切也十分常見④，此條經音混切的例證也真實地反映了這一語音現象。

---

① 劉曉南、羅曉梅：《宋代四川詩人用韻及宋代通語音變若干問題研究》，《四川大學學報》2004 年第 6 期。

② 劉燕文：《從敦煌寫本〈字寶〉的注音看晚唐五代西北方音》，載項楚、張涌泉編《中國敦煌學百年文庫·語言文字卷》，甘肅教育出版社 1999 年版，第 160 頁。

③ （五代）釋可洪撰：《新集藏經音義隨函錄》，《中華大藏經》第 60 冊，第 19 頁中欄。

④ 張國華：《宋代處觀〈紹興重雕大藏音〉音系初探》，碩士學位論文，首都師範大學，2007 年。

3. 夬麻相混

樺，話。

按，"樺"，《廣韻》音"胡化切""户花切"二讀，皆屬麻韻，這例互注反映的是宋代通語中部分佳夬韻字併入家麻部的語音現象。佳麻合併在唐代很普遍，杜甫和李白的詩裏就有佳麻互押的例子，白居易的詩裏佳麻通押的例子更多[1]。又夬韻的"話"字在唐宋之際也與佳麻韻字相混，如《可洪音義》卷一二中《中阿含經》第二十卷音義："謼䛐，音花，喧一也。作話字呼。"[2] 上揭經音音注也反映了這一語音現象。

4. 支脂之微相混

槌澄脂合三平，直爲支；

捶章紙合三上，佳脂上；

恚影寘合三去，娟季至；

胝知脂開三平，知支。

洎群至開三去，其之去；

稚澄至開三去，持之去；

彙雲未合三去，位至。

按，在漢語語音史中，支脂之微四韻多有混同，如唐代寒山、拾得的詩文用韻中，四者同用的情況經見[3]；又據儲泰松調查，"《玄應音義》支脂之不分，《慧琳音義》、朱翱反切四韻無別，……可洪已不容易分別這四韻"[4]。上述 7 例音注亦爲這種情況的體現，其中支脂相混 4 例，支之相混 2 例、脂微相混 1 例，蓋與《廣韻》中規定支脂之同用，微韻獨用的情況有關，反映出微韻與支脂之各韻的關係稍遠，但在當時的語音中此四韻恐無分別。

---

① 邵榮芬：《敦煌俗文學中的別字異文與唐五代西北方音研究》，載項楚、張涌泉編《中國敦煌學百年文庫·語言文字卷》，第 142 頁。

② （五代）釋可洪撰：《新集藏經音義隨函錄》，《中華大藏經》第 59 册，第 992 頁上欄。

③ 唐作藩：《寒山子詩韻（附拾得詩韻）》，載其著《漢語史學習與研究》，商務印書館 2001 年版，第 78 頁。

④ 儲泰松：《可洪音義研究》，第 78 頁。

5. 止遇二攝相混

詛莊御開三去，緇之去。

按，在唐五代西北方音中，有止遇二攝相混的例子①，此例也是這一語音現象的體現。

6. 曾梗二攝相混

匿泥職開三入，寧青入；

應影證開三去，映映；

礫來錫開四入，力職。

陳溪陌開三入，去力來職開三入。

棘見職開三入，京見庚開三平入。

按，宋人詞韻曾梗二攝各韻系同在"庚青部"，又董衡、蕭常等宋人音釋中，曾梗二攝各韻互注的類型，説明宋時此二攝已經合流②。上述音注也反映了曾梗二攝合併，舒聲入聲皆然。

7. 部分入聲韻相混

矍見藥合三入，俱犖來覺開二入。

陳溪陌開三入，去力來職開三入。

析心錫開四入，昔心昔開三入。

棘見職開三入，京見庚開三平入。

撲滂屋合一入，龐並江開二平入。

鵠匣沃合一入，紅匣東開一平入。

勃並没合一入，跋並末合一入。

訐見月開三入，居列來薛開三入。

礫來錫開四入，力來職開三入。

匿泥職開三入，寧泥青開四平入。

按，以上十个入聲韻相混的音注占該經音音韻地位不同音注的四分之一，數量相對較多，其中藥覺相混 1 例，陌職相混 2 例，錫職相混 2

---

① 邵榮芬：《敦煌俗文學中的別字異文與唐五代西北方音研究》，載項楚、張涌泉編《中國敦煌學百年文庫·語言文字卷》，第 138—139 頁。

② 孫建元：《宋人音釋研究》，博士學位論文，南京大學，1996 年。

例，昔錫相混 1 例，屋覺相混 1 例，屋沃相混 1 例，没末相混 1 例，月薛相混 1 例，或可從一方面説明入聲韻是當時語音中急劇變化的一種，雖然這些入聲韻的相混大多突破了攝的界限，但值得注意的是，其中没有一例是反映 –p、–t、–k 三種不同韻尾的入聲字相混的，反映了經音作者語音中入聲韻變化的保守性。

8. 臻攝元韻與山攝相混

訐見月開三入，居列來薛開三入。

按，元阮願韻改歸山攝是漢語語音史上的重要變化。《全遼文》所載韻文中元阮願字與山攝字通叶①，辽代石刻別字異文中也有數例元願兩韻字與山攝字相互代用②，透露出北方地區的語音中元阮願改歸山攝的迹象。而根據隨函音義的上揭音切，宋代南方地区的方音中上述語音變化有可能也在發生。

9. 尤虞唇音相混

覆，夫去。

按，"覆"在《廣韻》中有"芳福切""扶富切""敷救切""匹北切"四讀，根據該字所出《大佛頂首楞嚴經》卷九對應經文"保持覆護成無上道"，此處"覆護"表示"保護、庇佑"之義，"覆"應讀"敷救切"，即敷母宥韻，屬於尤韻唇音字，而音切中"夫"在廣韻中有"甫無切"和"防無切"兩讀，均爲虞韻，屬於遇攝字。唐宋時期，尤侯部的部分唇音字向虞模部轉化，這一演變漸成爲通語現象。從宋詞用韻看，"這個初唐萌芽、中唐在北方日益擴展的普遍音變，到宋代漫延於南方，大致從西北邊南下擴展至於川中，東邊則突破長江進入江南的吳閩，同時往西漫延至江西"③。此條音切即反映了這一語音變化。

（三）聲調

1. 上入相混

藐明小開三上，名灼章藥開三入。

---

① 丁治民：《遼韻考》，《古漢語研究》1999 年第 4 期。
② 黎新第：《遼代石刻別字異文所見遼代漢語語音》，《語言科學》2005 年第 7 期。
③ 劉曉南：《宋代文人用韻與宋代通語及方言》，《古漢語研究》2001 年第 1 期。

　　按，入聲的變化是近代漢語重要的語音現象之一，《中原音韻》中隨着入聲調消失，入聲韻併入陰聲九韻。上揭音切"以灼注薥"，今查"灼"屬《廣韻》藥韻字，"薥"屬於《廣韻》小韻字，屬於上入相混，又《中原音韻》中"灼"派入"蕭豪"部，與"薥"同歸一部，故上揭音切中上聲與入聲互注，符合《中原音韻》的入聲歸部，反映了當時經音作者的語音中入聲韻尾可能正處在消失和脫落的過程中，且有可能與陰聲韻的歸併大致和通語一致。

　　2. 平去相混

　　僧，思孕。

　　按，僧，《廣韻》蘇增切，平聲，而音切中"孕"屬於證母，去聲。《可洪音義》中有多個音切平去相混，"兩調相切，大概是調值接近，《切韻序》云'梁益則平聲似去'"[1]，又南宋辛棄疾詩詞中表示議論義的去聲"論"均與平聲字相押，證明了當時的山東方音中"論"去聲讀爲平聲[2]。故經音中上揭音切平去相混蓋亦爲經音作者方音的反映。

　　綜上所述，以上與《廣韻》《集韻》音韻地位不同的音切反映的濁音清化、尤虞脣音相混、臻攝元韻與山攝相混、入聲字與舒聲字相混等均是宋代比較明顯的語音特點，故《思溪藏》本《大佛頂首楞嚴經音》中上述這些音切雖然我們無法推斷源自何處，但可以肯定的是，其讀音至遲可以反映該經刊刻時代即北宋末年至南宋初年的某些語音特征。只是值得一提的是，上述音切中存在相對多的入聲韻相混，但卻沒有一例反映－p、－t、－k三種不同韻尾字相混的，而這點在宋代（又特別是在南宋）的新讀書音中已經相當明顯[3]，因此這在一定程度上也反映了該經音語音上的保守性。

---

①　儲泰松：《可洪音義研究》，第113頁。

②　魯國堯：《宋代辛棄疾等山東詞人用韻考》，《南京大學學報》1979年第2期。

③　黎新第：《〈韻鏡〉異常歸字所見時音辨析》，《語言研究》2005年第4期。

第八章 《思溪藏》隨函音義的詞彙學研究

《思溪藏》隨函音義收錄了衆多條目，這些條目既有單音詞也有複音詞還有詞組，其下不僅有釋音和辨形，還或多或少都存在一些釋義，因爲隨函音義的作用之一就是以期通過釋義能爲信衆閱讀和理解佛經提供幫助，這無疑爲我們提供了一個豐富的漢語詞彙資料庫。利用這些材料，我們可以充分了解佛經詞彙體系，並藉以窺探中古近代漢語詞彙的某些特徵。

第一節　所收詞彙的來源和特徵

遍檢整個《思溪藏》隨函音義，我們發現其所收詞彙大體可以分爲三個部分，下面我們就分別舉例并説明之：

首先，是中土已有的漢語詞彙，即來源於先秦和佛經翻譯時中古近代流行的漢語語詞，如：

爆、逼迫、褒貶、潰亂、邊鄙、誹謗、跛、猜、參差、翅、臭、喘、從容、悲、擔、淡泊、翻、肥、匪、荆棘、跟、蠱、規矩、號叫、浣、緩、饑饉、僥倖

駿馬、鎧甲、娠、嬰兒、塵埃、將帥、繽紛、愀然、繦褓

這些語詞也是漢語詞彙中的基本詞彙，具有非常穩定的特點，有些流傳至今，在我們現代漢語中也是常用詞。總體來説，這類詞語在《思溪藏》隨函音義的詞彙系統中占有非常大的比重，數量上比其他兩

個部分的詞彙要多。

其次，是佛經特色詞語，分爲兩類，一類是表示佛教名相和術語的音譯詞、意譯詞如：

摩醯、那庚多、薛荔、笈摩、阿練若、薛荔多、闍維、摩納婆、婆舍那、芸若、溥首、迦羅邏、阿素洛、健達、摩納婆、鄔波索迦、循身觀、摩訶衍、窣堵波、毗佛略、窣堵、阿蘭挐、邲耨、

另一類是佛經中來源於古印度、中亞、西域等地名目繁多的名物詞，如：

揵槌、鍵鎡、芯蒻、鷲鳥丘、耆婆、白珂、頗梨、舍佉、蘿蔔、蒲萄、屔荶、氀氈、華撥、柯陀、殃伽、商佉、補羯娑、苜蓿、頗胝、羅菔、醍醐、婆叉、毗舍佉、羅蔔、瞻蔔、占蔔、巨勝、華鉢、華苃、駱駝、苣蒢、氀毹

這兩類詞的數量雖然不多，但在《思溪藏》隨函音義中反復出現，使得隨函音義帶上了鮮明的宗教和地域色彩，區別于其他詞彙系統。

再次，就是漢譯佛經翻譯時利用原有漢語語詞要素創造的新詞，如表示"鄙陋"義的鄙惡、鄙賤、鄙猥、鄙穢、鄙劣、庸鄙等，又如表示"弱小、軟弱"義的怯弱、怯劣、怯羸、怯懦、懜怯等，又如表示"救濟和拯岬衆生"義的綏恤、矜愍、矜悁、濟恤、撫恤、給恤、賑濟等，還如表示兇狠殘忍的頓弊、很弊、蛆弊、凶弊、弊魔、揖弊等。

漢譯佛經翻譯的高峰時期即東漢魏晉南北朝隋唐時期，也是漢語急劇變化的一個時期，一方面爲了盡快讓普羅大衆接受和理解佛教義理，佛典必須盡快本土化并適應這種變化，另一方面漢文佛典反過來又促進了漢語的發展變化。而作爲語言要素中變化最快的詞彙無疑會受到這種變化的影響，且很快就體現在漢文經的翻譯和表達中，在遣詞造句方面尤爲明顯。上述列舉的隨函音義所收錄新詞語便是這種變化的反映，雖然從整體上來看數量上并不是很多，而且有些詞語及釋義也未流傳下來，但卻體現了中古和近代漢語的新詞新義，

第二節　所收新詞新義

如上所述，《思溪藏》隨函音義中有些條目體現了中古近代漢語的新詞新義，即有一些詞語和釋義現今大型字典辭書未收，還有一些釋義則與現今釋義不同。而《漢語大詞典》作爲現今權威辭書，其收詞之廣，釋義之豐富，歷來爲學界所推崇。下面我們就以《漢語大詞典》爲參照，試舉《思溪藏》隨函音義中數條新詞或新義，以期能爲大型辭書的進一步完善提供一些有價值的材料。

【淵壑】

該詞語在《思溪藏》隨函音義中凡兩見，如《思溪藏》本《佛説濡首菩薩無上清淨分衛經》卷一隨函音義，其下曰：“淵壑，上烏玄反，下呼各反，～～，深谷也。”今查《思溪藏》本對應經文原文爲：“而海汪洋包羅弘廣，含受萬物淵壑博泰，無邊無崖大水澹滿，諸德神龍而皆居之，衆生巨體所依長育。”《大正藏》本對應經文原文作“淵懿”，校勘記稱：“懿，宋、元、明本作壑。”（T08，p0743b）

又該詞亦見於《思溪藏》本《集沙門不應拜俗事》卷二隨函音義，其下亦有：“淵壑，上烏玄反，下呼各反，～～，深谷也。”今查《思溪藏》本對應經文原文有“故著五篇究敘其意，豈曰‘淵壑之待晨露’，蓋是申其罔極，亦庶後之君子崇敬佛教者或詳而覽焉”。《大正藏》本對應經文原文亦同。

今查《慧琳音義》卷八八《集沙門不拜俗議》第六卷音義：“淵壑，烏玄反，《説文》：‘淵，水深也，從水冊聲。’廟諱，呼取泉音；下呵各反，《山海經》云：‘壑，谿也。’《爾雅》云：‘虛也。’《説文》云：‘溝也，從从叴從谷，集文從土作壑，亦通也。”（T54，p0874a）可見慧琳雖然對“淵壑”分別進行了注音和釋義，但釋義仍不明晰。查《廣韻·先韻》烏玄切：“淵，深也。”① 《廣韻·鐸韻》呵各切：

---

① （宋）陳彭年等編：《宋本廣韻》，第115頁。

"壑，溝也，谷也，坑也，虛也。"① 又從上下文經義來看，"淵壑"爲偏正結構的名詞，隨函音義云其表示"深谷也"，與經義契合，釋義可信。《漢語大詞典》可據以收錄該詞與義項。

【舛駁】

該詞見於《思溪藏》本《廣弘明集》卷二隨函音義，其下曰："舛駁，上尺軟反，下必角反，～～，差錯也。"今查《思溪藏》本對應經文文字作"舛駁"，原文如下："以前出經多有舛駁，乃正其乖謬，爾後沙門傳法大著中原。"而《大正藏》本對應經文原文則作"舛駁"（T52，p0101b）。今查《集韻·獮韻》尺兗切："舛，《説文》'對臥也'，……一曰錯亂。"② 又《玉篇·馬部》："駁，布角切，馬色不純也。今作駁。"③ 故"駁"爲"駁"之俗字，"舛駁"與"舛駁"二者可通用。又從上下文經義來看，"舛駁"在此處應指經文方面的闕失或錯誤，所以經文下文才會說"正其乖謬"，故隨函音義云"差錯也"有其根據，且合乎經義，可從。《漢語大詞典》"舛駁"條下可據以補錄該義項。

【炊頃】

該詞語見於《思溪藏》本《續高僧傳》卷一八隨函音，其下有："炊頃，上音吹，下傾領反，～～，謂一蒸之飯間也。"今查《思溪藏》本對應經文原文有："至晚乃開目正視，良久不眴，狀有所覩，旁侍加香，寂然立敬，炊頃方止，乃彈指云：'不可思議也。'"即此條隨函音義所出。從上下文意思來看，"炊頃"表示時間，又在佛經中"頃"常常表示"時，時候"，前面用表示時間長短的詞來修飾，表示時間的長短，如"一刹那頃"，《大莊嚴論經》卷一四中有："嗚呼怪哉！一刹那頃，比丘尼僧坊皆悉空虛，譬如空中星流滅於四方。"（T04，p0333b）其中"一刹那頃"表示"一瞬間，極短的時間"的意思。又如"須頃"，《出曜經》卷八："王告夫人：'我甚愛念婆耆王女、流離大將軍、

---

① （宋）陳彭年等編：《宋本廣韻》，第 487 頁。
② （宋）丁度等編：《宋刻集韻》，第 111 頁。
③ （梁）顧野王著，（宋）陳彭年等修訂：《大廣益會玉篇》，第 108 頁。

禹翅剎利夫人，不去心懷斯須頃。'"其中"須頃"表示片刻之義。又查《廣韻·支部》尺偽切："炊，炊爨。"①《玉篇·火部》："炊，尺垂切，爨也。"②又《思溪藏》本《續高僧傳》卷二〇隨函音義："炊爨，下麁筭反，蒸爨。"故"炊"即燒火煮飯也，隨函音義云"炊頃"爲"一蒸之飯間也"符合經義，《漢語大詞典》應據此收錄該詞及義項。

【眴頃】【瞬頃】

上述兩詞語見於《思溪藏》本《不退轉法輪經》卷一隨函音義："眴頃，詩閏反，或作瞬同，一眴頃，（一）動目之間也。"今查《思溪藏》本對應經文文字作"眴"，原文如下："尊者阿難發心念言：'今日世尊必應說法，我當敷座以待如來，見有如是說法相故。'即便爲佛敷師子座，於一眴頃剎那中間佛坐已定。"今《大正藏》本對應經文原文作"瞬頃"，校勘記稱"瞬頃"宮本作"眴頃"（T09，p0228a）。又如上條所言，佛經中常用一些表示時間長短的詞來修飾"頃"表示一定時長，"瞬頃"和"眴頃"在佛經中亦經見，如《佛說大乘造像功德經》卷一："爾時大目揵連頂禮佛足，禮佛足已，如一瞬頃到閻浮提，以佛所勅告諸四衆。"（T16，p0792a）《菩薩念佛三昧經》卷五："又如自在諸天宮殿，是諸衆生欲度東海，眴頃之間便到彼岸。"（T13，p0824a）今考《廣韻·霰韻》許縣切："眴，目動，又音瞬。"③又《集韻·稕韻》："瞚瞬眹眴瞤，《說文》'開闔目'，數搖也，或作瞚瞬眹眴瞤。"④故隨函音義釋爲"動目之間"有其理據且合乎經義，《漢語大詞典》可收錄上述兩詞及義項。

【疵譴】

該詞語見於《思溪藏》本《辯正論》卷六隨函音義，其下有："疵譴，上疾斯反，下牽現反，～～，罪責也。"今查《思溪藏》本對應經文文字作"疵譴"，原文如下："姜斌以集詐徙質，王浮以造僞誅身，

① （宋）陳彭年等編：《宋本廣韻》，第23頁。
② （梁）顧野王著，（宋）陳彭年等修訂：《大廣益會玉篇》，第99頁。
③ （宋）陳彭年等編：《宋本廣韻》，第386頁。
④ （宋）丁度等編：《宋刻集韻》，第154頁。

皆驗之於耳目，非取與之虛談，其崇敬也如此，其疵譴也如彼。"又查《慧琳音義》卷八六中《辯正論》第六卷音義有："疵譴，上音慈，《爾雅》云'疵，病也'，《説文》'從疒，此聲'；下牵戰反，《廣雅》云'譴，讀也'，《蒼頡篇》云'訶，責也'，《説文》云'從言，遣聲'。"（T54，p0862b）故慧琳對"疵"和"譴"分別進行了注音和解釋，至於"疵譴"爲何義，未説明。從經義來看，"疵譴"在此處與"崇敬"對文，表示其相對的"間責、詆毀、指責"等意義，故隨函音義釋爲"罪責也"與經義相協。又考"疵"，《説文·疒部》："病也。從疒，此聲。"① 《集韻·支韻》支才切："《説文》'病也'，通作呰。"② 《集韻·紙韻》蔣氏切："毀也，通作呰。"③ 又考"譴"字，《説文·言部》："謫問也，從言，遣聲。"④ 《廣韻·綫韻》去戰切："問也，責也，怒也，讓也。"故"疵""譴"二字蓋同義連文，隨函音義釋爲"罪責也"可靠，《漢語大詞典》可據此收録該詞及義項。

【愆疵】

該詞見於《思溪藏》本《辯正論》卷六隨函音義，曰："愆疵，上去乾反，下疾思反，～～，罪過也。"今查《思溪藏》對應經文原文有"無勞禿頂，本遵至訓，詎假髡頭可謂身無愆疵，而樂著杻械，家無喪禍，而愛居縲絏。"即此條隨函音義所出。《大正藏》本對應經文原文亦同。從上揭經文意思來看，"身無愆疵"與"樂著杻械"相對，而"杻械"指"脚鐐手銬"，泛指刑具，故隨函音義釋"愆疵"爲"罪過也"與經義契合。又上文"疵譴"條已考"疵"表示"病也、間責、詆毀、指責"等義，又"愆"字，《説文·心部》："過也，從心，衍聲。"⑤ 《龍龕手鏡·心部》："正，去乾反，過也，失也。"⑥ 則隨函音義釋義有其理據，可從，《漢語大詞典》可據此收録該詞條及義項。

---

① （漢）許慎撰，（宋）徐鉉校定：《説文解字》，第154頁。
② （宋）丁度等編：《宋刻集韻》，第9頁。
③ （宋）丁度等編：《宋刻集韻》，第90頁。
④ （漢）許慎撰，（宋）徐鉉校定：《説文解字》，第56頁。
⑤ （漢）許慎撰，（宋）徐鉉校定：《説文解字》，第221頁。
⑥ （遼）釋行均：《龍龕手鏡》，第64頁。

【摧衄】

該詞語見於《思溪藏》本《高僧傳》卷六隨函音義，其下曰："摧衄，上自雷反，下尼六反，～～，折挫也。"今查《思溪藏》本對應經文文字作"摧衄"，原文如下："肇既才思幽玄，又善談説，承機挫銳，曾不流滯。時京兆宿儒及關外英彦，莫不挹其鋒辯，負氣摧衄。後羅什至姑藏，肇自遠從之，什嗟賞無極。"《大正藏》本對應經文原文亦同。從上下文經義來看，"摧衄"與"負氣"均表示落敗或挫敗的樣子，故隨函音義釋爲"折挫也"契合經義。又考"摧"，《廣韻·灰韻》昨回切："折也，阻也。"①《玉篇·手部》："在回切，折也，《詩》'室人交徧摧我'，摧，沮也。"②又考"衄"，《龍龕手鏡·血部》："正，音肉，鼻出血也，又女六反，折挫也。"③故"摧""衄"二字同義連文，隨函音義釋"摧衄"爲"折挫也"義有其依據，《漢語大詞典》可據此收錄該詞和義項。

【岑竦】

該詞見於《思溪藏》本《續高僧傳》卷二八隨函音義，下有："岑竦，上助參反，下息勇反，～～，山高秀立也。"今查《思溪藏》本對應經文文字作"岑竦"，原文如下："仁壽下勅召，起塔于杭州天竺寺，住在靈隱山，林石岑竦，實來仙聖，初搆塔基，多逢伏石。"《大正藏》本對應經文原文亦同。今查"岑"字，《説文·山部》："山小而高，從山，今聲。"④《玉篇·山部》："士今切，山小而高也。"⑤又"竦"字，《説文·立部》："敬也，從立、從束，束曰申束也。"⑥《龍龕手鏡·立部》："息拱反，敬也，執也，跳也，上也，又善抑惡也。"⑦從上揭經文來看，"岑竦"是用來形容靈隱山林石的情形，隨函音義釋爲"山高秀立也"有

---

① （宋）陳彭年等編：《宋本廣韻》，第78頁。
② （梁）顧野王著，（宋）陳彭年等修訂：《大廣益會玉篇》，第30頁。
③ （遼）釋行均：《龍龕手鏡》，第538頁。
④ （漢）許慎撰，（宋）徐鉉校定：《説文解字》，第190頁。
⑤ （梁）顧野王著，（宋）陳彭年等修訂：《大廣益會玉篇》，第102頁。
⑥ （漢）許慎撰，（宋）徐鉉校定：《説文解字》，第216頁。
⑦ （遼）釋行均：《龍龕手鏡》，第519頁。

其根據，也與經義契合。《漢語大詞典》可據此收録該詞語和義項。

【凌嗤】

該詞見於《思溪藏》本《經律異相》卷三二隨函音義："凌嗤，上音陵，下尺之反，～～，輕欺也。"今查《思溪藏》本對應經文原文如下："其父憂慮，甚用患苦，深恥隣國，恐見凌嗤，因呼國中婆羅門問之：'此子何故不能言語。'"《大正藏》本對應經文原文亦同。從上揭經文意思來看，"凌嗤"蓋爲動詞，與前面"見"字一同組成被動句，蓋表示欺負取笑之類的意思。又查《干禄字書·平聲》："凌凌，上侵凌，下冰凌。"①《龍龕手鏡·口部》："嗤，赤之反，～，戲笑也。"②故隨函音義釋"凌嗤"爲"輕欺也"合乎經義且有其依據，《漢語大詞典》可據此收録。

【熾劇】

《思溪藏》本《佛説無明羅刹經》隨函音義收録有上揭詞語及義項，其下有："熾劇，上尺志反，下奇逆反，～～，火盛也。"今查《思溪藏》本對應經文文字作"熾劇"，原文如下："後於異時，欝禪耶城疾疫大行，死者過半，城中人民遂致希少。雖復呪藥欲禳災患，如蘇注火倍增熾劇，死亡者衆，路少人跡。"《大正藏》本對應經文亦同。故上揭經文用"熾劇"描述火的燃燒情況。今查《慧琳音義》卷七六《無明羅刹集》音義："熾劇，上昌至，下奇逆反，《蒼頡篇》'增甚也'，《説文》'從刀，豦聲也'，豦音巨魚反。"（T54，p0802b）可見《慧琳音義》雖徵引了《説文》和《倉頡篇》中"劇"的釋義，但未對"熾劇"一詞整體作出解釋。又查"熾"字，《説文·火部》："盛也。"③《玉篇·火部》："尺示切，火盛也。"④《龍龕手鏡·火部》："昌志反，盛也，猛火也。"⑤隨函音義釋"熾劇"爲"火盛也"符合

---

① （唐）顔元孫撰：《干禄字書》，第38—39頁。
② （遼）釋行均：《龍龕手鏡》，第265頁。
③ （漢）許慎撰，（宋）徐鉉校定：《説文解字》，第210頁。
④ （梁）顧野王著，（宋）陳彭年等修訂：《大廣益會玉篇》，第100頁。
⑤ （遼）釋行均：《龍龕手鏡》，第243頁。

經義且有其依據，《漢語大詞典》可據此收録。

【撮搏】

《思溪藏》本《勸發諸王要偈》隨函音義收録有上揭詞語及其釋義，曰："撮搏，上七活反，下音博，～～，捉持也。"今查《思溪藏》本對應經文原文如下："或見糞膿唾，群走競馳趣，到則自然滅，望絶增苦惱，飢渴煎其内，瘤瘦發癰疽，更共相撮搏，齟齘唼膿血。"從上下文來看，"撮搏"做動詞，大概表示的是手部動作。今查"撮"，《龍龕手鏡·手部》："子括反，手取物也，又七括反，手～也，又挽也。"① 《廣韻·末韻》倉括反："六十四黍爲圭，四圭爲撮，撮，手取。"② 又查"搏"字，《説文·手部》："索持也。"③《集韻·遇韻》："搏捕，擊取也，或作捕。"又同韻同頁下："搏，捕也"④ 據此，"撮搏"爲並列同義復詞，隨函音義釋其爲"捉持也"符合經義，釋義可靠，《漢語大詞典》可據以收録該詞語及義項。

【箴勗】

該詞見於《思溪藏》本《大唐内典録》卷五隨函音義："箴勗，上音針，下許玉反，～～，誡勸也。"今查《思溪藏》本對應經文原文如下："開皇二十年，勑斷不聽行，想同箴勗，然其屬流廣，海陸高之。"《大正藏》本對應經文原文亦同。從經義看，"箴勗"在此形容該佛典的作用，隨函音義釋其爲"誡勸也"與經義相協，今查《龍龕手鏡·竹部》："箴，音針，規～也，諫也。"⑤《玉篇·竹部》："之深切，規也，戒也，刺也。"⑥《龍龕手鏡·日部》："勗，俗；勗，正，許玉反，勉也。"⑦《玉篇·力部》："勗，呼玉切，勉也。"⑧ 據此，隨函音義釋

---

① （遼）釋行均：《龍龕手鏡》，第215頁。
② （宋）陳彭年等編：《宋本廣韻》，第467頁。
③ （漢）許慎撰，（宋）徐鉉校定：《説文解字》，第251頁。
④ （宋）丁度等編：《宋刻集韻》，第141頁。
⑤ （遼）釋行均：《龍龕手鏡》，第390頁。
⑥ （梁）顧野王著，（宋）陳彭年等修訂：《大廣益會玉篇》，第70頁。
⑦ （遼）釋行均：《龍龕手鏡》，第429頁。
⑧ （梁）顧野王著，（宋）陳彭年等修訂：《大廣益會玉篇》，第37頁。

義可從，《漢語大詞典》可據此收錄該詞及義項。

【酖醴】

該詞見於《思溪藏》本《出三藏記集》卷九隨函音義，曰："酖醴，上丁含反，下音禮，～～，嗜酒也。"今查《思溪藏》本對應經文原文如下："故亂識爲塵穢心欲，開見謂實，廓智謂種，穢心故，五欲爲酖醴之室。開見故，三寶爲荊石之門。"《大正藏》本對應經文原文亦同。今查《龍龕手鏡·酉部》："酖，通；酖，正，丁含反，～酒也，亦樂也。"① 又同部首下："醴，音礼，～酒，亦～泉縣名也。"②《玉篇·酉部》："酖，都含切，樂酒也。醴，力弟切，甜酒也，一宿熟也。"③ 據此，隨函音義釋"酖醴"爲"嗜酒也"，有其理據且合乎經義，《漢語大詞典》可據此收錄該詞及義項。

【泛舸】

該詞見於《思溪藏》本《續高僧傳》卷一九隨函音義，曰："泛舸，下古我反，～～，浮舟也。"今查《思溪藏》本對應經文原文有"逖聞智者軌行超群，爲世良導，即泛舸豐流，直指台岫，伏膺受道"等句，即該條所出。《大正藏》本對應經文亦同。從上下文經義來看，"泛舸"在此處應指人乘船浮行。今查《說文·水部》："泛，浮也，從水，乏聲。"④《說文·舟部》新附字："舸，舟也。從舟，可聲。"⑤《龍龕手鏡·舟部》："古我反，楚以大船曰～也。"⑥ 據此，隨函音義釋"泛舸"爲"浮舟也"符合經義且釋義可靠，《漢語大詞典》應據以收錄該詞及義項。

【悸寐】

該詞見於《思溪藏》本《比丘尼傳》卷四隨函音義，其下有："悸寐，上求季反，下密二反，～～，睡中驚也。"今查《思溪藏》本對應

---

① （遼）釋行均：《龍龕手鏡》，第309頁。
② （遼）釋行均：《龍龕手鏡》，第310頁。
③ （梁）顧野王著，（宋）陳彭年等修訂：《大廣益會玉篇》，第135頁。
④ （漢）許慎撰，（宋）徐鉉校定：《說文解字》，第223頁。
⑤ （漢）許慎撰，（宋）徐鉉校定：《說文解字》，第176頁。
⑥ （遼）釋行均：《龍龕手鏡》，第132頁。

經文原文有"湘東王或齠亂之年眠好驚魘，勅從淨賢尼，受三自歸，悸寐即愈，帝益相善"等句，即該條隨函音義所出。《大正藏》本對應經文原文亦同。從上下文來看，前文有"眠好驚魘"，後來則"悸寐即愈"，故"悸寐"即前文的"眠好驚魘"。今查"悸"字，《龍龕手鏡・心部》："其季反，心動也，氣不定也。"①《玉篇・心部》："其季切，心動也。"②又"寐"字，《龍龕手鏡・宀部》："米二反，安也，臥也，息也，睡也。"③《玉篇・宀部》："彌翼切，臥也。"④據此，隨函音義釋"悸寐"爲"睡中驚也"可信且與經義相符，《漢語大詞典》可據此收錄該詞語及義項。

【擔揭】

該詞語見於《思溪藏》本《大方便佛報恩經》卷二隨函音義，下有："擔揭，上都甘反，下丘謁反，～～，擔負也。"今查《思溪藏》本對應經文原文有"爾時，大施主遊行觀看，見諸衆生飢餓顚頓，……於其肩上或見擔揭，純是死人所有頭手、節腕、臂肘……。時，大施主微聲問言：'汝所擔揭者是何物也？'答言：'我所擔者是死人頭手、臂肘、節腕也'"等句，即此條隨函音義所出。從上下文來看，"擔揭"一詞在上揭經文中出現兩次，通過描述和對話，我們大體可以推測出其表示動作，蓋與"擔"同義，有肩挑、擔負等意思。又查《玉篇・手部》："擔，丁甘切，負也。"⑤《龍龕手鏡・手部》："擔，都甘反，～，任也，負也，舉也，以木荷物也。"⑥又同部首下："揭，渠竭、去竭二反，高舉也，擔也。"⑦據此，"擔""揭"二字蓋同義連文，隨函音義釋"擔揭"爲"擔負也"可從，《漢語大詞典》可據此收錄該詞語及義項。

---

① （遼）釋行均：《龍龕手鏡》，第 59 頁。
② （梁）顧野王著，（宋）陳彭年等修訂：《大廣益會玉篇》，第 39 頁。
③ （遼）釋行均：《龍龕手鏡》，第 157 頁。
④ （梁）顧野王著，（宋）陳彭年等修訂：《大廣益會玉篇》，第 38 頁。
⑤ （梁）顧野王著，（宋）陳彭年等修訂：《大廣益會玉篇》，第 31 頁。
⑥ （遼）釋行均：《龍龕手鏡》，第 206 頁。
⑦ （遼）釋行均：《龍龕手鏡》，第 215 頁。

【薨殪】

該詞語見於《思溪藏》本《正法華經》卷八隨函音義，下曰："薨殪，上兄弘反，下一計反，～～，死亡也。"今查《思溪藏》本對應經文原文有"諸子聞父潛逝，發哀啼哭，悲哀不能自勝：'我等之父，智慧聰明，懶不服藥，今者薨殪'"等句，即此條隨函音義所出。《大正藏》本對應經文原文亦同。今查《玄應音義》卷七中《正法華經》第八卷音義："呼弘反，《廣雅》：'薨，亡也。'諸侯曰薨，下古文作薧同，於計反，謂一發而死曰殪，殪亦死也。"（C056，p0924b）故玄應雖未對"薨殪"做整體解釋，但解釋"薨"和"殪"均有死亡義。今查《玉篇·死部》："薨，呼肱切，亡也。"①《玉篇·歹部》："殪，死計切，死也。"② 故"薨殪"應爲同義複合詞，隨函音義釋其爲"死亡也"可信，《漢語大詞典》可據此收錄該詞語及義項。

【憩踵】

該詞語見於《思溪藏》本《高僧傳》卷八隨函音義："憩踵，上丘例反，下之勇反，～～，止足也。"今查《思溪藏》本對應經文文字作"愒踵"，原文如下："及亮公被擯，弟子十二人皆隨之嶺外，林迺愒踵藩禺，化清海曲。"從上下文經義看，"藩禺"爲地名，"愒踵"爲動詞，蓋表示歇腳、休息等意義。又查《龍龕手鏡·心部》："愒，俗；憩，正，去利反，息也。"③ 則隨函音義和經文原文中"愒"應爲"憩"字俗體"愒"進一步訛變所致，亦爲"憩"之俗字。又"踵"字，《玉篇·足部》："之勇切，足後。《禮記》云：'舉前曳踵'"④ 故隨函音義釋"憩踵"爲"止足也"，與經義契合，《漢語大詞典》可據此收錄該詞語和義項。

【挫拉】

該詞見於《思溪藏》本《高僧傳》卷八隨函音義，下有："挫拉，

---

① （梁）顧野王著，（宋）陳彭年等修訂：《大廣益會玉篇》，第58頁。
② （梁）顧野王著，（宋）陳彭年等修訂：《大廣益會玉篇》，第58頁。
③ （遼）釋行均：《龍龕手鏡》，第68頁。
④ （梁）顧野王著，（宋）陳彭年等修訂：《大廣益會玉篇》，第33頁。

上則臥反，下力合反，～～，摧折也。"今查《思溪藏》本對應經文原文有"而正頗挾機，調用前殿後，延乘勢挫拉，事等摧枯，因即頂拜伏膺，慨知歸之晚，自陳云：'弟子三國履歷，訪可師之師，不言今日乃遇於此矣'"等句，即此條隨函音義所出。又《思溪藏》本《高僧傳》卷一五隨函音義："挫拉，上則臥反，下力合反，～～，摧折兒。"今查《思溪藏》本對應經文原文有"而奉禁守道，抑在天然，挫拉形心，逾衰逾篤，衣服率然，趣便蓋體，襆懸壁上，尺絹不居"等句，即該條隨函音義所出。從上揭兩段經文的經義來看，"挫拉"蓋表示"挫折，打擊"的意思。今查《説文·手部》："摧，擠也，從手，崔聲；拉，摧也，從手，立聲。"① 《龍龕手鏡·手部》："摧，昨回反，折也，阻也，挫也。"② 同部首下： "拉，正，郎合反，摧折，拗～也。"③ 故"挫""拉"蓋同義連文表示"挫折，摧折"義，隨函音義釋其爲"摧折也"可從，《漢語大詞典》可據此收録該詞語和義項。

【駭惕】

該詞見於《思溪藏》本《經律異相》卷二一隨函音義，下曰："駭惕，上胡解反，下他的反，～～，驚懼也。"今查《思溪藏》本對應經文原文如下："説此語時，天地大動，無雲雨血，諸天駭惕，即以天眼觀見獵師殺於師子，雨諸天華，供養其屍。"《大正藏》本對應經文原文亦同。從上揭經文意思來看，"駭惕"蓋形容諸天警惕、畏懼之類的情緒。今查《説文·馬部》： "駭，驚也，從馬，亥聲。"④ 又《龍龕手鏡·心部》："惕，他的反，怵也，憂也，愛也。"⑤ 據此，隨函音義釋"駭惕"爲"驚懼也"符合經義且有其理據，《漢語大詞典》可據此進行收録。

【滌思】

該詞見於《思溪藏》本《高僧傳》卷七隨函音義，下曰："滌思，

---

① （漢）許慎撰，（宋）徐鉉校定：《説文解字》，第251頁。
② （遼）釋行均：《龍龕手鏡》，第206頁。
③ （遼）釋行均：《龍龕手鏡》，第216頁。
④ （漢）許慎撰，（宋）徐鉉校定：《説文解字》，第201頁。
⑤ （遼）釋行均：《龍龕手鏡》，第62頁。

上徒的反，下去聲，～～，洗念也。"今查《思溪藏》本對應經文原文
如下："皇太后叡鑒沖明，聖符幽洽，滌思淨場，研衿至境。"《大正
藏》本對應經文原文亦同。從上揭經文上下文來看，"滌思"與"淨
場"並列，蓋同爲動賓結構。今查《龍龕手鏡·水部》："滌，正，音
笛，～除，洗蕩也。"① 《玉篇·心部》："思，息兹切，願也，念也，
深謀遠慮曰思。"② 故隨函音義釋"滌思"爲"洗念也"可從，《漢語
大詞典》可據此進行收録。

【溢漾】【溢瀁】

該詞見於《思溪藏》本《高僧傳》卷五隨函音義，下有："溢漾，
上夷一反，下羊向反，～～，水大皃也。"今查《思溪藏》本對應經文
原文如下："雨甘露於豐草，植栴檀於江湄，則如來之教復崇於今日，
玄波溢漾，重盪於一代矣。"又上述經文亦見於《法苑珠林》卷一六，
其中"溢漾"一詞《大正藏》本對應經文文字作"溢瀁"，校勘記稱
"瀁"字宋、元、明、宮本均作"漾"（T53，p0406c）。從上揭經文上
下文來看，"溢漾"蓋用來描寫水的情狀。今查《廣韻·質韻》："溢，
滿溢。"③ 又《集韻·養韻》以兩切："瀁漾瀁，潒瀁，水皃，或從羕，
從象。"④ 故"瀁"同"漾"。又"溢漾""溢瀁"二者隨函音義釋爲
"水大皃"符合經義，且有其依據，《漢語大詞典》可收録該詞語和
義項。

---

① （遼）釋行均：《龍龕手鏡》，第236頁。
② （梁）顧野王著，（宋）陳彭年等修訂：《大廣益會玉篇》，第41頁。
③ （宋）陳彭年等編：《宋本廣韻》，第449頁。
④ （宋）丁度等編：《宋刻集韻》，第119頁。

結　語

　　本書的研究對象是保存較早且相對完整但學界關注不多的《思溪藏》隨函音義，試圖深入發掘這些隨函音義在漢語史、佛經音義及佛經文獻研究等方面的價值，探討佛經隨函音義的體例和特徵及其在各類音義中的地位，並在具體研究中總結出適合隨函音義研究的新方法。

　　首先，在全面調查《思溪藏》隨函音義的基礎上，我們討論了其來源、基本體例和特徵，也在具體研究實踐中总结出了切實可行的研究方法。

　　其次，我們在全面調查的基礎上對《思溪藏》與《磧砂藏》隨函音義進行了較深入的比較，發現雖然前人認爲二者無論體例還是内容説解均基本一致，但是現實情形遠比前人的認識複雜。《思溪藏》與《磧砂藏》隨函音義雖體例基本一致，内容整體上微殊，但不少卷次存在迥別之處。

　　再次，我們在文獻整理的基礎上著重對《思溪藏》隨函音義進行文獻學和語言學研究，重點考察《思溪藏》隨函音義在佛經文獻、漢文佛經校勘、文字、音韻、訓詁等方面的價值。

　　在文獻學方面，我們將《思溪藏》隨函音義與現存音義專書進行比較，發現《思溪藏》隨函音義有抄錄《可洪音義》的現象，不僅有整卷附載，還有零星摘錄，這爲釐清《可洪音義》的版本和流傳提供了有用的綫索和幫助。另外，我們還將《思溪藏》隨函音義中徵引其他佛經音義專書以及世俗字書、韻書的例子集中起來與現今版本進行比勘，以促進這些辭書的輯佚和版本研究。

在佛經校理方面，我們從確定是非、匡正訛誤、解釋成因、印證異文四個方面舉例説明《思溪藏》隨函音義對漢文佛典整理的意義和作用。

在文字學研究方面，我們從近代漢字研究、大型字典編纂的角度揭示了《思溪藏》隨函音義的價值，以便更好地發揮其作用。

在音韻學研究方面，我們從大量隨函音義中剥離出一些能反映《思溪藏》刊刻時代即宋代語音的條目，并對其語音特點進行了總結。與此同時，還集中對《思溪藏》本《大佛頂首楞嚴經音》的十卷隨函音義進行了整體分析，以此作爲個案研究，以窺宋代語音的特點。

在詞彙學研究方面，我們對《思溪藏》隨函音義所收録詞條的内容和特徵做了简要分析，並對其中出現的一些中古近代漢語新詞新義進行了考釋。

總之，本書重點考察了《思溪藏》隨函音義的來源、體例和特徵，總結了可行的研究方法，比較了其与《磧砂藏》隨函音義的異同，廓清大藏經隨函音義的傳承軌跡，發現了一些佛經音義的逸卷和佚文，挖掘出了《思溪藏》隨函音義在佛經文獻、漢文佛典校勘、文字、音韻和訓詁方面的寶貴價值，同時爲佛經文獻和漢語史研究提供了一批豐富的材料。

最後，由於時間和學識的限制，本書重點討論的是《思溪藏》隨函音義，並未將其與寫本佛經或其他更早的大藏經隨函音義進行深入的比較，探源溯流不夠，期待以後能進一步對其他佛經隨函音義進行研究與思考。

參考文獻

（一）古籍

《安吉州思溪法寶資福禪寺大藏經》，國家圖書館善本部膠卷03129號。

《大廣益會玉篇》，梁·顧野王著，中華書局1987年版。

《大正新修大藏經》，日本大正一切經刊行會編，新文豐出版股份有限
　　公司1994—1996年影印本。

《房山石經》，中國佛教協會、中國佛教圖書文物館編，華夏出版社
　　2000年版。

《改併五音類聚四聲篇海》，金·韓孝彦、韓道昭撰，上海古籍出版社
　　2003年版《續修四庫全書·經部》第229冊。

《干祿字書》，唐·顏元孫撰，紫禁城出版社1990年影印明拓本。

《高麗大藏經》，韓國東國大學校譯經院1994年版。

《廣雅疏證》，清·王念孫著，鍾宇訊整理，中華書局2004年版。

《漢書》，漢·班固撰，唐·顏師古注，中華書局1962年版。

《淮南鴻烈集解》，劉文典撰，馮逸、喬華點校，中華書局1989年版。

《集韻》，宋·丁度等編，上海古籍出版社1985年版。

《經典釋文》，唐·陸德明撰，中華書局1983年版。

《類篇》，宋·司馬光等編，中華書局1984年影印本。

《隸辨》，清·顧藹吉編，中華書局1986年版。

《龍龕手鏡》（朝鮮本），日本影印朝鮮咸化八年（1472）增訂本。

《龍龕手鏡》，遼·釋行均撰，中華書局1985年版。

《呂氏春秋》，戰國·呂不韋著，陳奇猷校釋，學林出版社 1984 年版。

《論衡校釋》，漢·王充著，黄暉校釋，中華書局 1990 年版。

《佩觿》，宋·郭忠恕撰，中華書局 1985 年版《叢書集成初編》本第 1065 册。

《篇海類編》，明·宋濂撰，明·屠隆訂正，上海古籍出版社 2003 年版《續修四庫全書·經部》第 229—230 册。

《紹興重雕大藏音》，宋·處觀撰，《中華大藏經》（第 59 册）影印宋資福藏本。

《詩集傳》，宋·朱熹集注，中華書局 1958 年版。

《十三經注疏》，清·阮元校刻，中華書局 1980 年版。

《史記》，漢·司馬遷撰，中華書局 1959 年版。

《説文解字》，漢·許慎撰，中華書局 1963 年版。

《説文解字注》，漢·許慎撰，清·段玉裁注，上海古籍出版社 1981 年版。

《説文通訓定聲》，清·朱峻聲撰，武漢市古籍書店 1983 年版。

《宋本廣韻》，宋·陳彭年等編，中國書店 1982 年版。

《宋高僧傳》，宋·贊寧撰，范祥雍點校，中華書局 1987 年版。

《宋刻集韻》，宋·丁度等編，中華書局 2005 年版

《宋史》，元·脱脱等撰，中華書局 1977 年版。

《唐會要》，宋·王溥撰，中華書局 1985 年版《叢書集成初編》第 825 册。

《通雅》，明·方以智撰，安徽教育出版社 2002 年版《中華漢語工具書書庫》第 48 册。

《卍續藏經》，日本京都藏經書院編，上海商務印書館涵芬樓 1923 年影印本。

《五經文字》，唐·張參撰，新文豐出版公司 1985 年版《叢書集成新編》第 35 册。

《新集藏經音義隨函錄》，五代·釋可洪，中華書局 1993 年版《中華大藏經》第 59、60 册。

《續一切經音義》，遼·希麟，上海古籍出版社 1986 年影印日本獅谷白蓮社刻本。

《荀子集解》，（清）王先謙撰，沈嘯寰、王星賢點校，中華書局 1988 年版。

《顏氏家訓集解》，顏之推著，王利器點校，中華書局 1993 年版。

《一切經音義》，唐·釋慧琳，《大正新修大藏經》第 54 冊。

《一切經音義》，唐·釋慧琳，上海古籍出版社 1986 年影印日本獅谷白蓮社刻本。

《一切經音義》，唐·釋玄應，《影印高麗大藏經》第 32 冊，韓國東國大學校譯經院 1994 年影印。

《應縣木塔遼代秘藏》，山西省文物局、中國歷史博物館編，文物出版社 1991 年版。

《影印磧砂藏經》，上海影印宋版藏經會 1935 年影印。

《戰國策》，漢·劉向集錄，上海古籍出版社 1985 年版。

《正字通》，明·張自烈，清·廖文英編，中國工人出版社 1996 年版。

《中華大藏經》，中華大藏經編輯局編，中華書局 1984—1996 年版。

《篆隸萬象名義》，〔日〕空海，中華書局 1995 年版。

《資治通鑒》，宋·司馬光編，元·胡三省音注，中華書局 1956 年版。

《字彙補》，清·吳任臣，清康熙年間匯賢齋影印本。

《字彙》，明·梅膺祚，上海辭書出版社 1991 年版。

（二）今人著作

《碑別字新編》，秦公輯，文物出版社 1985 年版。

《草字編》，洪鈞陶編，文物出版社 1983 年版。

《詞彙學簡論》，張永言著，華中工學院出版社 1982 年版。

《辭通》，朱起鳳著，上海古籍出版社 1982 年版

《敦煌寶藏》，黃永武主編，新文豐出版股份有限公司 1981—1986 年版。

《敦煌變文校注》，黃徵、張涌泉著，中華書局 1997 年版。

《敦煌經部文獻合集·小學類佛經音義之屬》，張涌泉主編，中華書局
　　2008 年版。

《敦煌·民族·語言》，〔日〕高田時雄著，中華書局 2005 年版。

《敦煌書儀語言研究》，張小豔著，商務印書館 2007 年版。

《敦煌俗字典》，黃徵編，上海教育出版社 2005 年版。

《敦煌俗字研究》，張涌泉著，上海教育出版社 1996 年版。

《敦煌遺書總目索引新編》，敦煌研究院編，施萍婷主撰稿，邰慧莉助
　　編，中華書局 2000 年版。

《敦煌音義匯考》，張金泉、許建平著，杭州大學出版社 1996 年版。

《法藏敦煌文獻》，上海古籍出版社、法國國家圖書館編，上海古籍出
　　版社 1995—2005 年版。

《佛典精解》，陳士強著，上海古籍出版社 1992 年版。

《佛典與中古漢語詞彙研究》，朱慶之著，臺灣文津出版社 1992 年版。

《佛教語言闡釋——中古佛經詞彙研究》，顏洽茂著，杭州大學出版社
　　1997 年版。

《佛經詞語匯釋》，李維琦著，湖南師範大學出版社 2004 年版。

《佛經音義研究——首屆佛經音義研究國際學術研討會論文集》，徐時
　　儀、梁曉虹、陳五雲編，上海古籍出版社 2006 年版。

《佛經音義研究通論》，徐時儀、梁曉虹、陳五雲著，鳳凰出版社 2009
　　年版。

《佛經音義與漢語詞彙研究》，梁曉虹、徐時儀、陳五雲著，商務印書
　　館 2005 年版。

《佛學大辭典》，丁福保編，文物出版社 1984 年版。

《古漢語詞彙綱要》，蔣紹愚著，商務印書館 2005 年版。

《古書疑義舉例五種》，俞樾等著，中華書局 2005 年版。

《古字通假會典》，高亨纂著，董治安整理，齊魯書社 1989 年版。

《故訓匯纂》，宗福邦等編，商務印書館 2003 年版。

《漢文佛教大藏經研究》，李富華、何梅著，宗教文化出版社 2003
　　年版。

《漢語大詞典》（三卷本），羅竹風主編，漢語大詞典出版社 1997 年版。

《漢語大字典（第二版 九卷本）》，漢語大字典編輯委員會編纂，崇文書局、四川辭書出版社 2010 年版。

《漢語史稿》，王力著，中華書局 1980 年版。

《漢語史學習與研究》，唐作藩著，商務印書館 2001 年版。

《漢語俗字叢考》，張涌泉著，中華書局 2000 年版。

《漢語俗字研究》，張涌泉著，商務印書館 2010 版。

《漢語音韻學講義》，杨剑桥著，復旦大學出版社 2005 年版。

《漢語語音史》，王力著，中國社會科學出版社 1985 年版。

《漢字古音手册》，郭锡良編，北京大學出版社 1986 年版。

《慧琳〈一切經音義〉研究》，姚永銘著，江蘇古籍出版社 2003 年版。

《近代漢語詞彙研究》，蔣冀騁著，湖南教育出版社 1991 年版。

《近代漢語綱要》，蔣冀騁、吳福祥著，湖南教育出版社 1997 年版。

《近代漢語研究概要》，蔣紹愚著，北京大學出版社 2005 年版。

《晉方言語音史研究》，喬全生著，中華書局 2008 年版。

《舊學新知》，張涌泉著，浙江大學出版社 1999 年版。

《〈可洪音義〉研究——以文字爲中心》，韓小荊著，巴蜀書社 2009 年版。

《〈龍龕手鏡〉研究》，鄭賢章著，湖南師範大學出版社 2004 年版。

《魯國堯語言學論文集》，魯國堯著，江蘇教育出版社 2003 年版。

《吕澂佛學論著選集》，吕澂著，齊魯書社 1991 年版。

《南部吴語語音研究》，曹志耘著，商務印書館 2002 年版。

《〈磧砂藏〉隨函音義研究》，譚翠著，中國社會科學出版社 2013 年版。

《任繼愈學術論著自選集》，任繼愈著，北京師範學院出版社 1991 年版。

《湯用彤學術論文集》，湯用彤著，中華書局 1983 年版。

《唐五代關中方音研究》，儲泰松著，安徽大學出版社 2005 年版

《唐五代西北方音》，羅常培著，科學出版社 1961 年版。

《唐五代語言詞典》，江藍生、曹廣順編，上海教育出版社 1997 年版。

《唐五代韻書集存》，周祖謨編，中華書局 1983 年版。

《問學集》，周祖謨著，中華書局 1996 年版。

《現代吳語研究》，趙元任著，科學出版社 1956 年版。

《校勘學概論》，張涌泉、傅傑著，江蘇教育出版社 2007 年版。

《新編漢文大藏經目錄》，呂澂著，齊魯書社 1991 年版。

《〈新集藏經音義隨函錄〉研究》，鄭賢章著，湖南師範大學出版社
　　2007 年版。

《玄應〈衆經音義〉研究》，徐時儀著，中華書局 2005 年版。

《訓詁叢稿》，郭在貽著，上海古籍出版社 1985 年版。

《訓詁學》，郭在貽著，湖南人民出版社 1986 年版。

《疑難字考釋與研究》，楊寶忠著，中華書局 2005 年版。

《音韵論叢》，中國音韵學研究會、石家莊師範專科學校編，齊魯書社
　　2004 年版。

《音韻學教程》，唐作藩著，北京大學出版社 2002 年版。

《英藏敦煌文獻（漢文佛經以外部分)》》（14 冊），中國社會科學院歷史
　　研究所、中國吐魯番學會敦煌古文獻編輯委員會、英國圖書館、倫敦
　　亞非學院編，四川人民出版社 1990—1995 年版。

《語言學文集：考證·義理·辭章》，魯國堯著，上海人民出版社 2008
　　年版。

《中古漢語讀本》，方一新、王雲路著，上海教育出版社 2004 年版。

《中古漢語研究》，王雲路、方一新主編，商務印書館 2000 年版。

《中古文献異文的語言學考察——以文字、詞語爲中心》，真大成著，
　　上海教育出版社 2020 年版。

《中國大藏經雕印史》，道安著，《大藏經研究彙編（上)》，《現代佛教
　　學術叢刊》（第十冊），大乘文化出版社 1977 年版。

《中國敦煌學百年文庫·語言文字卷》，項楚、張涌泉主編，甘肅文化
　　出版社 1999 年版。

《中國佛教百科全書·經典卷》，陳士強著，上海古籍出版社 2000
　　年版。

《中國佛教》（三），中國佛教協會編，東方出版中心 1989 年版。

《中國佛教史籍概論》，陳垣著，上海書店出版社 2001 年版。

《中國寫本大藏經研究》，方廣錩著，上海古籍出版社 2006 年版。

《中華字海》，冷玉龍等編，中華書局、中國友誼出版公司 1994 年版。

《周祖謨文字音韻訓詁講義》，周祖謨著，周士琦編，天津古籍出版社 2004 年版。

《字典考正》，鄧福祿、韓小荊著，湖北人民出版社 2007 年版。

（三）學位論文類

《基於〈磧砂藏〉隨函音義中魏晉南北朝譯經詞彙新詞新義專題研究》，胡佳慧，碩士學位論文，廣西大學，2017 年。

《可洪音義研究》，儲泰松，復旦大學博士後出站報告，2002 年。

《閩北、閩中方言语音研究》，邓享璋，博士學位论文，厦门大學，2007 年。

《〈磧砂藏〉隨函音義俗字研究》，趙文思，碩士學位論文，廣西大學，2017 年。

《宋版〈法苑珠林〉隨函音義字形研究》，韓海振，碩士學位論文，河北大學，2014 年。

《宋代處觀〈紹興重雕大藏音〉音系初探》，張國華，碩士學位論文，首都師範大學，2007 年。

《宋代福建音釋研究》，王曦，碩士學位論文，湖南師範大學，2001 年。

《宋人音释研究》，孙建元，博士學位论文，南京大学，1996 年。

《影印宋版〈磧砂藏〉隨函音義聲類研究》，邵睿，碩士學位論文，南京師範大學，2017 年。

（四）論文類

《北京圖書館藏磧砂藏研究》，李際寧，《北京圖書館館刊》1998 年第 3 期。

《藏經音義の敦煌吐魯番本と高丽藏》，高田時雄，《敦煌寫本研究年報》2010 年第 4 號。

《從量變看朱熹反切中的濁上歸去》，黎新第，《重慶師院學報》1999
年第 1 期。

《敦煌變文與唐代語音》，周祖謨，《中國敦煌學百年文庫·語言文字
卷》，甘肅教育出版社 1999 年版。

《敦煌俗文學中的別字異文與唐五代西北方音研究》，邵榮芬，原載
《中國語文》1963 年第 3 期，後收入《中國敦煌學百年文庫·語言文
字卷》，甘肅教育出版社 1999 年版。

《〈爾雅音圖〉音注所反映的宋初零聲母——兼論中古影、雲、以母的
音值》，馮蒸，《漢字文化》1991 年第 1 期。

《佛教混合漢語初論》，朱慶之，《語言學論叢》（第二十四輯），商務
印書館 2001 年版。

《福州版一切經附載音釋の形成過程》，山田健三，文化コミュニケー
ション学科編《人文科學論集》43，2009 年。

《可洪〈隨函錄〉與行瑫〈隨函音疏〉》，高田時雄，《敦煌·民族·語
言》，中華書局 2005 年版。

《遼代石刻別字異文所見遼代漢語語音》，黎新第，《語言科學》2005
年第 7 期。

《遼韻考》，丁治民，《古漢語研究》1999 年第 4 期。

《盧宗邁切韻法述評》，魯國堯，《魯國堯語言學論文集》，江蘇教育出
版社 2003 年版。

《論“音隨形變”》，張涌泉，《舊學新知》，浙江大學出版社 1999
年版。

《論“音義體”及其流變》，于亭，《中國典籍與文化》2009 年第 3 期。

《〈南村輟耕錄〉與元代吳方言》，魯國堯，《魯國堯語言學論文集》，
江蘇教育出版社 2003 年版。

《磧砂藏隨函音義初探》，黃耀堃，《音韻論叢》，中國音韻學研究會、
石家莊師範專科學校編，齊魯書社 2004 年版。

《〈磧砂藏〉隨函音義所見宋代福建方音考》，李廣寬，《長江學術》

2016 年第 1 期。

《〈磧砂藏〉隨函音義韻部研究》，李蓓蓓、都興宙，《現代語文》2016
年第 1 期。

《山西崇善寺藏〈磧砂藏〉本的價值》，何梅，《宗教學研究》1999 年
第 1 期。

《試說翻譯佛經新詞新義的產生理據》，王雲路，《語言研究》2006 年
第 2 期。

《〈思溪藏〉刊行者王永從事迹略考》，華喆，《中國典籍與文化》2013
年第 3 期。

《〈思溪藏〉刻工考述》，丁延峰，《文津學志》第 12 輯，國家圖書出版
社 2019 年版。

《宋代汴洛語音考》，周祖謨，《問學集》，中華書局 1996 年版。

《宋代四川詩人用韻及宋代通語音變若干問題研究》，劉曉南、羅曉梅，
《四川大學學報》2004 年第 6 期。

《宋代宗教的世俗化與平民化》，劉浦江，《中國史研究》2003 年第
2 期。

《唐宋間止蟹二攝的分合》，唐作藩，《漢語史學習與研究》，商務印書
館 2001 年版。

《吳文英張炎等南宋浙江詞人用韻考》，胡運飆，《西南師範大學學報》
1987 年第 4 期。

《"新喻三劉"古體詩韻所反映的方音現象》，杜愛英，《語文研究》
2001 年第 2 期。

《〈韻鏡〉異常歸字所見時音辨析》，黎新第，《語言研究》2005 年第
4 期。

後　記

　　本書是國家社科基金青年項目“《思溪藏》與《磺砂藏》隨函音義比較研究”（15CYY030）和國家社科重大項目“歷代漢文佛典文字匯編、考釋及研究”（16ZDA171）的成果。

　　從我開始研究佛經隨函音義，一晃已經十多年。猶記業師張涌泉、鄭賢章二位先生一步步引導我走上研究道路，教澤惠遠，使我至今受益無窮。在小書的研究過程中，鄳同麟、韓小荊、姜黎黎、張磊、張文冠、朱新林等先生提供了諸多幫助。諸位師友取得的成就，更是激勵着我踄步不已。

　　本書的出版得到了中華女子學院的全額資助，也離不開宋燕鵬先生認真高效的工作，謹致謝忱！

　　這是我的第二本小書，距離上一本已八年。這八年中，我的兩個孩子先後出生，同時我還折騰了兩次房子。本書的寫作就是在教學、育兒、營生之餘完成的，也可以作爲這段時光的紀念。感謝家人對我一如既往的支持！

　　小書也是一個新的起點，期待自己再勇敢地往前多走一走！當然，這離不開大家的批評和指教。

作者

2021 年 1 月于北京世紀村